Zu diesem Buch

Kein Asyl bei den Deutschen? Laut Grundgesetz genießen politische Flüchtlinge Asyl. Dieses Buch zeigt, wie dieser «Genuß» schon seit Jahren erschwert wird. Zum zweitenmal hat die Bundesrepublik Deutschland 1986 erlebt, wie die Probleme politischer Flüchtlinge zum Wahlthema gemacht wurden. Mit künstlich aufgeblähten Zahlen hat sich zum erstenmal eine Bundesregierung an dieser Diskussion aktiv beteiligt. Mit irrationaler Polemik hat Alfred Dregger gedroht, fünf Milliarden Farbige stünden an den Grenzstellen zur Bundesrepublik.

Asylbewerber kommen aus sehr verschiedenen Ländern mit sehr unterschiedlichen Motiven. Und es erhalten, gemessen an anderen Ländern, bei uns sehr wenige Asyl nach Artikel 16 GG – insgesamt 65 000 seit Gründung der BRD.

Dieses Buch – zusammengestellt von Mitarbeitern verschiedener Hilfsorganisationen (terre des hommes, Arbeiterwohlfahrt, amnesty international) versucht Einblicke zu geben in die Lebenslage der Asylbewerber in der Bundesrepublik. Es öffnet den Blick für die Situation in den Lagern. In den meisten Bundesländern dürfen sie nicht reisen, oft nicht selber kochen, ja Gerichtsurteile muten ihnen «einen geringeren Ernährungsbedarf» zu als anderen Menschen.

«Kein Zweifel, wie jedes Recht wird auch das Asylrecht gelegentlich mißbraucht. Wir als Betroffene sind wohl am meisten daran interessiert, daß dieser Mißbrauch unterbunden wird. Aber wollte man bei jedem Mißbrauch eines Rechts das Recht selbst abschaffen oder einschränken, es gäbe längst weder in der Bundesrepublik noch anderswo irgendwelche Rechte. Nur Diktaturen sind gewillt, mit dem Hinweis auf den Mißbrauch der Rechte, sie abzuschaffen.

Genau dies wird aber im Augenblick von einigen Politikern in der Bundesrepublik versucht. Jeder, der unter einem totalitären Regime gelebt hat, weiß, daß politisch Verfolgte gewöhnlich keine oder höchstens gefälschte Papiere besitzen, die sie zumeist für viel Geld kaufen müssen. Welche Diktatur würde seinen Feinden Reisedokumente ausstellen und sie legal aus dem Land ausreisen lassen? Flüchtlinge müssen gewöhnlich ihre Heimat auf illegalem Wege verlassen und sind dabei auf Fluchthelfer angewiesen. Selten gibt es politisch Verfolgte, die im Besitz ‹ordentlicher› Reisedokumente sind, versehen mit einem Sichtvermerk des Landes, in dem sie Zuflucht suchen.

Die neuesten Beschlüsse der Bundesregierung führen zu dem Ergebnis, gerade diese Menschen an der Einreise in die Bundesrepublik zu hindern.» (Bahman Nirumand in einem Brief an den Bundespräsidenten.)

Dieser Band versteht sich als Nachfolgepublikation zu Herbert Spaich (Hg.): Asyl bei den Deutschen.

Heiko Kauffmann (Hg.)

Kein Asyl bei den Deutschen

Anschlag auf ein Grundrecht

rororo

Rowohlt

rororo aktuell – Herausgegeben von Freimut Duve

Fotonachweise:

Ingrid Weidig-Bödeker: S.211
UNHCR: S.90, 172
Stefan Bub: S.114
Andreas Rister: S.132
Andreas Schoelzel: S.14

Veröffentlicht im Rowohlt Taschenbuch Verlag GmbH,
Reinbek bei Hamburg, November 1986

Umschlagentwurf: Jürgen Kaffer/Peter Wippermann
(Foto: Detlev Konnerth)
Satz Times (Linotron 202)
Gesamtherstellung Clausen & Bosse, Leck
Printed in Germany
1080-ISBN 3 499 15989 9

Inhalt

Freimut Duve

Der Pakt des Anstands und der Verantwortung ist zerbrochen

Zur Einführung:

Am 5. September 1986 lief der Stückgutfrachter Regina im Hamburger Hafen ein. An der Seite des Schiffs war in riesigen Lettern «Cap Anamur II» zu lesen. Die Fracht: 357 vietnamesische Flüchtlinge. Die Boat-People hatte das Schiff im Auftrag der Hilfsorganisation «Deutsche Notärzte» im Südchinesischen Meer aufgefischt. Alle Zeitungen berichteten, alle Fernsehanstalten zeigten die Ankunft in ihren Abendmeldungen. Alle Bundesländer hatten sich bereit erklärt, die Flüchtlinge (nach der vereinbarten Länderquote) aufzunehmen. Hätten die Flüchtlinge schon Deutsch lesen können, die Berichte über ihre Ankunft hätten ihnen das Bild eines friedlichen, fremdenfreundlichen Landes vermittelt.

Fast auf die Woche genau sechs Jahre zuvor, am 22. August 1980, waren in einem Hamburger Wohnheim zwei Vietnamesen ermordet worden. Auch sie waren im Frühjahr 1980 von der Cap Anamur I aufgefischt worden. Drei Molotowcocktails hatten die Täter in ihren Schlafraum geworfen. Die beiden Flüchtlinge sind im Schlaf verbrannt. «Ausländer raus» hatten die rechtsradikalen Attentäter an die Außenwand des Heimes gesprüht.

1980 war ein Wahljahr. Bundestagswahl. Monat um Monat hatte damals die Medienschlacht gegen das Asylrecht und die «Asylantenflut» getobt. Baden-Württemberg und Bayern machten sich zum Vorreiter dieser Kampagne, wie sie sich Jahre zuvor zum Vorreiter verschärfter Lebensbedingungen für politische Flüchtlinge gemacht hatten. Franz Josef Strauß und Lothar Späth waren vom süßen Gift rechtspopulistischer Wahlpropaganda süchtig geworden. Zwei für die demoktratische Kultur lebensgefährliche Glücksritter hatten sich seit Ende der siebziger Jahre auf die Reise begeben. Viele sind ihnen gefolgt: Das Asylrecht ist zum schier unerschöpflichen Reservoir für verantwortungslose Propagandisten geworden. Der Stoff, aus dem die Alpträume der Demokraten sind. Vor dem Mordanschlag auf die Vietnamesen waren andere Ausländer Ziel von Bombenattentaten in Zirndorf (30. Juli 1980), in Lörrach (17. August 1980). Nach dem Tod der beiden Vietnamesen wurde die Kampagne jäh gestoppt. Alle Parteien, auch die CSU, drückten ihren Abscheu aus. Erst der Tod konnte eine Wahlkampfschlacht stoppen.

1986 war wieder Wahljahr. In Bayern wurde gewählt, in Hamburg und nach der Jahreswende im Bund. Und wieder mußten die «Asylanten» herhalten, um eine Volksstimmung im Vorwahlkampf hochzupeitschen. Skrupellos hat sich im Sommer 1986 die Rechtspresse ans Werk gemacht, gefolgt von vielen anderen Zeitungen, Tag um Tag gab es Berichte über die «Asylantenflut». Und Tag um Tag gab es Stimmen aus der Union, die die Verschärfung des Asylrechts und die Einengung des Art. 16 unserer Verfassung forderten. Auf Kosten einer wahlrechtslosen Minderheit mobilisierten Hilfstruppen Haßgefühle.

Mit Zahlen läßt sich leicht spielen. Mit Fotografien und Filmen auch (so veröffentlichte eine Hamburger Illustrierte das Foto eines Mannes, der über einen Schreibtisch gebeugt saß und ein Palästinensertuch um den Kopf geschlungen hatte mit der Bildunterschrift «Paßfälscher in Istanbul». Auf dem Bild war eindeutig zu erkennen, daß es sich um ein gestelltes Foto handelt. Palästinensertücher werden in der Türkei nicht getragen, und Paßfälscher lassen sich in der Regel auch nicht beim Fälschen fotografieren). Fotos von Asylbewerbern lassen sich täglich machen. Zahlen von «Tausenden» lassen sich täglich veröffentlichen. In der Tat war in Berlin im Sommer 1986 die Zahl der Asylbewerber, die über die DDR in die Bundesrepublik versuchten einzureisen, angestiegen. Aber die Gesamtzahl der Bewerber weist 1986 nur knapp die Zahl des Jahres 1980 aus. Um die Summe künstlich zu vergrößern, wurden vom Innenministerium seit einiger Zeit Tabellen veröffentlicht, in denen auch all jene aufgeführt werden, die nach dem Krieg zu uns gekommen sind, aus Ost- und Südeuropa und nach wie vor den Flüchtlingsstatus haben. Exilungarn mußten 30 Jahre nach ihrer Flucht noch einmal herhalten, um statistisch den Eindruck zu erwecken, sie seien Teil der großen «farbigen Asylantenflut». Auch der Regierungschef, Bundeskanzler Kohl, heizte eher die

die Stimmung an, als daß er sich gegen sie zur Wehr setzte. Er hatte den Eid auf eine Verfassung abgelegt, an deren Veränderung er nun mitbastelte.

Bevor der Buchstabe des Grundgesetzes verändert werden sollte, wurden Geist und seine politische Kultur von den Verantwortlichen schwer beschädigt. Erst Brandstifter, dann Biedermann. Ende August 1986 ließ Helmut Kohl durchblicken, daß zunächst an eine Grundgesetzänderung nicht zu denken sei. Aber der Boden war bereitet. Die Ungeister sind gerufen. Zwar wurde im Herbst nach einem dramatischen Appell zur Vernunft der evangelischen Kirche, nach vielen mahnenden Stellungnahmen katholischer und evangelischer Bischöfe, nach Einlassung der Gewerkschaften, führender SPD- und FDP-Politiker die Jagd abgeblasen, aber der Haß war nun regierungsamtlich erlaubt. Jetzt ließ sich sogar der Kanzler als Verfassungsretter preisen, der sechs Wochen lang die Kampagne hatte treiben lassen.

Die Demokratie kann nur überleben, wenn alle politischen Kräfte deren Grundprinzip achten: Minderheitenschutz durch Mehrheitsentscheid. Auch in dem Moment, in dem die Nazis Wahlpropaganda machten mit dem Slogan «Juden sind unser Unglück», hatten sich die deutschen Faschisten außerhalb des demokratischen Konsens begeben. Aber die Demokratie wird nicht nur bedroht von solchen Verfassungsfeinden, sondern auch von demokratischen Parteien, die die auf Mehrheitsbildung aufgebaute Verfassung mißbrauchen. Mißbrauch der Verfassung ist es, populistisch diese Mehrheiten zu mobilisieren gegen Minderheiten, die sich nicht wehren können.

In jeder Gesellschaft gibt es tief verwurzelte Ressentiments gegen Fremde. Am ehesten überwinden diese Ressentiments häufig jene, die unmittelbar mit den Fremden zu tun haben, obwohl gerade sie mit den wirklichen Problemen konfrontiert sind. «Den Druck im Kessel steigern.» Davon sprach ein Kommunalpolitiker im August 1986. Das heißt, die Probleme verschärfen, den Protest vor Ort bewußt schüren und den Staat zu Reaktionen zwingen. 60 Fremde in einem Dorf von 100 Einwohnern. Das schafft Probleme. Das war so, als in den Dörfern deutsche Flüchtlinge angesiedelt wurden nach 1945, um so mehr wenn die Fremden heute von weither kommen, eine andere Hautfarbe haben. Das schafft Urängste, die niemand fortlächeln kann.

Aber diese Probleme sind zu bewältigen an den wenigen Orten, wo die Flüchtlinge in so großer Zahl auftauchen. Nicht in den übrigen mindestens 5500 Gemeinden der Bundesrepublik, wo bisher keine

Gruppe von Asylbewerbern wohnen. Die Propaganda des Sommers macht es den vielen Helfern in den Organisationen, den Freiwilligen bei der Caritas, terre des hommes, bei der Arbeiterwohlfahrt immer schwerer, ihre Hilfsarbeit zu tun. Wenn Sprecher von CDU und CSU im Deutschen Bundestag die Abschaffung des Verfassungsrechts aufs Asyl fordern, dann müssen sich auch die Beamten, die mit der schwierigen Aufgabe der Verteilung und Unterbringung betraut sind, angegriffen fühlen. Sie erfüllen gesetzliche Aufträge, und die politische Führung schürt Zorn und Ablehnung gegen diesen Auftrag.

Minderheitenschutz durch Mehrheitsentscheid? Minderheiten sind real: wirkliche Menschen, Ausländer, Bayern, Polizisten, Asylbewerber, Tamilen, Studenten, Arbeitslose. Mehrheiten sind abstrakt. Sie müssen künstlich addiert und gemessen werden, sie sind Zielgruppen der politischen Propaganda. Vom Grundgesetz gemeinte parlamentarische Demokratie schützt den einzelnen und schützt die Minderheit, denn in vielfältigen Rollen sind alle Bürger Mitglieder von Minderheiten. Gegen diese Prinzipien hat zum erstenmal in der Geschichte der Bundesrepublik eine Regierung verstoßen. Wo sich die Arbeitslosen über die Asylbewerber mehr aufregen als über ihre Arbeitslosigkeit und sie gar noch mitverantwortlich machen können, da lockt der Wahlsieg.

Das Spiel mit dem «gesunden Volksempfinden» ist ein Spiel mit dem Feuer. Sobald die Ressentiments regierungsamtlich werden, sobald der Bericht über ein Dorf, das sich gegen Asylbewerber zur Wehr setzt, in den Köpfen von Millionen von Menschen die Fiktion entstehen läßt, alle Bewohner der Bundesrepublik seien «belastet», wird es schier unmöglich, am konkreten Ort mit den konkreten Menschen die auftretenden Probleme zu meistern. Das «gesunde Volksempfinden» ist deshalb so lebensgefährlich ungesund, weil es sich im Abstrakten, in der Fiktion entwickelt.

Asylbewerber bieten für solche Kampagnen die ideale Kombination zwischen äußerem und inneren Feind: Sie werden als gefährliche «Vorhut der asiatischen, afrikanischen Menschenmassen» dargestellt, die uns eines Tages «im Innern überschwemmen».

Mit der großen Menschenflut aus Asien oder sonstwo ist häufig gedroht worden, wenn Europa Probleme hatte. Ende des vorigen Jahrhunderts hieß die Flut (auch bei Amerikanern und Australiern) «gelbe Gefahr», Péril Jaune. Yellow Peril. Wo immer ein chinesischer Eisenbahnarbeiter auftauchte, in Natal, in Kalifornien, er wurde zum sichtbaren Vorboten der «gelben Gefahr» erklärt. 1957, vor bald drei

Jahrzehnten, hielt der Historiker Heinz Gollwitzer seine Antrittsvorlesung: *«Das Schlagwort von der gelben Gefahr, eine Ortsbestimmung im Zeitalter des Imperialismus.»* Es ist die bisher eindringlichste Untersuchung darüber, wie mit einem Schlagwort, das sich reale Vorgänge jener Zeit zunutze machte, weltweit in den damals neuen Medien der Zeitungen hantiert und manipuliert worden ist. (Es gab chinesische Eisenbahnarbeiter in Kalifornien und im südlichen Afrika, es gab chinesische Wanderarbeiter in verschiedenen Kolonien des britischen Weltreichs in Asien, und Gollwitzer weist nach, wie geschickt dieses Schlagwort benutzt wurde, um imperialistische Expansionspolitik zu untermauern und dafür den nötigen Rückhalt in der Bevölkerung zu bekommen.) Seit der Fraktionsvorsitzende der CDU, Alfred Dregger, mit den Milliarden Farbigen der Dritten Welt droht, ist die Analyse des Schlagwortes von der «Asylantenflut» als Ortsbestimmung im Zeitalter einer Weltwirtschaftsordnung, die im wesentlichen von Hunger und Krieg und neuen Formen der Verelendung in der Dritten Welt geprägt ist, dringend. Sie kann hier nicht geliefert werden. Aber den Blick weiten für das, was da im Sommer 1986 manipuliert, gelogen und geheuchelt wurde, das sollen die hier versammelten Texte.

Wirtschaftsflüchtlinge? Wo sich reiche Europäer eigene Inseln in der Südsee oder in der Karibik kaufen können? Wir sind nicht nur Zuschauer. Wir Europäer und Amerikaner der reichen Welt haben Anteil an einer Welt, die täglich die Reichen reicher und die Armen ärmer macht.

Die politischen Flüchtlinge sind traurige Zeugen einer vielfach gespaltenen Welt. Die reichen Bewohner haben sich den Traum der *einen Welt* durch ein technisch perfektes Netz von weltweiten Verbindungsfäden erfüllt, und sie wollen nicht belästigt werden durch die häßliche Realität. Jede größere Stadt der Erde kann von jeder anderen auf dem Luftweg erreicht werden. Keine Grenzen für Flugzeuge. Weltweit stehen die Telefonanschlüsse miteinander in Verbindung. Hotelketten, American-Express-Karten – die Welt ist zugänglich wie das Oberdeck eines Luxusliners: Für die Erste-Klasse-Passagiere funktioniert die alltägliche Überwindung der politischen Grenzen problemlos. Wer nicht zu den Herrschenden gehört, wer an falsche Götter glaubt, an die Demokratie oder an den von seinen Herren nicht geduldeten jeweils falschen Sozialismus, wer sich als kulturelle Minderheit nicht unterordnen will oder wen das schiere Elend aus der Heimat vertreibt, der muß sich auf den gefährlichen Welttourismus der Underdogs im Zwischendeck einlassen: gefälschte Pässe, zusammengekratztes Geld für Flugtickets und Fluchthelfer. Das «Jahrhundert der Flüchtlinge» hat Heinrich Böll das auslaufende zwanzigste genannt. Millionen sind auf der Flucht, die wenigen, die Europa erreichen, werden behandelt wie Aussätzige. Sie leben in der Wirklichkeit dieser Welt, die bestimmt ist von täglicher Gewalt. Aber für die Weltoffenheit der Science-fiktion-Gesellschaft, zwischen IBM und Interconti, sind sie die falschen Touristen.

I.

Flüchtlinge – zum Wahlkampf mißbraucht

Heiko Kauffmann

Fremdenfeindlichkeit als Regierungspolitik

Von der Demontage eines Grundrechts zum Verlust der politischen Kultur

«The road for a refugee is as long as you make it.»

(aus einem UNHCR-Plakat)

«Was haben die Asylbewerber den Menschen in der Bundesrepublik denn getan, daß diese sich so gegen sie zur Wehr setzen? Sie kosten ein paar lumpige Millionen im Vergleich zu dem, was die Bundesrepublik aus diesen Ländern herausholt.»

Bahman Nirumand, politischer Flüchtling, in der ARD (Pro und Contra) vom 21.8.86

Bundesrepublik Deutschland und West-Berlin im Sommer / Herbst 1986: Was vielen bisher als Ausnahme oder Randerscheinung galt, ist heute für niemanden mehr zu übersehen: Die Flüchtlinge sind in das Schußfeld der Politiker und der Öffentlichkeit geraten.

Tägliche Schlagzeilen: «Asylantenstrom schwillt weiter an», «Dramatische Zustände in West-Berlin»; Stellungnahmen von Regierungspolitikern zur Änderung des Art. 16 GG, Absatz 2. Satz – (Politisch Verfolgte genießen Asylrecht); fast täglich Bilder vom «Brennpunkt Berlin»; Flüchtlinge in Zelten, Notaufnahmelagern und Containern; Vorwürfe gegen die DDR wegen des «Lochs in der Mauer»; Gerede von «Asyl-Mißbrauch» und Überfremdung: Auch der Unvoreingenommene, «durchschnittlich informierte» Bundesbürger fühlt sich verunsichert und kann sich auf Grund der Nachrichtenlage des Eindrucks nicht mehr erwehren, die Bundesrepublik und West-Berlin würden von «Asylantenströmen überschwemmt».

Das gemeinsam von einigen Unionspolitikern und einem Teil der Medien entfachte Trommelfeuer gegen die Flüchtlinge zeigt Folgen: Krawalle, Anschläge auf Wohnunterkünfte, Blockaden «aufgebrachter» Bürger, die den Asylsuchenden den Zutritt zu ihrem Wohnheim versperren, Gemeinden, die sich gegen die Aufnahme von «Fremden» zur Wehr setzen, Wandschmierereien, «Asylanten-Hetze» in der Regenbogenpresse; rechtsradikale «Bürgerinitiativen» wie die Gruppe «Identität und Demokratie» in Berlin, die im Schutz der öffentlichen Kampagne gegen die Flüchtlinge versuchen, Zwischenfälle zu inszenieren und sich Gehör zu verschaffen.

Im August 1986 wurde die Welt mit der Odyssee von 154 tamilischen Asylbewerbern aus der Bundesrepublik auf dem Atlantik um eine dramatische Flüchtlingsepisode reicher, die Bundesrepublik in ihrem häufig selbstzitierten Ansehen als Land mit dem «liberalsten Asylrecht» der Welt um eine Reputation ärmer.

Nachdem das weltweite Rätseln um ihre Flucht und ihre Herkunft aus Flüchtlingslagern der Bundesrepublik aufgeklärt worden war, schlugen das Mitleid mit den Flüchtlingen und die Vorwürfe gegen internationale Schlepperorganisationen, den neuen «Sklavenhändlern», in der Boulevard-Regenbogenpresse und einem Teil der Medien schnell um in Kriminalisierungsversuche der Flüchtlinge selbst: «Tamilen türkten Seenot» (*BILD* 14.8.86), «Bild enthüllt: Die Wahrheit über die Tamilen» (*BILD* 20.8.86), «Asylanten – wir holen uns die Probleme der Welt ins Haus» (*BILD* 23.8.86).

Die Versuche, aus den Flüchtlingen gefährliche Mitglieder von Terroristen-Organisationen oder «Guerillas» der «Tamil Tigers» zu machen, schlugen fehl, und die Bundesrepublik stand nach der Aufnahme der Flüchtlinge durch Kanada vor der Weltöffentlichkeit «wieder als das dar, was sie ist: ein Land, aus dem ein Verfolgter wieder fliehen muß» (*taz* vom 21.8.86).

Dennoch bleibt die Methode der Kriminalisierung von Flüchtlingen wirksam: Von der «Asylanten-Lüge» (*BILD* vom 19.7.86) über «Kripo fordert: Fingerabdrücke von allen Asylbewerbern» (*BILD* vom 23.8.86) bis zu den «Auskünften» von Mitgliedern der Regierung (Zimmermann: «Es ist bekannt, daß die Kriminalitätsrate der Ausländer in den einzelnen Deliktbereichen bis zu fünfmal höher ist als die der Deutschen. Hinzu kommt die Gefahr, daß Terroristen in die Bundesrepublik eingeschleust werden» [*BILD* vom 25.8.86] wird sie im «Zusammenspiel» von Politik und tendenziöser Berichterstattung immer wieder als Druckmittel und Hebel benutzt, um die «rechte» Stimmung gegen «Asylanten» und Angst und Schrecken bei verunsicherten deutschen Bürgern zu erzeugen.

Die neue erschreckende Eskalation in der Asylpolitik hatte nach der Vereinbarung der Koalitionsfraktionen vom 26. Juni 1986 zur Änderung des Asylverfahrensrechts begonnen, mit der von seiten der FDP ausdrücklich die wiederholt aus CDU/CSU-Kreisen vorgebrachte Forderung nach einer Grundgesetzänderung (allen voran: Heinrich Lummer) als endgültig beendet und das Heraushalten des Themas «Asyl» aus dem Bundestagswahlkampf als garantiert angesehen wurde.

Daß sich die Bundesrepublik Deutschland und Europa freilich mit immer restriktiveren Gesetzen und massiveren Abschreckungsmaßnahmen von dem weltweiten Flüchtlingsproblemen nicht abschotten können, zeigte sich kurz darauf, als die Zahlen der Asylgesuche des ersten Halbjahrs 1986 (über 40000 Asylanträge) und der starke Zugang von Flüchtlingen nach West-Berlin bekannt wurden. Nun verging kein Tag mehr, an dem nicht Unionspolitiker die gerade beschlossene Koalitionsvereinbarung zum Asylverfahrensgesetz in Frage stellten und ganz offen für die Änderung bzw. Einschränkung des Artikels 16 GG plädierten.

Wo mit Eintritt der Parlamentsferien sonst das Ungeheuer von Loch Ness in den Gazetten in Erscheinung trat, da kamen nun Flüchtlinge ins Bild, wurden Menschen als ungeheuerlich beschrieben, die durch das «Schlupfloch Ost-Berlin» in den Westen «strömten». Über die Ursachen ihrer Flucht und die Gründe für die Einreise über Ost-Berlin freilich wurde nicht oder völlig unzureichend berichtet. Für die Hauptfluchtländer wurde bereits 1980 Visumzwang eingeführt, so daß für Flüchtlinge aus diesen Ländern (Afghanistan, Äthiopien, Bangla Desh, Indien, Pakistan, Türkei, Sri Lanka) die Grenzen praktisch geschlossen sind. Die strengen Regelungen in den westdeutschen Konsulaten, welche die Ausgabe von Visa drastisch eingeschränkt haben, sowie die Kontrolle der Fluggesellschaften, welche die Passagiere ohne Sichtvermerk nicht mehr einfliegen lassen dürfen, versperren den Asylsuchenden die «legale» Einreise in die Bundesrepublik von vornherein. Sie können also nur über «Umwege», z. B. via Ost-Berlin nach Berlin-West und in die Bundesrepublik einreisen. Hier gibt es (nach alliiertem Recht) nur eine Demarkationslinie, aber keine völkerrechtlich anerkannte Grenze. Dazu kommt, daß auch die anderen westeuropäischen Länder ihre Grenzen dicht machen, so daß auch Flüchtlingen, die gar nicht in der Bundesrepublik bleiben wollen, West-Berlin als praktisch einziger Zugang offen stand. Darüber hinaus haben die westeuropäischen Länder im Mai 1985 vereinbart, Flüchtlinge, die sich bereits in einem anderen Land aufgehalten haben, wieder in das erste Aufnahmeland zurückzuschicken.

In der neuen Kampagne bleiben auch die Fluchtgründe ausgeblendet: die Zunahme von Menschenrechtsverletzungen und Verfolgung, Kriegswirren und Not gerade in den Ländern, aus denen die «Hauptströme» der Flüchtlinge nach Westeuropa kommen z. B. Sri Lanka, Iran, Libanon.

Gefährlich wurde diese neue Kampagne gegen Flüchtlinge besonders dadurch, daß sie nicht von Hinterbänklern, die sich sonst zu Zeiten des «Sommerlochs» durch besondere Kraftsprüche in die Medien bringen, sondern von der «ersten Garnitur» der christlichen Regierungsparteien entfacht wurde, die sich – angeblich besorgt um das Wohl der Bundesbürger und der Republik – fast täglich zu Wort meldete und nicht aufhörte, «nach jeder Welle hilfesuchender Menschen die Dramaturgie der Lagebeschreibung mit Wahlkampfabsichten zu mischen und als Heilmittel die Keule anzubieten» (R. Reifenrath, *Frankfurter Rundschau* vom 24.7.86). Mehr noch: während junge Bürger, wenn sie zaghafte Zweifel an der «freiheitlich demokratischen Grundordnung» äußern und diese im Sinne einer Erweiterung von Grundrechten verändern wollen, in den Ruf der Verfassungswidrigkeit geraten und sich als «Extremisten» bezeichnen lassen müssen, dürfen Regierungspolitiker, die ihren Eid auf diese Verfassung abgelegt haben, ungestraft und massiv gegen den Geist dieser Verfassung verstoßen, ohne von der Mehrheit der Medien, durch die Entrüstung der Öffentlichkeit und den Protest der Politiker auch der eigenen Partei umgehend zur Rechenschaft gezogen zu werden.

Natürlich gab und gibt es auch in der CDU Widerspruch und Protest gegen die Absicht, die Asylpolitik zu einem Thema des Bundestagswahlkampfs zu machen, um zu verhindern, daß «Emotionen geweckt werden, die in Haß münden» (so Hanna-Renate Laurien, *FR* vom 11.8.86).

Aber diese Stimmen sind zu vereinzelt, um dem fatalen Eindruck zu begegnen, daß maßgebliche Kreise in der CDU / CSU «auf Krisenstimmung» setzen, um über Fremdenfeindlichkeit und «gesundes Volksempfinden» verschärfte Maßnahmen gegen die «Fremden» und überhaupt eine restriktivere Politik in anderen Bereichen durchsetzungsfähig zu machen: «Der Druck im Kessel muß sich noch erhöhen» (Der Bayerische Bundesratsminister Schmidthuber am 7.8.86).

Bundeskanzler Kohl selbst war es vorbehalten, nach den ständigen Attacken des gescheiterten Berliner Innensenators Lummer gegen das Grundrecht auf Asyl dessen «Faden» wiederaufzunehmen:

> «Ich sehe überhaupt nur eine Regelung, und das ist die gemeinsame Verfassungsänderung – mit der Möglichkeit, über eine

Verfassungsänderung eine Neubeschreibung des Tatbestands zu erreichen. Das ist die einzige wirklich überzeugende Lösung, denn wenn wir einer Entwicklung von Fremdenfeindlichkeit – und niemand von uns will doch das – vorbeugen wollen, dann müssen wir auf diesem Feld vorankommen»
(Bundeskanzler Kohl am 4. Juni 1986 in Bad Neuenahr-Ahrweiler vor dem Deutschen Landkreistag).

Franz Josef-Strauß und die CSU präzisierten Ende Juli, was sie mit der Ergänzung des Gesetzesvorbehalts zu Artikel 16 GG u. a. bezwecken:
- Der bisher für alle Menschen verbriefte Rechtsanspruch auf Asyl soll künftig nur mehr für Verfolgte aus Ostblockländern und aus Afghanistan gelten,
- die Bundesregierung soll künftig Kontingente für Flüchtlinge je nach ihren Herkunftsländern festlegen können,
- Wegfall der Rechtsweggarantie: Sie soll nicht mehr für Maßnahmen gegenüber Ausländern nach dem Asylrecht gelten.

Asyl also nach freiem Ermessen des Staates und als Gnadenakt.

Was es mit der Umsetzung solcher schein-rationaler Argumente auf sich hat, rückt das Heinrich-Bauer-Journal *NEUE REVUE* (Nr. 32 vom 1. 8. 86) ins «rechte» Bild: Unter der Überschrift «Die zwei Gesichter der Asylanten» wird auf der einen Seite die «lebensgefährliche Flucht in die Freiheit» zweier junger Männer aus dem Osten geschildert – auf der anderen Seite drängen Gruppen von Menschen «per Linienflug zum Sozialamt» Originalton *NEUE REVUE*:

> «Die einen haben ihr Leben riskiert, um aus dem Osten in den freien Westen zu fliehen. Die anderen sind mit einem Transitvisum der DDR in der Tasche in ein bequemes Linienflugzeug gestiegen, um hier mehr Geld zu verdienen. Asyl wollen sie alle. Doch wir können nicht jeden aufnehmen. Die Zeltlager und Turnhallen sind voll. Es wird höchste Zeit, Unterschiede zu machen ...»

Unterschiede freilich, Differenzierungen, Aufklärung gar sind in der politischen Debatte zum Asylrecht von seiten der Union kaum auszumachen.

Der Fraktionsvorsitzende Dregger stellte unumwunden fest, bei der Diskussion über die Lösung des Asylproblems dürfe es «keine Tabus» geben, «der Wahlkampf darf da kein Hinderungsgrund sein». Innenminister Zimmermann hatte bereits in der ersten Augustwoche angekündigt, daß die CSU das Asylrecht zum Wahlkampfthema machen und wozu sie die Auseinandersetzung über das Asylrecht nutzen werde: «Mit dem Versprechen, die Union werde den Asylantenstrom eindämmen, sollen zuvörderst die Wählerströme in ihre Scheuern gelenkt werden. Der Innenminister wirft das Thema auf, nicht um es zu diskutieren, sondern um zu polarisieren.» (Hermann Rudolph in der *Süddeutschen Zeitung* vom 8.8.86.)

Daß dieses demagogische Konzept aufgehen kann, zeigt nicht nur ein Blick auf die aktuelle Nachrichtenlage, auf die Zunahme fremdenfeindlicher Aktionen, die Ermunterung rechtsradikaler Kräfte und auf die Hetztiraden rechter Gazetten, in denen massiv Ausländerfeindlichkeit betrieben und «Volkszorn» angestachelt wird:

«Raus mit den Scheinasylanten – und keine neuen mehr rein!», «Wir sind doch nicht das Schlaraffenland für die halbe Welt!» (*Praline* Nr. 32 vom 31.7.86); «Stoppt endlich den Asylanten-Strom» (*Quick* Nr. 31 vom 24.7.86) u.v.a.

Zimmermanns Vorgänger im Amt, Gerhart Baum, warf ihm nach seiner Ankündigung, die Asylfrage zum Wahlkampfthema zu machen, unverantwortliche Panikmache vor; er habe «die Katze aus dem Sack gelassen» und den «Wahlkampfknüppel» herausgeholt. Der Minister schocke mit Zahlen, «die nicht der Realität entsprächen» (*FR* vom 8.8.86).

Das «Asylanten-Problem» wird also nicht nur als Hebel gegen die Flüchtlinge selbst und für eine Verschärfung des Ausländer- und Asylrechts benutzt, sondern soll ebenso den Druck auf SPD, FDP und Grüne steigern; die unwillkommenen «Fremden» sind den politischen Scharfmachern ganz offenbar willkommen genug, um den Kampf gegen den politischen Gegner auf dem Rücken der Flüchtlinge auszutragen.

«Weil Politiker von SPD und FDP die Augen vor der Wirklichkeit verschließen, quellen bei uns die Notaufnahmelager über.» (*Quick* Nr. 31 vom 24.7.86)

«Jetzt reicht's! Der FDP-Spitzenpolitiker Baum macht sich stark für immer mehr Asylanten! Wer wählt da noch FDP?!» (*Praline* Nr. 35 vom 21.8.86)

Daß dabei mit der Methode des Antisemitismus Vorurteile gegen «Fremde» und insbesondere den Opfern der eigenen Krise – den Arbeitslosen und Sozialhilfeempfängern – falsche Erklärungen und Sündenböcke geliefert werden, zeigen weitere Passagen:

> «Weiß der nicht, daß wir viel zu viele Menschen haben, die arbeitslos sind oder von Sozialhilfe leben? ... Will dieser Herr Baum von der FDP ... auch noch ..., daß Asylanten uns Deut-

schen auch noch die Arbeit wegnehmen, die ohnehin so knapp ist, daß wir anhaltend über 2 Millionen Arbeitslose haben?»

Und:

«Nicht wir friedlichen, freundlichen Bundesbürger wären schuld, wenn es schließlich zu Spannungen mit den Ausländern käme – sondern Politiker wie Herr Baum, die Fremde in einem Maß ungehindert reinlassen wollen, daß Deutschland nicht mehr Deutschland bliebe und Deutsche hier sich langsam dafür erklären müßten, daß sie Deutsche sind – wieso nicht Tamile oder Iraner wie so viele andere?» (Zitate aus *Praline* 35 vom 21.8.86)

Da kann die *Deutsche Nationalzeitung* (Nr. 34 vom 15.8.86) fast zurückhaltend nachhaken: «Fast vier Jahre ist es jetzt her, daß Bundeskanzler Kohl vor dem Bundestag und in der Presse eine durchgreifende Ausländerbegrenzung versprach. Die Fakten sehen leider anders aus... Politiker haben Farbe zu bekennen, damit der vielbeschworene mündige Bürger seine Wahlentscheidung treffen kann.»

Vergeblich die Stellungnahmen der Kirchen und sozialen Verbände, vergeblich die Warnung der Ausländerbeauftragten Frau Funcke davor, die Flüchtlinge zum Wahlkampfthema zu machen und durch die Art und Weise der Behandlung dieses Themas in der Öffentlichkeit neue Vorurteile gegenüber Ausländern auszulösen und ausländerfeindlicher Propaganda Auftrieb zu geben.

«Wir wissen, daß Stimmungen von ausländerfeindlichen Gruppen für ihre politischen Zwecke genutzt werden und zu Gewalttätigkeiten führen können. Darum ist Sachlichkeit und Besonnenheit notwendig.» (*FR* vom 31.7.86)

Vergeblich die eindringliche Mahnung des stellvertretenden SPD-Fraktionsvorsitzenden Alfred Emmerlich, der die Art und Weise der Diskussion mit der Forderung nach einer Grundgesetzänderung als «Beweis für skrupellose Menschenverachtung» bezeichnete und hinzufügte, in der Bevölkerung werde durch Unionspolitiker bewußt die Furcht vor einer angeblichen Überfremdung und damit Ausländerfeindlichkeit geschürt. Es würde «die völlig unzutreffende Behauptung einer Asylantenflut» aufgestellt und «mit falschen Zahlen» untermauert. Die Union nehme die Gefahr pogromartiger Exzesse in Kauf. Die hier lebenden Ausländer würden in Angst und Schrecken versetzt.

«Dieser klassischen Methode ultrarechter Politik, auf unmenschliche Weise künstlich ein Klima der Angst zu erzeugen, wird sich die SPD entschieden widersetzen.» (*Neue Osnabrücker Zeitung* vom 22.7.87)

Es wäre «einfach», ginge es dabei «nur» um Aufklärung und Information der Bevölkerung und um das Zurechtrücken der Fakten: denn die dramatisierende Behauptung, die Bundesrepublik werde von Asylbewerbern überflutet, widerspricht einfach den Tatsachen und Fakten. Unter den 4,4 Millionen Ausländern, die in der Bundesrepublik leben, sind die politischen Flüchtlinge eine verschwindende Minderheit; selbst wenn man die «falschen» Zahlen Zimmermanns zugrunde legt, beträgt ihre Gesamtzahl mit Familienangehörigen nicht einmal 1 % der Gesamtbevölkerung.

In diesem Zusammenhang muß auch daran erinnert werden, daß nur etwa 5 % der Flüchtlinge, deren Gesamtzahl weltweit auf 12 bis 15 Millionen Menschen geschätzt wird, in Europa und den USA Aufnahme gefunden haben. Die restlichen 95 % wurden von Ländern der Dritten Welt aufgenommen.

Daß immer mehr Flüchtlinge ihre Heimat verlassen und dabei auch nach Westeuropa und in die Bundesrepublik kommen, liegt nicht an der «Sogwirkung» des «zivilisierten Westens» mit seinen Sozialleistungen, sondern vor allem an der Verschärfung der Lebensbedingungen der Menschen in den Ländern der Dritten Welt.

Sie fliehen vor persönlicher politischer Verfolgung aus diktatorischen und von Militärs regierten Ländern; sie fliehen aus den Kriegs- und Bürgerkriegsgebieten der Erde; sie fliehen aus den traditionellen Gebieten des Hungers und des wirtschaftlichen Siechtums; sie fliehen, weil sie Angehörige bedrängter, ethnischer und religiöser Minderheiten sind.

Und sie fliehen aus armen Ländern und vor wirtschaftlichen Strukturen, welche die Menschen in Verelendung und Verzweiflung treiben, die sie aus der Armut auf dem Lande in die noch größere Armut der Städte zwingen und sie dort zu Niedriglohnkräften und zu einer austauschbaren Manövriermasse im Kalkül von internationalen Konzernen und ausländischen Banken – auch aus der Bundesrepublik Deutschland – machen.

Hunger – Armut – Verfolgung – Gewalt: Ist es vor diesem Hintergrund verwunderlich, daß Menschen auf der Suche nach einer Überlebenschance für sich und ihre Kinder auch in die Industriestaaten kommen, in denen sich der Reichtum der Armen sammelt?

Heinz Oskar Vetter, der Asylbeauftragte der sozialistischen Fraktion im europäischen Parlament, wies auf diesen Zusammenhang deutlich hin:

> «Abgesehen von den Nazi-Untaten, sind es doch im wesentlichen die Europäer gewesen, die mit Kolonialismus und Ausbeutung die Welt in Unordnung gebracht oder jedenfalls nichts Besseres gebracht haben. Nun kommen Opfer dieser europäischen Politik, wenn Sie so wollen auch Wirtschaftsflüchtlinge. Sie folgen gewissermaßen den Straßen, auf denen wir die Reichtümer ihrer Heimatländer davongeschleppt haben. Die Europäer haben auch dort feierliche politische Grundsätze gepredigt. All das wird von den Flüchtlingen aus aller Welt jetzt in Europa eingefordert. In der Bundesrepublik im Vergleich zu anderen Ländern in deutlich geringerem Ausmaß.» (SPD-Presse-Dienst vom 4.7.86)

Ähnlich Gunther Hilliges, Leiter des Bremer Landesamtes für Entwicklungszusammenarbeit, in einem Interview des *Weser-Kuriers* vom 16.8.86:

> «Mit den Steuereinnahmen aus der Verarbeitung von Rohstoffen werden hier Straßen gebaut, wird hier ausgebildet, werden hier Sozialleistungen finanziert. Den Rohstofflieferanten bleiben in der Regel nur der Abfluß von Ressourcen und Exporterlöse, die abzüglich des Schuldendienstes nicht genug für die Entwicklung der eigenen Infrastruktur übriglassen, geschweige denn für den Aufbau eines funktionierenden Wirtschaftsgefüges. Das schafft die Armut und die Gewalt, vor der die Menschen fliehen, so lange sie es noch können. Sie folgen den Warenströmen, die z. B. in der Bundesrepublik jenen Reichtum schaffen, der ihnen in der Heimat abgegraben wird.»

Die Denunzierung der Flüchtlinge als Wirtschaftsasylanten, so Hilliges weiter, verstelle den Blick für das, was getan werden müsse, und lenke von Versäumnissen ab.

Die Versäumnisse zu beheben, bedeutet zunächst einmal Anerkennung des Faktums, daß politische und wirtschaftliche Ursachen und häufig genug auch militärische und Repressions-Maßnahmen gegen die Bevölkerung, die Auswanderung und Exil nach sich ziehen, in vielen Ländern der Dritten Welt eng miteinander verbunden sind.

Die betroffenen Menschen jedenfalls werden diese Zusammenhänge niemals so wirklichkeitsfremd voneinander trennen, wie das deutsche Verwaltungsrichter tun, die über Flüchtlinge buchstäblich «zu Gericht» sitzen – z. B. im sog. Tamilen-Urteil vom Dezember 85 (trotz pogromartiger antitamilischer Ausschreitungen mit brutalen Vergeltungsmaßnahmen, willkürlichen Inhaftierungen, Mißhandlungen und Folter «Verschwinden»lassen und politischem Mord durch die Sicherheitskräfte kommt das Bundesverwaltungsgericht zur Auffassung, «daß die Auseinandersetzungen im Norden Sri Lankas ... nicht die Züge einer politischen Verfolgung aus rassischen oder anderen asylerheblichen Gründen tragen») oder in Ablehnungsentscheidungen trotz drohender Folter oder Hinrichtung (OVG Lüneburg: «Die Todesstrafe verstößt nicht gegen Mindestanforderungen der Menschenwürde.»)

Versäumtes wieder gutzumachen heißt nicht, daß die Bundesrepublik «das Elend der ganzen Welt im eigenen Lande» beheben müsse – wie aus den Äußerungen konservativer Politiker oft suggeriert wird und wovon angesichts der Zahlen im Weltmaßstab und der Lasten viel ärmerer Länder für Flüchtlinge überhaupt nicht die Rede sein kann –; wohl aber heißt es, daß die Bundesrepublik, Regierung und Wirtschaft, künftig keine Regierungen mehr mit Geld, Waffen und «Entwicklungshilfe» unterstützen darf, die diese Mittel u. a. dazu benutzen, hungernde Menschenmassen niederzuhalten und soziale Reformen in ihrem Land zu verhindern.

Versäumnisse aufzuarbeiten und wiedergutzumachen heißt, eine Nord-Süd-Politik zu betreiben, in der nicht unsere Konzerne und die reichen Länder im Zusammenspiel mit einheimischen Minderheiten und Militärs über die Reichtümer anderer Völker verfügen und erst Lebensbedingungen herbeiführen, vor denen die Armen dann – auch zu uns – fliehen.

Versäumtes wiedergutzumachen heißt auch: bedingungslose Einstellung aller Waffenexporte! Warum, so ist zu fragen, befindet sich die bundesdeutsche Rüstungsexportindustrie in einem bisher nie erlebten Höhenflug, mit Kriegswaffenlieferungen auch in Kriegs- und Krisengebiete und in die ärmsten und am höchsten verschuldeten Länder?

Die Bundesrepublik hat mit ihrem UNO-Beitritt die Verpflichtung übernommen, weltweit an der Herstellung sozialer Gerechtigkeit und am Abbau von Spannungen und wirtschaftlicher Not mitzuwirken. In diese Richtung wäre auch das Weltproblem der bei uns als «Wirtschafts-» oder «Scheinasylanten» diskriminierten Flüchtlinge langfristig und grundsätzlich zu lösen, da nur die Gleichstellung aller Bürger, die Behebung ihrer wirtschaftlichen Not und die Verfügung der Völker über ihre eigenen Reichtümer auf Dauer verhindern können, daß «Armutsflüchtlinge» in Ermangelung eigener Lebensmöglichkeiten ihre Heimat verlassen müssen.

Von der besonderen Verpflichtung der Bundesrepublik Deutschland oder gar vom Abtragen einer «historischen Schuld durch eine menschliche Asylpolitik» (Heinz Oskar Vetter) war von seiten der Unionsparteien im Rahmen der gegen die Flüchtlinge angezettelten Kampagne wenig zu vernehmen – im Gegenteil. Friedrich Zimmermann antwortete auf die Frage, ob eine historische Schuld Deutschland zu einem großzügigen Asylrecht verpflichte: Er habe es sich abgewöhnt, «sich täglich dafür zu entschuldigen, daß es Hitler gegeben hat»; außerdem sei Hitler nicht schuld an dem Schicksal von Irakern, Iranern oder Tamilen (*Neue Osnabrücker Zeitung* vom 24.7.86).

> «Dabei hätte man denken müssen, daß gerade in Deutschland die Scham über die nazistische Vergangenheit die Sensibilität über die Verfolgung von Minderheiten erhöht hätte. Aber diese Scham wird nur zur Schau getragen, sie bezieht sich nur auf die Vergangenheit, und der Großteil der Bürger und Politiker ist unfähig, die einfachsten Analogieschlüsse zu ziehen von der Verfolgung der jüdischen Minderheit damals zu der Verfolgung anderer Minderheiten heute.» (Prof. Ernst Tugendhat in seiner Rede anläßlich der internationalen Tagung zum Asylrecht, Lausanne, Febr. 85)

Es ist kein Zufall, sondern bittere Erfahrung, welche den Vorsitzenden der jüdischen Gemeinde Berlin, Heinz Galinski, im Frühjahr 1986 veranlaßte, vor latentem Antisemitismus, gefährlicher Gleichgültigkeit und der Tendenz zu Geschichtslosigkeit zu warnen. Seit 1945 seien jüdische Bürger nicht mehr einer solchen Feindseligkeit begegnet, wie sie sich in immer häufiger namentlich gekennzeichneten Schmäh- und Drohbriefen niederschlügen. Zwar habe es latenten Antisemitismus in der Bundesrepublik mehr oder weniger immer gegeben, neu sei aber, daß er jetzt «nicht mehr nur unterschwellig, sondern frei und offen geäußert wird, auch und besonders von politischen Mandatsträgern» (*FR* vom 21. April 1986). Galinski verwies in seiner Stellungnahme auf Umfragen, die bei 15% der Bevölkerung judenfeindliche Einstellungen festgestellt hätten. Im Zusammenhang mit der Asyldebatte wandte sich Galinski gegen jede Veränderung des Grundgesetzes. Nach seinen Worten könne das Grundgesetz nicht an der jeweiligen Situation orientiert verändert werden. «Das Grundgesetz ist auf Grund der besonderen Situation entstanden», in der die Väter des Grundgesetzes «eine besondere moralische Verantwortung» sahen (*taz* vom 25.7.86).

Alfons Söllner, wissenschaftlicher Mitarbeiter am Zentrum für Antisemitismus-Forschung der TU Berlin, befürchtet die Durchsetzung eines populistischen Politikstils, der mit nationalistischen Tönen gerade die Asylpolitik unter dem Vorzeichen «Überfremdung des Volkes», «Asylantenschwemme» etc. erfolgreich «unters Volk» bringt:

«Der Mechanismus funktioniert in Form einer Arbeitsteilung: Während oben schein-rationale Parolen ausgegeben werden, rührt sich unten bereits der Volkszorn, wenn nicht gegen die Juden, die es fast nicht mehr gibt in Deutschland, dann gegen die Türken. Die Asylbewerber, so müssen wir befürchten, sind die potentiellen Juden von heute!»

(«Änderung des Grundgesetzes wäre nichts als blanker Zynismus», Vortrag von Alfons Söllner, abgedruckt in *FR* vom 6.8.86)

Schon 1981 hatte die «Sinus-Studie» («Wir sollten wieder einen Führer haben», Reinbek 1981) ergeben, daß 13% der wahlberechtigten Bundesbürger ein «ideologisch geschlossenes rechtsextremistisches Weltbild» haben. Als typisch rechtsextreme Einstellung ermittelten die Sozialforscher des Sinus-Instituts damals:

«Haß gegenüber Menschen, die ‹anders› sind, wozu Jugendliche, Ausländer, sexuelle Minderheiten und ‹Asoziale› zählen; rechtsextrem Denkende begegnen diesen Gruppen mit einer ‹krankhaften Selbstüberschätzung›;

Angst vor einer Überfremdung der Deutschen durch Ausländer, was als Bedrohung der deutschen Rasse empfunden wird;

den ‹Siegfried-Komplex›, also das Bild vom ‹aufrechten deutschen Recken, der von listigen, intelligenten Feinden umlauert ist›.»

Die laufende Kampagne gegen die Flüchtlinge und gegen das Grundrecht auf Asyl kam zu einem Zeitpunkt, in dem sich das Verhältnis zwischen der deutschen und der ausländischen Bevölkerung nach Untersuchungen des Emnid-Instituts wieder verbessert hatte (Lieselotte Funcke in der *FR* vom 31.7.86).

Anders als vor und nach dem Bundestagswahlkampf 1980, als von NPD-Initiativen und einzelnen CDU-Politikern aus der Opposition heraus massiv Stimmung gegen Ausländer und Flüchtlinge gemacht wurde, und anders als im Jahre 1982, in dem – noch zu Zeiten der sozialliberalen Koalition – das sog. «Heidelberger Manifest» erschien, wird Ausländerfeindlichkeit heute quasi regierungsamtlich vom zuständigen «Verfassungs-Minister» Zimmermann noch angeheizt, wenn er den Bürgern nahelegt, mit ihren Stimmen bei der Wahl auch über das Asylproblem zu entscheiden.

Sein Vorgänger Gerhart Baum hingegen veröffentlichte am 19. August 1982 noch kurz vor dem Regierungswechsel eine umfassende Darstellung über den Zusammenhang zwischen Rechtsextremismus und Ausländerfeindlichkeit und erklärte:

> «Die Entwicklung der ausländerfeindlichen Aktionen und Agitationen durch Rechtsextremisten muß jeden Demokraten mit großer Sorge erfüllen. Hier sind zunehmend rassistische und nationalistische Motive erkennbar, und in der Methode wird zunehmend Gewalt nicht nur befürwortet, sondern auch verübt. Gerade in der Bundesrepublik ist der Rechtsextremismus, der sich auf Ausländerfeindlichkeit konzentriert, mit höchster Sensibilität und Aufmerksamkeit zu verfolgen. Schon einmal in der jüngsten deutschen Geschichte ist der Rassismus zum ‹Staatsprinzip› erhoben worden. Alle Anfänge eines solchen Rassismus müssen von allen Demokraten mit Nachdruck bekämpft werden.»

Heute ist es sein Nachfolger im Amt, der das sogenannte «Heidelberger Manifest», in dem mit wissenschaftlich verbrämter Sprache Rassismus und Fremdenfeindlichkeit verbreitet wurde, als «Regierungsprogramm» auch im asylrechtlichen Teil exekutiert.

Worin unterscheidet sich Zimmermanns Forderung vom 23. Juli 86 nach einer Änderung des Grundgesetzes und einer Verkürzung des Instanzenweges bei der Entscheidung über die Gewährung von Asyl noch von den Forderungen des Heidelberger Manifests: «Das Grundrecht auf Asyl ist unter Gesetzesvorbehalt zu stellen» und: «Verkürzung des Verfahrens beim Asylrecht?»

> «Die ausländerfeindlichen Ressentiments wollen die Politiker vermindern helfen, indem sie einschneidende Maßnahmen ergreifen – allerdings keine Maßnahmen gegen die Ausländerfeindlichkeit und diejenigen, die sie schüren, sondern Maßnahmen gegen die Ausländer. Die angeblich berechtigten Gefühle der deutschen Bevölkerung, die mobilisierten Vorurteile und Früchte einer massiven Volksverhetzung angesichts der wirtschaftlichen Krise sollen über den Umweg ihrer angeblichen Bekämpfung dazu herhalten, die Politik gegen die Ausländer zu legitimieren.»

(Claus Burgkart: «Das ‹Heidelberger Manifest› – Grundlage staatlicher Ausländerpolitik?», in: Rolf Meinhardt [Hg.] «Türken raus? oder: Verteidigt den sozialen Frieden», Reinbek 1984.)

Auch heute wird der falsche Zungenschlag in der Asyldebatte besonders deutlich, wenn mit dem «Argument», Fremdenhaß verhindern zu wollen, noch schärfere Maßnahmen und Gesetze gegen Ausländer und Flüchtlinge erwogen werden.

Bundeskanzler Kohl erklärte zur Eröffnung des Bundestags-Wahlkampfes der CDU am 23. August in Norddeutschland vor mehr als 2000 Mandatsträgern und Mitgliedern, Fremdenhaß werde ... durch die Zustände produziert, wie sie auf Grund des Asylantenstromes heute in den Dörfern und Gemeinden herrschen. Kohl wörtlich: «Ich bin nicht bereit, das weiter hinzunehmen» (*WELT AM SONNTAG* vom 24. August 1986).

Das, was Kohl und seine Regierung nicht weiter hinnehmen wollen, haben sie durch ihre restriktive Abschreckungspolitik gegenüber den Flüchtlingen selbst hervorgerufen: Gettoisierung in Sammellagern, Arbeits- und Ausbildungsverbot, Verbot der Selbstversorgung, Verhinderung von Integrations- und Sprachangeboten – kurz: den entstehenden Fremdenhaß den Flüchtlingen anzulasten, ist ein demagogisches Ablenkungsmanöver von der Verantwortlichkeit der Bundesregierung und der Bundesländer, die diese Maßnahmen praktizieren und noch weiter verschärfen wollen.

Ebenso verlogen und heuchlerisch ist es, wenn mit den psychologischen Grenzen der Aufnahmefähigkeit dieser Gesellschaft, dem Überschreiten der Belastungsgrenze und der Überfremdung des deutschen Volkes argumentiert wird.

Es mutet absonderlich an, wenn derselbe Innenminister Zimmermann im Juli 1986 die Grenzen der Belastbarkeit der Bundesrepublik Deutschland beschwört, der erst im Mai «mit großer Sorge» den anhaltenden Rückgang der Bevölkerung und das niedrigste Geburtenniveau der Welt bei uns beklagt hat. Nach den Modellrechnungen seines Hauses wird danach die Zahl der deutschen Bundesbürger von heute 56,6 Millionen auf 54,9 Millionen im Jahr 2000 und auf 42,6 Millionen im Jahre 2030 zurückgehen. Auch unter Einbeziehung der rund 4,4 Millionen in der Bundesrepublik lebenden Ausländer wird sich an diesem Rückgang wenig ändern: danach würde die Einwohnerzahl von heute 61 Millionen auf 48,4 Millionen im Jahre 2030 abnehmen (zitiert nach *Westdeutsche Zeitung* vom 8./9. Mai 1986).

Die Belastungs- und Überfremdungsdiskussion, die nicht auf die Flüchtlinge begrenzt geführt wird, sondern alle Ausländer in der Bundesrepublik betrifft, ist ebenso einfach wie zynisch und unredlich, da es die Politiker waren, die es z. B. im Flüchtlingsbereich zu einer «Belastung» haben kommen lassen. Bis 1980 haben fast 80% der Asylbewerber ihren Lebensunterhalt selbst verdient und Arbeiten ausgeführt, für die sich kein Deutscher mehr meldete; sie waren in die niedrigsten Lohngruppen eingestuft und zahlten wie andere Arbeitnehmer auch Steuern und Beiträge zur Sozial- und Rentenversicherung. Erst seit 1980 ist es allen Flüchtlingen verboten zu arbeiten (zunächst für ein Jahr; ab 1982: zwei Jahre; nach der Koalitionsvereinbarung vom 26. Juni 86: fünf Jahre).

Auch die Unterbringung von Asylsuchenden in Sammelunterkünften ist erheblich teurer als deren private Unterbringung, wie verschiedene Modellrechnungen auf der Basis geltender Sozialhilfesätze beweisen.

Was soll denn das Schlagwort von der angeblich finanziellen «Überbelastung des Sozialstaats» durch Flüchtlinge, nachdem man diese zur Inanspruchnahme der Sozialhilfe gezwungen hat? Hat diese Regierung noch ein Augenmaß für humanitäre Hilfe, wenn Milliarden-Beträge in selbstvernichtende Rüstung gehen oder als Militärhilfe an autoritäre Regime fließen, die sich nicht scheuen, diese Waffen auch gegen die eigene Bevölkerung einzusetzen? Einmal vorausgesetzt, die genannten «Schätzzahlen» des Innenministeriums stimmen, nach denen die Ausgaben von Bund, Ländern und Gemeinden für Flüchtlinge zwischen 2,5 und 2,8 Milliarden Mark betragen: belasten uns die rund 50 DM pro Jahr und pro Bundesbürger für Flüchtlinge (ca. 4 DM im Monat) etwa mehr als die ca. 1500 DM, mit denen jeder Bundesbürger – vom Baby bis zum Greis – die Hochrüstung unseres Landes mitfinanzieren muß?

Von Überfremdung und Unterwanderung kann schon deswegen nicht die Rede sein, da nicht einmal ein Prozent der Bevölkerung Flüchtlinge (mit Familienangehörigen) sind und der Anteil aller Ausländer in der Bundesrepublik mit rund 7,3 Prozent der Bevölkerung erheblich niedriger ist als in anderen, vergleichbar entwickelten Industriegesellschaften Westeuropas. Die Begriffe «Ausländerflut», «Ausländerschwemme», «Überfremdung des deutschen Volkes» u. a. suggerieren Angst und Abwehr; bricht nicht die Flut über uns herein, reißt sie nicht alles hinweg, überwältigt sie nicht, was sich ihr in den Weg stellt? die Angst vor den Fremden, die «Gefahr aus dem Osten», «die Türken vor Wien», «die Hunnen aus den Tiefen Asiens»: wird hier nicht eine unterschwellige Angst vor der plötzlichen Landnahme und räuberischen, feindseligen Gewalt eindringender Menschenmassen geschürt und geweckt, die den friedlichen ahnungslosen Einheimischen ihren Besitz wegnehmen und zerstören wollen?

Überfremdungsängste gepaart mit der Propaganda, einer exklusiven Rasse und Identität anzugehören, die Abwertung anderer Völker und Menschen – verbunden mit der Überheblichkeit des eigenen Volkes – haben die Deutschen in diesem Jahrhundert schon zweimal in eine Katastrophe geführt.

> «Von einer schleichenden Überfremdung zu sprechen ist einfach zynisch, da alle wichtigen Bereiche wie Verwaltung, Wirtschaft, Schulen usw. nach wie vor nach ‹deutschem Muster› ablaufen. Der Einfluß der USA hat die Lebensgewohnheiten der Deutschen und die gesellschaftlichen Strukturen wesentlich stärker verändert als die ausländischen Arbeiter. Die Anonymität unserer Gesellschaft, die Wachstumsideologie u. ä. führen wohl eher zum Verlust der Identität der Bürger als die Anwesenheit ausländischer Familien» (Jan Vink in: R. Meinhardt «Türken raus?», Reinbek 1984).

Erklärungen dafür, warum die sog. «Stahlhelm-Fraktion» in der Union auf ein irrationales Klima der Angst und auf «Krisenstimmung» im Zusammenhang mit dem Asylthema setzten, lassen sich nur im Blick auf die anhaltende ökonomische Krise und die hohe Arbeitslosigkeit (mit all ihren Folgen und Einschnitten im Sozialbereich) und im Blick auf die Verunsicherung und Ängste vieler Bundesbürger hinsichtlich der Bedrohung des Friedens und der Umwelt – ganz besonders nach der Katastrophe von Tschernobyl – finden. Dies sind Fragen und Probleme, die immer mehr Menschen mit Angst bewegen und in Spannung und Unsicherheit versetzen.

In dem Maße, wie die regierenden Politiker die realen Sorgen der Bürger um deren Zukunftssicherung ignorieren, ihnen keine Erklärungen geben, aber auch die Ursachen der Krisen sowie die Absichten und Folgen ihrer Politik nicht offenlegen, werden die verunsicherten Bürger empfänglicher für irrationale Ängste und Stimmungen – um so mehr, wenn sich Politiker an ihre Spitze stellen und sich in autoritär-obrigkeitsstaatlicher Manier zum Sprachrohr des «gesunden Volksempfindens» machen.

Nicht Ausländer und Flüchtlinge sind die Ursache für Diskriminierung und Fremdenhaß; Ausländerfeindlichkeit und Sündenbocksuche haben ihre Ursache in sozialer Ungerechtigkeit. Je mehr es gelingt, von den verschlechterten wirtschaftlichen Bedingungen und der vorhandenen sozialen Unzufriedenheit sowie von deren wahren Ursachen abzulenken und den Unmut gegen Sündenböcke zu richten – in diesem Fall gegen Flüchtlinge –, um so mehr Spielraum werden die verantwortlichen Politiker zur Durchsetzung ihrer Politik haben. Hand in Hand mit ihren Rationalisierungsformeln liefern rechte Massenblätter und Medien zusätzliche Stichworte, durch die Vorurteile aktiviert und Bedrohungsängste geweckt werden.

«Diese Rationalisierungsformeln des Vorurteils ändern sich meist nicht. Die Fremdgruppe schädigt das Volk politisch, wirtschaftlich und gesellschaftlich, moralisch. Seit dem Ende des Ersten Weltkriegs setzen sich die konkreten Vorwürfe aus den gleichen Stereotypien zusammen. Die Fremdgruppe ist kommunistisch infiziert, weist eine überproportionale Kriminalität auf, führt eine parasitäre Lebensweise, verbreitet ansteckende Krankheiten, gefährdet die biologische Substanz des Volkes und entzieht dem deutschen Volksvermögen ungeheure Summen. Es ist kein Zufall, daß diese Klischees, die heute den Gastarbeitern angeheftet werden, früher die rationalisierten Motivationen des Antisemitismus bildeten ...» (Der Sozialwissenschaftler Hermann Bott, 1969.)

Heute richtet sich diese Methode des Antisemitismus und der Fremdenfeindlichkeit zusätzlich gegen die Flüchtlinge, die – besonders als Afrikaner und Asiaten «leicht erkennbar» – durch Gettoisierung gesellschaftlich ausgegliedert und von der übrigen Bevölkerung als Störung und Bedrohung wahrgenommen werden (können).

Plötzlich sind es nicht mehr die Probleme der Arbeitslosigkeit und die Folgen von Tschernobyl, welche die Menschen aufwühlen – weil diese tatsächlich tief in ihr eigenes Leben eingreifen; ihr Zorn und ihr aufgestauter Unmut richten sich nun gegen Flüchtlinge und Minderheiten, die als angebotene Droh- und «Haß»-Objekte sowohl eine Entlastung von eigenen Schuldgefühlen und Frustrationen als auch gleichzeitig eine Aufwertung der eigenen Identität und des eigenen Selbstgefühls ermöglichen.

«Das Vorurteil besorgt die reibungslose Einpassung in die Staffelung der Subordination, es erspart dem Ich den Konflikt der Abweichung oder gar der Auflehnung.» (A. Mitscherlich in: Auf dem Weg zur vaterlosen Gesellschaft, München 1963, S. 363)

Derart «beruhigt» oder «ruhiggestellt», steigt der Anpassungs- und Konformitätsdruck innerhalb der Gesellschaft auf ihre Mitglieder.

«Der Grad der erlebten eigenen Exklusivität steigt mit der Abwertung Außenstehender. Diskriminierung und Vorurteile werden somit zum Bindemittel, das die Gruppe zusammenhält.»

(Gerd Iben: «Randgruppen der Gesellschaft», München 1971, Seite 14).

Es ist zu befürchten, daß die unwillkommenen Gäste den politischen Scharfmachern in der Bundesrepublik nicht nur willkommen sind, um eine politische Offensive sowohl gegen Ausländer und Flüchtlinge als auch gegen den politischen Gegner und die politische Konkurrenz zu starten; ganz offenbar sollen sie auch als «politischer Hebel» benutzt werden, um die – auf Grund politischer Versäumnisse und vielfacher Krisenerscheinungen – beunruhigten und in Bewegung geratenen Menschen ideologisch und politisch nach rechts zu integrieren.

Dieser breit angelegte Versuch, mit demagogischen Mitteln irrationale Ängste in der Bevölkerung zu wecken und mit Vorurteilen Stimmungen anzuheizen, um Wählerstimmen zu gewinnen, zeigt den erschreckenden Verfall der politischen Kultur in der Bundesrepublik.

Aus der langen Geschichte der Minderheitenverfolgungen, der Ausländerfeindlichkeit und des Rassismus wissen wir, daß die Fragen nach einer angeblichen «Belastungsgrenze» und «Überfremdung» immer dann gestellt wurden, wenn politische Entscheidungsträger und gesellschaftliche Meinungsführer – wie Politiker – an dieser psychologischen Schraube drehten und Ängste schürten, um sich auf diese Weise ihrer eigenen, persönlichen und der übergeordneten, gesellschaftlichen Verantwortung für Minderheiten und Flüchtlinge zu entledigen. Es war immer die Verschränkung von Macht und Vorurteil, die Pogromstimmungen erzeugte, um die Mehrheiten in der Bevölkerung auf die Seite der Regierungen zu ziehen, sie zu disziplinieren und mißliebige Minderheiten zu isolieren.

Wenn sich die Humanität einer Gesellschaft an der Stellung und Behandlung ihrer Minderheiten zeigt, so ist danach zu fragen, wie die zunehmende Willkür deutscher Ausländerbehörden, die Sprache und die Pläne der verantwortlichen Politiker mit ihren Bündeln von Zwangsmaßnahmen, Geboten, Verboten, Auflagen und Bedingungen noch mit einer die Würde jedes Menschen wirklich achtenden Politik in Einklang zu bringen ist.

Es ist heute nicht nur eine Frage der Moral und nicht nur eine Frage des Rechts, sondern es ist eine Frage der politischen Kultur, wie mit dem Asylrecht in der Bundesrepublik Deutschland umgegangen wird und wie man Menschen aufnimmt, die nach Verfolgung und Verlust der Heimat, nach vielfachem Leid und Entbehrungen Zuflucht in einem Land suchen, daß sich als Vertreiber von politisch Andersdenkenden, rassischen und nationalen Minderheiten in diesem Jahrhundert schlimm hervorgetan hat und deshalb nach dem Krieg mit seinem Grundgesetz neue Maßstäbe internationaler Humanität setzen wollte. Diese Verpflichtung aus Artikel 16 Grundgesetz muß heute – im Zeitalter der Flucht von Millionen von Menschen – ernster denn je genommen werden.

Wenn die Verfestigung der gegenwärtigen Ausländer- und Asylpolitik auf Dauer nicht die demokratische Qualität unseres Staates in Frage stellen und die Bundesrepublik erneut zum Ausgangspunkt einer primär vorurteilsbestimmten und Vorurteile ausbeutenden Politik machen soll, sind heute alle demokratischen Kräfte, Christen und sozialen Bewegungen herausgefordert, für die Verwirklichung der Grundrechte und für die Verteidigung des sozialen Friedens zu streiten.

Demokratie kann auch verspielt werden; die vielen, von rechts oft als «Betriebsunfälle der Geschichte» bezeichneten Unrechtsregime lehren, daß wir lernen müssen, zur rechten Zeit zu widerstehen. Wenn die *deutsche* Geschichte in diesem Jahrhundert eines lehrt, dann dieses: Das deutsche Volk hat wahrlich keinen Nachholbedarf für eine Drohpolitik nach innen und nach außen, für Fremdenhaß und nationale Überheblichkeit, sondern wohl umgekehrt für eine Friedenspolitik, für Gastfreundschaft, Völkerverständigung und Toleranz zwischen allen hier lebenden Menschen!

WOLFGANG GRENZ

Gefährliche Dramatisierung

Die derzeitige Asylsituation wird in der gegenwärtigen hektischen Diskussion in unzulässiger und ungerechtfertigter Weise dramatisiert. Richtig ist, daß die Asylbewerberzahlen steigen. Für 1986 kann mit 80000 bis 100000 Asylbewerbern gerechnet werden (1985: 73000). Wenn von dem «Zustrom» gesprochen wird, dann werden sowohl wichtige Gründe für den Anstieg nicht erwähnt und Vergleichszahlen aus anderen Aufnahmeländern nicht herangezogen.

Da ist zunächst einmal die Abschottung der Grenzen Schwedens und Dänemarks vor politisch Verfolgten. Seit den Vereinbarungen dieser Länder mit der DDR können Flüchtlinge nicht mehr über die DDR in die skandinavischen Länder weiterreisen. Ihnen bleibt nur die Wahl zwischen Rückschiebung und der Einreise nach West-Berlin.

Zum anderen sind die Probleme in Berlin «hausgemacht». Seit dem Anschlag auf die Discothek ‹*La Belle*› werden Ausländer rigoros kontrolliert. Flüchtlinge, die sonst in die Bundesrepublik weiterreisen konnten und erst dort Asyl beantragten, müssen dies nun schon in Berlin tun. Damit wird der «Flaschenhals» Berlin geschaffen. Da Berlin für die meisten Flüchtlinge der einzige Zugang nach Westeuropa ist, reisen viele Flüchtlinge, die in andere Länder wollen, über Berlin ein. Seit den Verhandlungen europäischer Regierungen im Mai 1985 ist zu beobachten, daß potentielle Asylbewerber, die über Berlin und das Bundesgebiet an die Grenzen der Nachbarländer kommen, von dort in die Bundesrepublik zurückgewiesen werden. Diese Praxis trägt ebenfalls zur Steigerung der Asylbewerberzahlen bei. Bei diesen Zahlen wird jedoch verschwiegen, daß bis zu 30% der Asylbewerber jährlich vor Abschluß ihres Asylverfahrens wieder aus der Bundesrepublik ausreisen. Bezeichnenderweise führt die Bundesregierung über die ausreisenden Asylbewerber keine Statistik. Wenn von einer «dramatischen Situation» gesprochen wird, dann sollten einige Vergleichszahlen herangezogen werden. Die Zahl der Flüchtlinge (Asylberechtigte, Asylbewerber, de facto-Flüchtlinge) insgesamt beläuft sich in der Bundesrepublik auf rund 250000. Selbst wenn man von der Bundesregierung verbreiteten Zahl von 673000 ausgeht – hier werden Personengruppen eingerechnet, die keinen Bezug zum Asylrecht haben –, machen die Flüchtlinge, gemessen im internationalen Vergleich mit anderen – zumeist wesentlich ärmeren – Aufnahmeländern (Pakistan 3 Millionen, Sudan 800000) eine kleine Personengruppe aus. Ebenso sieht es im Vergleich mit den insgesamt 4,4 Millionen Ausländern in der Bundesrepublik aus, eine Zahl, die im übrigen seit Anfang 1985 konstant geblieben ist. Auf Grund dieser Vergleichszahlen ist nun wirklich kein Grund für eine Dramatisierung der Asylsituation zu erkennen.

Grundgesetzänderung trifft politisch Verfolgte

Zur Sorge Anlaß gibt jedoch, wie Politiker mit dem Asylrecht umgehen. Es wird die Tatsache verdrängt, daß es sich bei einem Großteil der Asylbewerber um politisch Verfolgte handelt. Wer das Grundrecht auf Asyl abschaffen will, der will ohne Not ein wichtiges Freiheitsrecht der Verfassungsordnung der Bundesrepublik opfern. Für den zählt die historische Verpflichtung aus den Erfahrungen des Nationalsozialismus nicht. Der bayerische Ministerpräsident Strauß gibt auch offen zu, daß es nicht um «Wirtschaftsflüchtlinge» geht, sondern um politisch Verfolgte. Nach seiner Auffassung soll Asyl nur noch Flüchtlingen aus dem Ostblock und aus Afghanistan zustehen, politisch Verfolgte aus anderen Teilen der Welt sollen ausgesperrt werden.

Schließung der Grenzen für politisch Verfolgte?

Ebenfalls bedenklich sind Lösungsvorschläge von Politikern, die zwar eine Grundgesetzänderung ablehnen, aber fordern, politisch Verfolgten den Aufnahmeschutz in der Bundesrepublik zu verwehren. Das Verlangen an die DDR, keine potentiellen Asylbewerber mehr durch den Transit zu lassen, hat wie beim Durchreiseverbot für Tamilen zur Folge, daß politisch Verfolgten verwehrt wird, das Asylrecht überhaupt in Anspruch nehmen zu können. Wir hätten dann zwar noch ein liberales Grundrecht, es bestünde dann allerdings nur noch auf dem Papier.

Abschiebung trotz drohender Gefahr für Leib und Leben?

Auch ein anderer Vorschlag von Gegnern einer Grundgesetzänderung kann nur auf Ablehnung stoßen. Rechtskräftig abgelehnte Asylbewerber sollen pauschal abgeschoben werden. Dieser Vorschlag berücksichtigt nicht, daß bereits jetzt schon viel zu rigoros abgeschoben wird und daß den Abschiebungen oft humanitäre Gesichtspunkte entgegenstehen. Sollen etwa Tamilen, Iraner, Libanesen, Eritreer in ihre Verfolgerländer abgeschoben werden, in denen ihnen nach der restriktiven Rechtsprechung zwar keine «politische» Verfolgung, dafür aber Gefahr für Leib und Leben droht? Eine solche Abschiebungspraxis wäre mit dem im Grundgesetz verankerten Gebot der Menschenwürde nicht vereinbar.

Widerstand gegen Verschärfungen wird gebrochen

Die Angriffe auf das Asylrecht haben jetzt schon einen großen Erfolg für die Gegner des Asylrechts gebracht. Es ist eine «Notstandssituation» herbeigeredet worden. Dadurch wurde ein politisches Klima geschaffen, in dem die gewünschten, bisher noch auf Widerstand gestoßenen Verschärfungen des Asylrechts leicht durchzusetzen sind. Gegner einer Grundgesetzänderung werden sich jetzt rühmen, Art. 16 Abs. 2 Satz 2 GG gerettet zu haben. Dabei vergessen sie, daß sie jetzt Verschärfungen zustimmen, die sie bis vor kurzem noch bekämpft haben und die in der Praxis das Asylrecht auch ohne Grundgesetzänderung weiter einschränken. Vergessen wird auch, daß die restriktive Entwicklung der Rechtsprechung erheblich zum Abbau des Asylrechts beigetragen hat. Trotz aller gegenteiligen Beteuerungen trifft der Koalitionsentwurf auch die politisch Verfolgten.

Schwerpunkte der Vereinbarungen sind laut Presseerklärung der FDP-Fraktion vom 26. 6. 86 folgende Punkte:

1. Im Asylverfahren sollen vom Asylbewerber vorgetragene Umstände dann unberücksichtigt bleiben, wenn sich aus bestimmten Tatsachen ergibt, daß der Ausländer sie in der Bundesrepublik zu dem Zweck herbeigeführt hat, die Voraussetzungen seiner Anerkennung zu schaffen.

2. Wenn ein Asylbewerber sich länger als drei Monate in einem Staat aufgehalten hat, in dem ihm keine politische Verfolgung droht, dann soll vermutet werden, daß er dort vor Verfolgung sicher war. Diese Vermutung gilt dann nicht, wenn der Ausländer glaubhaft macht, daß eine Abschiebung in einen ihn verfolgenden Staat nicht

mit hinreichender Sicherheit ausgeschlossen werden kann. Über diese Fragen soll im normalen Asylverfahren entschieden werden. Ausnahmsweise soll eine Entscheidung an der Grenze dann möglich sein, wenn der Ausländer diese drei Monate in einem Staat der Europäischen Gemeinschaft oder in der Schweiz, Österreich, Schweden oder Norwegen verbracht hat.

3. Darüber hinaus strebt die Koalition beim Zusammentreffen von Asylverfahren und Auslieferungsverfahren eine Entscheidung durch einen gemeinsamen Senat aus Verwaltungs- und Zivilrichtern an.

Keine Berücksichtigung von Nachfluchtgründen

Der Punkt 1. berührt die sog. Nachfluchtgründe. Dies sind Gründe, die nach der Flucht aus dem Heimatstaat entstanden sind, dort aber bei Rückkehr zu politischer Verfolgung führen würden.

Ein Nachfluchtgrund kann z. B. dann entstehen, wenn ein Ausländer in der Bundesrepublik gegen die Regierung seines Heimatlandes aktiv ist, diese Aktivitäten den Heimatbehörden bekannt werden und er wegen dieser Aktivitäten in seinem Heimatland mit Inhaftierung oder anderen Verfolgungsmaßnahmen rechnen muß.

Die Koalitionsvereinbarung will nun die Aktivitäten unberücksichtigt lassen, die der Ausländer zu dem Zweck herbeigeführt hat, die Voraussetzungen für die Asylanerkennung zu schaffen.

Dieser Vorschlag wird in der Praxis schwierig zu handhaben sein. Darüber hinaus begegnet er verfassungsrechtlichen Bedenken.

Wie will man herausfinden, zu welchem Zweck jemand demonstriert oder auf andere Weise politisch aktiv ist? Wer will dann wie herausfinden, ob politische Motive dahinterstehen oder ob die Schaffung eines Asylgrunds Hauptmotiv ist? Und selbst dann, wenn jemand nur demonstriert, um aufzufallen und damit einen Asylgrund zu erhalten, dann wird dies zur Folge haben, daß die Heimatbehörden ihn als politischen Gegner ansehen und er somit bei Rückkehr der Gefahr politischer Verfolgung ausgesetzt ist.

Oder ist die Regelung nur die Vorstufe dazu, daß man den Flüchtling auch bei seinen Aktivitäten im Heimatland darauf verweisen will, daß er sich bei seinen politischen Aktivitäten besser beschränkt hätte, da er bei dem Charakter des Regimes damit hätte rechnen müssen, wegen der politischen Aktivitäten verhaftet und mißhandelt zu werden?

Das Bundesverwaltungsgericht hat in seiner Entscheidung vom 8.11.1983 (9C93.83) Versuche zurückgewiesen, in der Bundesrepublik entstandene Nachfluchtgründe für die Asylentscheidung unberücksichtigt zu lassen. Es hat betont, daß sich eine Einschränkung des Begriffs der politischen Verfolgung aus dem Grundgesetz nicht herleiten lasse. Dies gelte auch für Nachfluchtgründe. Ähnlich der Rechtsprechung zum Beitritt in eine Emigrantenorganisation komme es darauf an, ob in Würdigung aller Umstände die Befürchtung begründet sei, daß der u. U. selbstgeschaffene Nachfluchtgrund eine der politischen Überzeugung geltende Verfolgung im Heimatland zur Folge habe.

In der Praxis würde die Koalitionsvereinbarung das Problem nur verlagern. In den Fällen, in denen die Nachfluchtgründe nicht berücksichtigt werden, erhalten die Asylbewerber zwar kein Asyl, werden aber, da ihnen ja objektiv Verfolgung aus politischen Gründen im Heimatland droht, nach dem Ausländergesetz nicht abgeschoben. Sie sind dann de facto-Flüchtlinge mit einem unsicheren Rechtsstatus. Wenn es das Ziel der Koalition ist, die Zahl der bei uns lebenden Flüchtlinge zu verringern, dann wird dieses Ziel durch eine solche Regelung nicht erreicht. Erreicht wird nur, daß die Zahl der Asylberechtigten herabgesenkt wird und die Zahl derer, die hier in einem unklaren und ungewissen Rechtsstatus bleiben dürfen, ansteigt.

Die Regelung wird auch die Verfahren vor dem Bundesamt und den Verwaltungsgerichten unnötig erschweren und damit verlängern. Konnten Entscheider und Richter bisher, wenn unklar war, ob Vorfluchtgründe vorlagen, auf eine abschließende Klärung in den Fällen verzichten, in denen Nachfluchtgründe bewiesen waren, so müssen sie nun in die mühsame und zeitraubende Würdigung der Vorfluchtgründe einsteigen. Auch hier wird deutlich, daß das Ziel der Koalition, die Verfahren zu beschleunigen, durch diese Regelung nicht erreicht werden kann, sondern im Gegenteil eine weitere Verlängerung der Verfahrensdauer zu befürchten ist.

Erleichterung der Zurückweisung an der Grenze

In Punkt 2. der Koalitionsvereinbarung, zur sog. Vermutungsregelung für einen anderweitigen Schutz bei dreimonatigem Aufenthalt in einem anderen Land, wird den Grenz- und Ausländerbehörden der weitere Einstieg in die inhaltliche Prüfung von Asylanträgen ermöglicht. War ein Flüchtling ausweislich seiner Reisedokumente drei Monate oder länger im westeuropäischen Ausland, dann kann der Grenzschutz davon ausgehen, daß der Flüchtling bereits dort Schutz vor Verfolgung gefunden hat und kann ihn an der Grenze zurückweisen. Zwar kann der Flüchtling dieser Vermutung widersprechen. Aber wie soll das in der Praxis aussehen? Der Flüchtling wird weder die Vermutungsregelung noch die Widerlegungsmöglichkeit kennen und verstehen. Da die bisherigen Erfahrungen gezeigt haben, daß immer dann, wenn Beamte des Bundesgrenzschutzes und der Ausländerbehörden inhaltliche Entscheidungsmöglichkeiten hatten, sie mit diesen Kompetenzen fachlich überfordert waren, und da zudem – es ist ja kein Zeuge da – sich eine rechtliche Grauzone bildet, ist zu befürchten, daß durch diese Erweiterung der Kompetenzen für die Grenz- und Ausländerbehörden viele Flüchtlinge mit guten Asylgründen an der Grenze zurückgewiesen werden, ohne die Möglichkeit zu haben, ihr Recht durchzusetzen, ihren Asylantrag in einem ordentlichen Verfahren prüfen zu lassen.

Kemal Altun schon vergessen?

Unter Punkt 8. der Vereinbarung ist ein neuer Verfahrensweg bei Anträgen der Verfolgerstaaten auf Auslieferung von Asylberechtigten und Asylbewerbern vorgesehen. Nach § 18, Satz 2 Asylverfahrensgesetz ist eine Auslieferung von Asylberechtigten und Asylbewerbern möglich. Dies ist 1983 sehr deutlich geworden durch den Tod **Kemal Altuns** und durch die Auslieferung von **Sami Memis** in die Türkei. Beide waren Asylbewerber, Kemal Altun war sogar bereits vom Bundesamt anerkannt worden. Dennoch betrieb die Bundesregierung die Auslieferung in die Türkei.

Entsprechende Anträge von SPD und den Grünen, eine Auslieferung von Asylberechtigten und Asylbewerbern auszuschließen, sind im Innenausschuß im März dieses Jahres abgelehnt worden. Nach den Vorstellungen der Koalition soll nun, wenn Asylverfahren und Auslieferungsverfahren zusammentreffen, ein gemeinsamer Senat von Verwaltungs- und Zivilrichtern gebildet werden. Wie dieser Senat gebildet werden soll, welche Rechtsmittel es bei welchem Gericht gegen seine Entscheidungen geben soll, dies ist noch unklar und scheint wenig praktikabel zu sein.

amnesty international wiederholt die Forderung, daß § 18, Satz 2 Asylverfahrensgesetz gestrichen wird und damit sichergestellt wird, daß eine Auslieferung von Asylberechtigten und Asylbewerbern verhindert wird. Dies wäre eine klare Regelung zum Schutz der politisch Verfolgten. Nach den Vorschlägen der Koalition kann aber nicht verhindert werden, daß der Schutz der politisch Verfolgten vor Zurückweisung, Ausweisung, Abschiebung oder Auslieferung nach der Genfer Flüchtlings-Konvention durch das Auslieferungsverfahren umgangen wird und der Verfolgerstaat über das Auslieferungsverfahren doch noch des politisch Verfolgten habhaft werden kann.

Die Koalitionsvereinbarung sieht auch einige Verbesserungen hinsichtlich der Bewegungsfreiheit der Asylbewerber vor. Diese Verbesserungen können aber die weiteren Verschärfungen des Asylrechts nicht aufwiegen. Insgesamt gehen die Vorschläge zu Lasten der politisch Verfolgten und schränken ihren Schutz vor Zurückweisung, Ausweisung, Abschiebung und Auslieferung in den Verfolgerstaat weiter ein.

Bei aller berechtigten Kritik an den Vorschlägen zur Änderung des Asylrechts sollte nicht vergessen werden, daß bereits die gegenwärtige Asylpraxis in der Bundesrepublik Deutschland dem verfassungsrechtlichen Gebot nicht mehr in vollem Umfang gerecht wird.

Wolfgang Schuth

Das Spiel mit Zahlen, ein Spiel mit Menschen

Die Sicht der Arbeiterwohlfahrt

Das Asylrecht ist wieder einmal in der Diskussion. Seit mittlerweile zehn Jahren scheinen gerade Probleme des Asylrechts vor Landtags- und Bundestagswahlkämpfen von besonderem Interesse, als ob es in der Zwischenzeit keine Flüchtlinge gäbe. Offenbar um kurzfristig politische Kompetenz und Handlungsfähigkeit zu demonstrieren – sicher auch, um von anderen Themen abzulenken –, stellen Politiker von CDU und CSU das Grundrecht auf Asyl in Frage. Ganz ohne Zweifel wird damit ein bisher gewachsener politischer Konsens «politisch Verfolgten Asylrecht zu gewähren» in Frage gestellt. Das Asylrecht müsse lediglich von seinem Mißbrauch befreit werden, lautet postwendend die Rechtfertigung. Es geht nicht um die Einschränkung des Grundrechts selbst, behaupten CDU-, CSU-Politiker, sondern vielmehr um den Erhalt des Rechts für die tatsächlich Verfolgten. Alle Maßnahmen, die diskutiert werden, zielen jedoch darauf ab, den Gebrauch des Asylrechts selbst zu verhindern.

Was ist leichter, als diesem Angriff mit dem moralischen Fingerzeig auf die geschichtliche Verantwortung zu entgegnen? Es fällt uns immer die Verfolgung durch den Nationalsozialismus ein. Doch auch vorher und nachher haben Hunderttausende Deutsche ihre Heimat verlassen. Während der Revolution zu Bismarcks Zeiten, während der Inflation und während der Demokratisierung, die nach 1945 beginnen sollte. Deutsche fanden auf der ganzen Welt Aufnahme. Dieses Phänomen haben nicht Tamilen, Afghanen oder Eritreer erfunden. Über Jahrzehnte sind Deutsche geflohen, als ob es selbstverständlich sei, daß man ihnen in anderen Teilen der Welt Aufnahme gewährt.

So wichtig der historische Hinweis ist, so sehr ist zu bedauern, daß eine große Zahl von Politikern nicht mehr die Kraft findet und die politische Moral besitzt, aus der aktuellen Situation die Begründung für das Grundrecht auf Asyl zu geben.

Die Arbeiterwohlfahrt zwischen 1933 und 1945

Nach der Machtübernahme Hitlers im Januar 1933 wurden alle demokratischen Parteien und Organisationen verboten oder «gleichgeschaltet». Das Naziregime zerschlug den hoffnungsvollen Aufschwung der damals noch jungen Arbeiterwohlfahrt. Der Hauptausschuß gründete noch, bevor sie verboten wurde, eine Tarnorganisation, die unter dem Namen «Deutsch-ausländisches Jugendhilfswerk e. V.» die Hilfsmaßnahmen für Verfolgte und ihre Familien weiterführen sollte. Durch internationale Hilfe konnte diese Organisation noch einige Jahre weiterarbeiten. Bis 1936 war es möglich, vielen notleidenden Familien durch Paketsendungen zu helfen. Verfolgte Frauen wurden nach ihrer Entlassung aus Gefängnissen oder Lagern zur Erholung vermittelt, Kindertransporte gingen nach Bad Schwalbach oder in ein Heim in der Schweiz.

Am 12. Mai 1933 schließlich wurde der Hauptausschuß der AW von einem Beauftragten der Deutschen Arbeitsfront übernommen, der in einem Rundschreiben Anweisung für die Umorganisation gab. Die Arbeiterwohlfahrt sollte danach «ein nützliches Glied der nationalen Front des Arbeitertums werden» und alle Mitarbeiter «die Einstellung auf die echte deutsche Volksgemeinschaft» haben. «Pflege, Fürsorge und Erziehung haben im deutschen Geiste zu erfolgen. Jüdische Kinder sind daher unverzüglich restlos auszuschalten.»

Die Arbeiterwohlfahrt entzog sich dem Versuch, ihre 135000 ehrenamtlichen Helfer gleichzuschalten, total. Damit hörte die Arbeiterwohlfahrt ab Juni / Juli 1933 auf zu existieren. Ihre führenden Mitglieder wurden politisch verfolgt und inhaftiert. Sie emigrierten in die Nachbarländer oder versuchten, in der Illegalität weiterzukämpfen. Freundeskreise der Arbeiterwohlfahrt bestanden im Saarland, das zu dieser Zeit noch nicht einverleibt war. Im Sommer 1933 gründeten sozialdemokratische Emigranten in Paris eine Arbeitsgemeinschaft und Selbsthilfeorganisation, die «Arbeiter-Wohlfahrt Paris», ebenso in der nichtbesetzten Tschechoslowakei (Prag) und später in den USA, wo sich eine «Arbeiterwohlfahrt New York» bildete.

Vorsitzender der Arbeiter-Wohlfahrt Paris wurde Rudolf Breitscheid, der später im KZ ermordet wurde. Dem Vorstand gehörten acht Persönlichkeiten an, darunter Marie Juchacz, Rudolf Hilferding und Kurt Löwenstein. Die Vereinigung definierte sich als Selbsthilfeorganisation. Nach heutigen Maßstäben würde man solche Organisationen als Schlepper- oder Fluchthilfeorganisationen bezeichnen, je nach Standpunkt des Betrachters. (Vgl. Lemke S. 31f, Niedrig S. 33ff in Niedrig u. a., Arbeiterwohlfahrt – Verband für soziale Arbeit – Geschichte, Selbstverständnis, Arbeitsfeld, Daten; Wiesbaden 1985.)

Von der Flüchtlingshilfe in den fünfziger Jahren zur Asyldiskussion der achtziger Jahre

Nach dem Krieg hat sich die Arbeiterwohlfahrt wiedergegründet. Flüchtlingshilfe gehörte seit 1953 zum festen Bestandteil ihrer Arbeit. Zunächst war es vor allem die Hilfe für deutschstämmige Flüchtlinge aus Osteuropa. Ein festes Netz von Beratungsstellen für Aussiedler und DDR-Zuwanderer wurde aufgebaut und besteht bis heute.

Die Aufnahme ausländischer Flüchtlinge, die nicht aus Osteuropa kamen, begann erst Anfang der siebziger Jahre. Ihre soziale Beratung mußten zunächst die bestehenden Beratungsstellen bewältigen. Einen spezifischen Flüchtlingsberatungsdienst für nichtdeutsche, also ausländische Flüchtlinge gab es zunächst nur in Zirndorf, getragen durch den Caritasverband. Dort war ein Bundessammellager und das Bundesamt für die Anerkennung ausländischer Flüchtlinge.

Es sollten zunächst alle Flüchtlinge im Bundessammellager in Zirndorf aufgenommen werden und dort auf ihre Entscheidung über den Asylantrag warten. Das Sammellager hat jedoch zu keiner Zeit seines Bestehens über eine ausreichende Aufnahmekapazität für die ihm zugeteilten Asylsuchenden verfügt. Steigende Flüchtlingszahlen und geringere Entlastung des Lagers führten im November 1974 zur sogenannten Vorwegverteilung der Flüchtlinge, die dem Bundesamt in Zirndorf zugeteilt und dort als Asylsuchende registriert waren. Vorwegverteilung heißt dabei, daß die Flüchtlinge vor Abschluß des Anerkennungsverfahrens auf andere Bundesländer verteilt wurden. Nach der weiter zunehmenden Überlastung Zirndorfs wurde Anfang 1977 zunächst zeitweilig und ab dem 1. August 1977 das Sammellager als Auffangstation für alle geschlossen. Die Berliner Behörden, schon damals vom Flüchtlingsstrom besonders betroffen, verteilten daraufhin ab dem 15. August 1977 die Flüchtlinge unmittelbar auf die einzelnen Bundesländer. Die Ständige Konferenz der Länderinnenminister beschloß am 10. 2. 78 *Verteilerquoten*. Erst durch die so geregelte Verteilung waren die Bundesländer gezwungen, Flüchtlinge in größerem Umfang aufzunehmen und für die weitere Verteilung und letztlich die Unterbringung im Bundesland zu sorgen.

Erst mit dieser Entwicklung, die einhergeht mit dem Wandel des

Flüchtlingsstroms selbst, begannen sich spezielle Beratungsstellen für ausländische Flüchtlinge zu bilden. Kamen vorher vorwiegend Flüchtlinge aus Osteuropa, waren es jetzt zunehmend außereuropäische Flüchtlinge. Die Sprache der Flüchtlinge war nicht mehr nur Polnisch, Tschechisch, Russisch oder Rumänisch, jetzt mischten sich englische, französische und spanische Töne ein. Es wurde Urdu gesprochen, und andere Sprachen waren verlangt. Die Flüchtlinge kamen nicht mehr ausschließlich aus dem kommunistischen Machtbereich, sondern es waren häufig Verfolgte aus westlich orientierten Regimen. Bestand vorher ein Konsens für die Aufnahme von Flüchtlingen weit über das Asyl hinaus, wurden alle gleich, ob politisch verfolgt oder nicht, auf Grund politischer Übereinkünfte, sofern sie aus Osteuropa kamen, geduldet (Innenministerkonferenzbeschluß vom 26. 8. 66), gewann die Entscheidung über den Asylantrag zunehmend an Bedeutung, auch für den Verbleib in der Bundesrepublik. Das Asylverfahren war jetzt nicht mehr die Entscheidung über den Rechtsstatus (asylberechtigter oder geduldeter Flüchtling), wobei der Verbleib in der Bundesrepublik gesichert war, das Asylrecht wurde mehr und mehr auch die Entscheidung über den weiteren Aufenthalt in der Bundesrepublik. So auch konnte die später propagierte Theorie entwickelt werden, daß nur ein anerkannter Flüchtling ein guter Flüchtling sei und die abgelehnten sozusagen das Asylrecht nur mißbrauchten. Die soziale Wirklichkeit war und ist bis heute viel komplizierter, deshalb der Begriff des ausländischen Flüchtlings, wie er sich heute darstellt, schon der besonderen Erklärung bedarf.

Ausländische Flüchtlinge

Hinter dem Begriff verbergen sich vielfältige Flüchtlingsgruppen mit unterschiedlichem Rechtsstatus, die zum Teil, wie etwa der Begriff des de facto-Flüchtlings, nur hilfsweise verwendet werden und in der Sache häufig ungenau sind. Da es offensichtlich von entscheidender Bedeutung für die Ziele und Inhalte sozialer Beratung und Betreuung ist, ob der Betroffene ein Bleiberecht in der Bundesrepublik hat oder nicht, wird im Folgenden in zwei Gruppen geteilt: in die Bleibeberechtigten und die mit ungeklärtem Bleiberecht.

Bleibeberechtigt sind:

1. Asylberechtigte (§ 3 AsylVfG),
2. Kontingentflüchtlinge,
3. übernommene Flüchtlinge nach der Genfer Flüchtlingskonvention (kleine Gruppe),

4. Familienangehörige von Asylberechtigten (Kinder unter achtzehn Jahren und Ehegatten, wobei die Angehörigen von Kontingentflüchtlingen in der Regel selber auch Kontingentflüchtlinge sind). Es kann allerdings sein, daß der Familienangehörige selbst einen Asylantrag gestellt hat oder schon abgelehnt ist (Art. 6 GG),
5. de facto-Flüchtlinge.

   Es sind insbesondere:
   - abgelehnte Asylsuchende, denen auf Grund des Innenministerkonferenzbeschlusses vom 26. 8. 1966 in der Fassung vom 26. 4. 1985 eine Duldung und später eine Aufenthaltserlaubnis erteilt wird,
   - Personen, die auf Grund von Ländererlassen geduldet werden (Iraner, Äthiopier, christliche Türken, Libanesen, staatenlose Palästinenser aus dem Libanon, Tamilen, Yeziden),
   - Personen, die gemäß § 14 AuslG im Einzelfall aus politischen oder humanitären Gründen geduldet werden,
   - weitere Rechtsgrundlagen für ein Bleiberecht sind im Einzelfall Art. 1 und 2 GG, zu denken ist hier vor allem an Folteropfer.

Ungeklärt ist das Bleiberecht bei

- Asylsuchenden.

Zufluchtsland Bundesrepublik?

Fast wie ein Paradies für Asylanten und Flüchtlinge präsentiert sich die Bundesrepublik Deutschland in vom Bundesinnenministerium veröffentlichten Zahlen.

Nach statistischen Angaben des Bundesinnenministeriums vom 14. Mai 1985 wurde die Anzahl der Ausländer, die sich als Flüchtlinge und Asylsuchende mit oder ohne Rechtsstatus nach der Genfer Konvention in der Bundesrepublik Deutschland aufhielten, auf insgesamt 529 000 angegeben. Diese Zahl wurde zum Stichtag 1. September 1985 auf 605 000 hochgerechnet. Das ist die Zahl, die dann auch von der Bundesregierung zur Vorbereitung einer öffentlichen Anhörung des Innenausschusses am 24. Februar 1986 bekanntgegeben wurde. Kurzfristig mußte dieser Termin auf den 17. März 1986 verschoben werden.

Im einzelnen werden von der Bundesregierung folgende Personengruppen genannt, die insgesamt diese Flüchtlingszahl – die etwa einem Prozent der Gesamtbevölkerung der Bundesrepublik Deutschland entsprechen würde – ausmachen sollen:

- Asylberechtigte
- Familienangehörige von Asylberechtigten
- Heimatlose Ausländer
- Kontingentflüchtlinge
- im Ausland anerkannte Flüchtlinge mit ihren Familienangehörigen
- de facto-Flüchtlinge
- Asylbewerber.

Angesichts der von der Bundesregierung genannten Zahlen ist jedoch Vorsicht am Platze. Sie sind erheblich überhöht und erwecken den Eindruck – was sie vermutlich auch sollen –, daß in der Bundesrepublik Deutschland die «Belastungsgrenze» der Aufnahmemöglichkeiten für Flüchtlinge und Asylbewerber erreicht sei. Deutliche Kritik an diesen Zahlen sowie an den Methoden ihrer Ermittlung ist in für die genannte öffentliche Anhörung des Innenausschusses im Deutschen Bundestag vorgelegten Stellungnahmen inzwischen sowohl von der Evangelischen Kirche in Deutschland als auch vom Kommissariat der Deutschen Bischöfe (Katholisches Büro Bonn), von amnesty international und vom Hohen Kommissar der Vereinten Nationen für Flüchtlinge (UNHCR) geübt worden. (Die gemeinsame Stellungnahme des Kirchenamtes der EKD und der Hauptgeschäftsstelle des Diakonischen Werkes findet sind in epd-Dokumentation Nr. 11/86, S. 106ff.)

Im einzelnen sind verschiedene Gründe für die übertriebenen Zahlenangaben zu nennen. So wurden beispielsweise auf Grund unberechtigter Annahmen über die Anzahl von Familienangehörigen bei Asylberechtigten und Asylbewerbern Doppel- und Dreifachzählungen nicht vermieden. Es wurden ferner gleiche Personengruppen unter verschiedenen Kategorien genannt.

Außerdem werden beispielsweise mit den «heimatlosen Ausländern» Personen – Zwangsarbeiter, die vom Deutschen

Reich aus ihren Heimatländern verschleppt wurden – genannt, die zweifellos Flüchtlinge sind, bei denen es sich jedoch nach Auskunft von UNHCR «um eine – in anderen europäischen Ländern nicht gegebene – Sondergruppe von Flüchtlingen handelt, die hinsichtlich Integration und Belastung für den Aufnahmestaat keinen relevanten Faktor mehr darstellen. Sie befinden sich seit den ersten Nachkriegsjahren in der Bundesrepublik, und ein erheblicher Teil von ihnen wurde hier geboren». Ferner ist nicht bekannt, wie viele der zu dieser Gruppe gerechneten Personen ihren Status von einem Elternteil ererbten. Auch bei den sogenannten de facto-Flüchtlingen – die Bundesregierung nennt 200000 – ist fraglich, in welchem Umfang sie als Flüchtlinge im Sinne der UN-Definition angesehen werden können.

Vollends irreführend werden die von der Bundesregierung genannten Zahlen, wenn man sie zum internationalen Vergleich heranzieht. Vergleichen kann man statistische Angaben nur, wenn sie überall auf die gleiche Weise zustande gekommen sind. Hier werden jedoch die für die Bundesrepublik Deutschland auf fragwürdige Weise angereicherten Zahlen verglichen mit den vom UNHCR für andere Länder veröffentlichten Zahlen. Nach der UNHCR-Statistik gab es Ende 1984 (Zahlen für 1985 lagen Anfang 1986 noch nicht vor) in der Bundesrepublik Deutschland 126646 Flüchtlinge (Frankreich: 167300, Großbritannien: 135000; Schweden: 90600). Legt man also wirklich vergleichbare Zahlen zugrunde, so lebten 1984 auf je 10000 Einwohner in der Bundesrepublik Deutschland nicht 87, sondern etwa 21 Flüchtlinge. Mit anderen Worten: Die Bundesrepublik Deutschland gehört nicht auf Platz 1, sondern auf einen der letzten Plätze der Zufluchtsländer.

Zufluchtsland Bundesrepublik?

aus: der Überblick 1/86

Es ist darauf hinzuweisen, daß bei einer Vielzahl von Asylsuchenden auch die derzeitige Gesetzeslage und Verwaltungspraxis das Bleiberecht höchstwahrscheinlich ist. Dies gilt für alle Gruppen, die in den o. g. Bereich der de facto-Flüchtlinge fallen. Deshalb bleibt festzuhalten, daß das Asylverfahren häufig nicht über den zukünftigen Verbleib in der Bundesrepublik entscheidet, sondern lediglich über den Rechtsstatus, den der Flüchtling in der Bundesrepublik erhalten wird.

Das Transitverbot

Die aktuellen Entwicklungen verkomplizieren das Geschehen zudem. Auf Grund der Direktiven an die Grenzschutzstellen vom Spätsommer 1985, niemandem ein Transit durch die Bundesrepublik zu erlauben, sind alle Flüchtlinge, die heute über Berlin nach Europa kommen, gezwungen, in der Bundesrepublik einen Asylantrag zu stellen, wollen sie der Zurückweisung entgehen. Parallel sind diejenigen Flüchtlinge zu nennen, die ohne Schwierigkeiten in die Bundesrepublik einreisen können, aber Asyl und Aufnahme in den Vereinigten Staaten suchen. Beide Gruppen haben ein Interesse daran, die Bundesrepublik zu verlassen, was die soziale Beratung vor erhebliche Probleme stellt, da beim erstgenannten Fall die Zielländer auf der Durchführung des Asylverfahrens in der Bundesrepublik bestehen werden, im zweiten Fall die Flüchtlinge von den USA nicht aufgenommen werden, sobald sie anerkannt sind. D. h., man muß in diesen Fällen das Asylverfahren stoppen.

Rund ein Drittel der Anträge, die beim Bundesamt für die Anerkennung ausländischer Flüchtlinge gestellt wurden, brauchten auf Grund dieser Entwicklungen nicht entschieden zu werden. Sie hatten sich «anderweitig erledigt», wie es die Statistik des Bundesamtes ausdrückt.

Die Manipulation mit den Zahlen

Statistische Angaben über die Asylanträge sind auf S. 52f wiedergegeben.

Während Ende der siebziger und Anfang der achtziger Jahre sich die Diskussion um das Asylrecht immer am Zugang von Asylsuchenden entfachte, legt der Bundesminister des Innern heute Zahlen vor, die mit dem Asylrecht zum großen Teil nur scheinbar in Verbindung stehen. Nach den Vorwürfen, die Bundesrepublik solle sich nicht über die im europäischen Vergleich relativ geringe Aufnahme von Flüchtlingen aufregen, konterte der Innenminister mit einem Zahlenwerk, das sieben verschiedene Gruppen

- Asylberechtigte
- Familienangehörige der Asylberechtigten
- Asylbewerber
- Kontingentflüchtlinge

– heimatlose Ausländer
– im Ausland anerkannte Flüchtlinge mit Familienangehörigen
– de facto-Flüchtlinge

umfaßt. Er wollte damit nachweisen, daß die Bundesrepublik tatsächlich eine beträchtliche Zahl von Flüchtlingen und im Vergleich zu anderen europäischen Ländern mehr als diese aufnimmt.

Die Bezugsgrößen wurden dadurch natürlich völlig entstellt. Verglich man vorher, wieviel Flüchtlinge tatsächlich im Land aufgenommen wurden und legte man den Flüchtlingsbegriff dem Begriff der Genfer Konvention zugrunde, zählte der Innenminister jetzt alle möglichen Ausländer zu den Flüchtlingen hinzu.

So zählte er die *heimatlosen Ausländer,* die zwar Flüchtlinge im Sinne der Genfer Konvention sind, allerdings über 40 Jahren auf dem Gebiet der Bundesrepublik leben. Sie leben in der Bundesrepublik, weil die Alliierten dies veranlaßten. Sie sind zum Teil Verfolgte des Nationalsozialismus. Mit Art. 16 Grundgesetz haben sie nichts zu tun. Ihr Status vererbt sich, so daß es auf lange Zeit heimatlose Ausländer geben wird, sofern sie sich nicht einbürgern lassen. Sie müssen darüber hinaus ohnehin als integriert gelten. Niemand käme allerdings auf die Idee, in der Schweiz, in Frankreich oder in Dänemark die immigrierten Deutschen zu zählen, die vor dem Nationalsozialismus dorthin flohen, und sie heute in die Flüchtlingsstatistik mit einzuberechnen.

Ferner nennt der Innenminister die große Gruppe der *de facto-Flüchtlinge.* Der Begriff an sich ist ungenau. Der Innenminister meint allerdings mit dieser Gruppe insbesondere die geduldeten Ausländer auf Grund des Innenministerkonferenzbeschlusses vom 26.8.1966, der allen Osteuropäern (Jugoslawien ausgenommen) zumindest eine Duldung in der Bundesrepublik versprach. Dieses Bleiberecht wurde dabei unabhängig davon gewährt, ob es sich um Flüchtlinge handelt oder nicht. Es reicht die Tatsache, daß sie aus Osteuropa kommen. Sie haben im Grunde nichts mit dem Asylrecht zu tun, werden aber ebenfalls in diesem Zusammenhang genannt.

Neben unzulässigen qualitativen Vermischungen sind die statistischen Berechnungen äußert fehlerhaft. Dies zeigt insbesondere die folgende Gegenüberstellung der Zahlen des Bundesinnenministeriums vom 14.5.1985 (siehe Bundestagsdrucksache 10/3346 vom 14.5.1985, Seite 4) und der Zahlen vom 23.7.1986 (Bericht zur Asylproblematik für die Kabinettssitzung).

	14.5.1985	23.7.1986
1. Asylberechtigte	52000	64800

Seit 1953 sind ca. 110000 Asylsuchende anerkannt worden. Es leben von ihnen aktuell 64800 als asylberechtigt in der Bundesrepublik.

2. Familienangehörige von Asylsuchenden	rund 100000	rund 129000

Als asylberechtigt wird nur derjenige anerkannt, der für sich politische Gründe glaubhaft machen kann. Deshalb wird die Asylberechtigung für jedes Familienmitglied, das einen Antrag gestellt hat, individuell geprüft. So kann es vorkommen, daß politische Verfolgung für alle angenommen wird, z. B. bei herrschender Sippenhaft im Verfolgerland, oder nur einzelne die Asylberechtigung erhalten. Die Familienangehörigen (Minderjährige und Ehegatten) sind aber auf jeden Fall auf Grund des Art. 6 GG geschützt und dürfen in der Bundesrepublik bleiben.

Die Zahlen des BMI sind jedoch geschätzt und gehen von Drei-Personen-Haushalten aus.

Die Mehrzahl der Asylberechtigten ist alleinstehend bzw. alleinreisend. Das heißt, die pauschale Annahme, daß sich auch zwei Familienangehörige in der Bundesrepublik aufhalten, ist überhöht. Anhaltspunkte hierfür bietet die Statistik über die asylsuchenden Personen, setzt man sie in Vergleich zu den gestellten Anträgen. Der Leiter der UNHCR-Zweigstelle in Zirndorf hat den Anteil der nicht selbst als asylberechtigt anerkannten Familienangehörigen 1982 auf ca. 8 % der Antragsteller geschätzt.

Ein weiterer Anhaltspunkt für die Familienstruktur der Flüchtlinge ergibt sich aus der Sozialhilfezusatzstatistik von 1981, die einmalig die Altersstruktur und die Verteilung auf männliche und weibliche Personen bei Asylsuchenden darstellt.

Männlich waren 75,4 %, weiblich waren 24,6 %.

Altersverteilung:	18–21jährige	7,43 %
	21–25jährige	18,54 %
	25–50jährige	51,08 %
		77,05 %
	jünger waren	11,74 %

Allein diese Zahlen belegen, daß 1981, angenommen, alle weiblichen Asylsuchenden seien verheiratet, statistisch höchstens jeder dritte Flüchtling mit seiner Ehefrau hier lebte. Ein Kind hatte dagegen nur jeder neunte.

Auch der Zuzug von Familienangehörigen, der im Rahmen der Familienzusammenführung nach Anerkennung möglich ist, fällt nach Angaben des Zwischenstaatlichen Komitees für Migration (ICM) niedrig aus. In den Jahren 1981 bis 1985 (November) waren es 573 Personen, die mit ICM eingereist sind. Für den Fall jedoch, daß in der Familie Kinder und Ehegatten ebenfalls als asylberechtigt anerkannt wurden, was vielfach erfolgt, gibt die Statistik für jeden pauschal zwei weitere Angehörige an. Es ist offensichtlich, daß die Zahlen des BMI weit überhöht sind.

3. Asylbewerber	rund 100000	rund 130000
4. Kontingentflüchtlinge	30000	32200

Ca. 10000 Kontingentflüchtlinge waren vor Inkrafttreten des Kontingentflüchtlingsgesetzes schon als Asylberechtigte anerkannt. Sie finden sich bereits in der Nr. 1 (Asylberechtigte) wieder. Für sie werden je zwei weitere Familienangehörige unter Nr. 2 gezählt. Der statistische Fehler beläuft sich mithin auf 30000 Personen.

5. Heimatlose Ausländer	rund 42000	rund 42000

Anmerkungen siehe oben.

6. Im Ausland anerkannte Flüchtlinge mit Familienangehörigen	rund 5000	rund 5000
7. De facto-Flüchtlinge	rund 200000	rund 270000

Die Hauptgruppe der de facto-Flüchtlinge sind Personen, die sich auf Grund des Beschlusses der Innenministerkonferenz vom 26.8.1966 in der Bundesrepublik aufhalten, ca. 170000 Personen (Schätzung des BMJ, FR 26.2.86). Es sind in der Mehrheit polnische Staatsbürger. Sie wurden wie oben dargestellt in der Bundesrepublik ohne weiteres bis zum 31.5.85 aufgenommen und geduldet. Das Bundesinnenministerium und die Innenministerien der Länder haben auf die am 26.4.1985 beschlossene Verschärfung des o. g. IMK-Beschlusses gedrungen. Offensichtlich haben außenpolitische Erwägungen eine weitere Verschärfung verhindert. Die

Verschärfung konnte geschehen, da man die Flüchtlingseigenschaft bei der Mehrheit der Gruppe nicht unterstellen konnte und von vielen ein reger Reiseverkehr bekannt war. Nur einer Minderheit kann die Flüchtlingseigenschaft zugeschrieben werden. Die Steigerung von Mai 1985 bis Juli 1986 innerhalb der Gruppe der de facto-Flüchtlinge bleibt unerklärt, zumal durch die Änderung des IMK-Beschlusses auch Polen seit dem 1. 6. 85 einen Asylantrag stellen müssen und nicht mehr wie bisher einfach geduldet werden.

Unerklärlich bleibt auch, wie die Gruppe der verbliebenen de facto-Flüchtlinge (abgelehnte Iraner, Afghanen, christliche Türken, Libanesen, staatenlose Palästinenser aus dem Libanon, Tamilen, Yeziden usw.) binnen 14 Monaten von 30000 auf 100000 Personen gestiegen sein soll.

Summe	529000	673000

Vergleicht man die Summen der beiden Rubriken vom Mai 1985 und Juli 1986, so sieht man, daß die Differenz 144000 Flüchtlinge beträgt. Betrachtet man ferner, in welchen Flüchtlingsgruppen Zuwächse möglich waren, so kann das in namhafter Zahl nur im Bereich der Asylbewerber erfolgen, weil nur hier Eingänge zu verzeichnen sind, nicht aber bei den anderen Gruppen. Interne Verschiebungen sind insofern möglich, als Asylsuchende im Bereich der Asylberechtigten oder deren Angehörigen sowie als de facto-Flüchtlinge auftauchen. Ebenfalls im Bereich der de facto-Flüchtlinge ist ein Zuwachs nicht mehr möglich gewesen – mußten doch auch alle Osteuropäer seit dem 1. 6. 85 einen Asylantrag stellen. Tatsächlich wurden beim Bundesamt für die Anerkennung ausländischer Flüchtlinge im Vergleichszeitraum (14 Monate) 97000 neue Personen registriert, wobei auf Grund gesicherter Erfahrungswerte rund 10% auf Folgeanträgen beruhen. Rund 10000 Personen müssen insofern abgezogen werden, weil sie ja nicht neu in die Bundesrepublik eingereist sind. Ferner muß berücksichtigt werden, daß im Zeitraum von vierzehn Monaten viele Flüchtlinge auch die Bundesrepublik wieder verlassen, so daß ein geschätzter Nettozuwachs von 40000 bis 45000 Flüchtlingen im gegebenen Zeitraum noch als überhöht bezeichnet werden muß. Legt man dennoch einen solchen Zuwachs zugrunde, stellt sich die Frage, wie der Innenminister die verbleibenden 100000 Flüchtlinge registrieren konnte. Das Fazit, das aus der vom BMI vorgelegten Statistik gezogen werden muß, ist, daß über 200000 Personen hinzumanipuliert sind. Aus politischen Gründen soll eine «Belastung» konstruiert werden, die ca. 1% der Bevölkerung ausmacht. Ein weiterer Akt gewollter Desinformation ist in der Tatsache zu sehen, daß auch die verbleibenden rund 450000 Personen zum großen Teil nichts mit Artikel 16 Abs. 2 Grundgesetz zu tun haben. Seit Jahren halten sich zwischen 80000 und 130000 Asylsuchende in der Bundesrepublik auf. Darüber können auch die aus dem Bereich der Naturkatastrophe entliehenen Vokabeln von Asylantenflut und Dammbrüchen nicht hinwegtäuschen. Die suggestive Additionspropaganda des BMI, die den Eindruck erwecken will, die Flüchtlingsströme würden sich zu unübersehbaren Bergen türmen, zielt daher bewußt auf des Volkes Seele. Aus der Unruhe, die erzeugt wird, wird der politische Handlungsbedarf zur Einschränkung / Ergänzung / Abschaffung des Grundrechts und der Verunglimpfung der betroffenen Flüchtlinge abgeleitet.

Jürgen Link:

Asylanten – ein Schimpfwort

(Teil aus einem Vortrag «Ausländermythen im Diskurs der Massenmedien» an der Ruhruniversität Bochum, 15.12.1982, von J. Link)

(...) Im gleichen Zeitraum 1978–1980, in dem der Neonationalismus und teils Neorassismus die Tabugrenze der öffentlichen Meinung durchbrach, entstand ein neues deutsches Wort, das sogleich zu einem der beherrschenden Worte unserer öffentlichen Redeweise wurde. Ich meine das Wort «Asylant». Wann, wo und wie entstand es genau? In seinem jedes Jahr fälligen Bericht über neue «Wörter des Jahres» stellte der Paderborner Linguist Broder Carstensen im Organ der Gesellschaft für deutsche Sprache «Asylant» unter den «Wörtern des Jahres 1980» vor («Sprachdienst» Nr. 2/1981). Damals kannte das Duden-Wörterbuch das Wort noch nicht, vielmehr bloß «Asyl, Asylierung, Asylrecht und Asylbewerber». Als erster Duden brachte die 18. Auflage des Rechtschreib-Duden von 1980 die Neuerung mit der Bedeutung «Bewerber um Asylrecht». Wir werden aber gleich sehen, daß diese Bedeutung im Sprachgebrauch durchaus nicht fixiert ist. Carstensen nennt auch bereits einen Beleg für «Scheinasylant» aus dem Jahre 1980 (Wochenzeitung *Die Zeit* 30.5.1980). Ich habe nun versucht, frühere Belege zu finden, um Hypothesen über den Entstehungsraum bzw. das Entstehungsmilieu entwickeln zu können, der älteste Beleg aus dem Archiv der Gesellschaft für deutsche Sprache ist ein Pressebeleg (*Mannheimer Morgen* 15.6.1978), und zwar aus einem Lokalteil in Baden-Württemberg. Es hieß dort: «Asylanten protestieren gegen Zustände im Wohnheim». Auf – um selbst im Pressejargon zu sprechen – *‹breiterer Front strömen›* dann die Belege im Jahr 1980, und zwar meistens in der stereotypen Verbindung «*Zustrom von Asylanten*», auf die ich gleich noch zu sprechen komme (Belege dazu aus *Hör Zu*, *Spiegel*, *Saarbrücker Zeitung*, *FR*, *FAZ*, *taz*). 1980 hatte sich das Wort also allgemein durchgesetzt, wenn man auch noch hier und da Schwankungen beobachten konnte, so vermied z. B. ein Kommentar der *WAZ* zu dem ersten spektakulären Brandanschlag auf ein Flüchtlingsheim im August 1980 offenbar bewußt den Begriff «Asylant» und setzte statt dessen «Asylsuchende». Ähnlich schwankte man zwischen «Asylanten» und «Asylbewerbern» in der *FR*und *taz*. Im Falle der *taz* führte ich ein kleines Experiment durch: ich schickte der Redaktion folgende Zeilen, die auch (28. 8. 1980) an hervorgehobener Stelle publiziert wurden: «DAS NEUE WORT / Ignoranten / Dilettanten / das sich durchgesetzt hat / Defraudanten / Sympathisanten / O heilige Spontaneität! / O *taz* am 19. August! / Querulanten / Simulanten / ASYLANTEN». Tatsächlich vermied daraufhin die *taz*-Redaktion den Begriff eine Zeitlang, versuchte sogar durch Ironie die Aufmerksamkeit darauf zu erhöhen, indem sie titelte: «Die Krawallanten kommen!» – bis die Spontaneität dann wieder ihren spontanen Gang ging und die «Asylanten» sich definitiv «durchsetzten».

Vorläufiges Fazit: im Lokalteil taucht der Begriff sporadisch schon 1978 auf, durchgesetzt hat er sich 1980, obwohl die Journalisten 1980 dabei noch ein Bewußtsein von Zweischneidigkeit hatten, so hieß es in der *Saarbrücker Zeitung* vom 12. 7. 1980: «Irgendein sprachlicher Übeltäter hat aus den in der Bundesrepublik Deutschland Asylsuchenden ‹Asylanten› gemacht und sie damit geistig abgeschoben.» (Literatur zum Beleg des pejorativen Beiklangs der Endung auf -ant: Otto Nüssler in «Sprachdienst» 12/1977 über «Sympathisant», das übrigens auch erst seit 1973 den Duden ziert; die pejorative Tendenz ist zweifelsfrei dominant, wenn es auch Ausnahmen gibt.)

Bei einer Tagung im Haus Busch in Hagen mit Journalisten diskutieren wir das Problem, wobei ein Vertreter der *FAZ* eine scheinbar rationale Begründung gab: man müsse zwischen «Asylbewerbern» und solchen unterscheiden, die bereits anerkannt wurden: das seien eben «Asylanten»; daß es sich dabei um Rationalisierung im Freudschen Sinne handelt, zeigt mein oben erwähnter Beleg aus dem Duden, der gerade umgekehrt «Asylant» mit «Asylbewerber» gleichsetzt. Mein Vater, selbst Journalist, brachte eine andere Rationalisierung vor: das Wort sei kürzer als «Asylbewerber», «Asylsuchender» usw. Auch das erweist sich durch eine Fülle von gerade verlängernden Neubildungen als Rationalisierung (vgl. «Asylantenrecht» statt «Asylrecht», «Asylantenproblem» statt «Asylproblem» usw.). Man muß sich fragen, wie die Deutschen die tausend Jahre vor 1978 ohne das Wort «Asylant» zurechtgekommen sind: nun – da hatten sie (übrigens ganz kurze) Wörter wie «Flüchtling» und «Verfolgter» dafür. Diese Begriffe sind also (und zwar nicht generell, z. B. noch nicht generell bei sog. «Ostblockflüchtlingen», die sich häufig bereits dagegen wehren, mit «Asylanten» gleichgesetzt zu werden) durch «Asylant» ersetzt worden. Es handelt sich also um das interessante Symptom einer Diskurs-Spaltung, wodurch der früher allein mögliche Diskurs als neuerlich ‹sektiererisch› an den Rand gedrängt wird.

Und nun behaupte ich, daß es in gewisser Weise kein Wunder ist, wenn auf «Asylantenlager» (statt Flüchtlingslager) Brandanschläge verübt werden. Das ist bewußt ein wenig überpointiert formuliert: ich möchte durch das Beispiel jetzt gleichzeitig erklären, was ich unter «Diskurs» verstehe. Das Wort «Asylant» ist ein Modellfall für stereotype öffentliche Redeweise, die zugleich soziales Verhalten und Handeln stereotypiert. Der «Flüchtling» stellt wie das weihnachtliche Paar in der Bibel eine moralische und soziale Aufgabe dar, der «Asylant» bedeutet nur mehr, wie der gleiche Diskurs nach Art eines Automaten weiterredet, «eine unzumutbare» bzw. «nicht mehr verkraftbare Belastung». Es ist Michel Foucault gewesen, der «Diskurs» in diesem Sinne als stereotype Rede mit Machteffekt definiert hat und der gleichzeitig betonte, daß Diskurse in diesem Sinne stets an bestimmte gesellschaftliche Institutionen und Apparate gebunden sind.

Deshalb nun folgende Anschlußhypothese: ich meine davon ausgehen zu können, daß «Asylant» an Stelle von «Flüchtling» und «Verfolgter» (das sind übrigens u. a. auch die deutschen Begriffe im Grundgesetz und in der Genfer Konvention) um 1973 im Diskurs der Ausländerbürokratie entstanden sein muß. Dafür spricht, daß sich in der Diskussion im Haus Busch ein Journalist der *WAZ* daran erinnerte, wie er den Begriff zuerst von kommunalen Bürokraten gehört habe, die mit der Unterbringung von Flüchtlingen befaßt waren. Übrigens erinnerte sich dieser Journalist ferner, daß er längere Zeit einen starken inneren Widerstand gespürt habe, ihn zu verwenden. Meine Hypothese wird indirekt dadurch gestützt, daß die Innenministerien in Bonn und Düsseldorf mir auf Anfrage mitteilten, daß in ihren Häusern der Begriff «Asylant» nicht verwendet werden darf, und daß statt dessen «Asylbewerber» bzw. «Asylberechtigter» gesagt werden muß. Dankenswerterweise schickte mir das Bundesinnenministerium aber gleich Material zu, das auch diese Behauptung als Schutzbehauptung widerlegt: in der Bundesdrucksache 8/4279 vom 20.6.1980 erklärte der damalige Minister u. a.: «Um den Zustrom von Asylanten zu kanalisieren, ist zusätzlich durch Rechtsverordnung (...) vom 6. März 1980 (...) die Sichtvermerkspflicht für die Länder Sri Lanka, Afghanistan und Äthiopien wieder eingeführt worden.» Man wird also annehmen können, daß 1979/ 80 unter den Juristen der betroffenen Bürokratien der «Asylant» so gängig geworden war, daß ein Diskursverbot ihn ‹*eindämmen*› mußte. Vorläufiges Fazit also (im Vorgriff auf weitere Forschung): Höchstwahrscheinlich entstand der Begriff im bürokratischen Diskurs, ganz sicher nicht im «Volk», und der Mediendiskurs übernahm ihn aus dem Bürokratischen und trug ihn dann aktiv ins «Volk» hinein.

Ich meine auf Grund meines Materials ferner sagen zu können, daß wir mit der Entstehung des «Asylanten» tatsächlich ein zentrales diskursives Element entstehender sogenannter Ausländerfeindlichkeit fassen können. Dafür ist die naive Rezeption eines Alltagssprechers symptomatisch (Beleg: Klaus Burghart), der statt «Asylant» stets «Asiant» zu sagen pflegte. Der diskursive Effekt ist leicht rekonstruierbar: unter «Asylanten» stellt sich die Medienöffentlichkeit in der Tat in aller Regel «Asiaten» vor (auf Grund der stereotypen Abbildungen pakistanischer u. a. Flüchtlinge). «Asylant» wirkte also wie eine diskursive ‹*Brechstange*›, die den Weg zum ‹*Durchblick*› für neonationalistische und neorassistische Diskurselemente öffnete.

Damit komme ich zu einem weiteren Aspekt: Das neue Wort rief von Anfang an verhängnisvolle Bilder zu sich: *«Asylantenströme»*, *«Asylantenfluten»*, *«Eindämmung der Asylantenspringflut»*, *«Austrocknen der Asylantenströme»*. Ich gebe ein Beispiel für viele: Am 28.5.1980 schrieb Friedrich Karl Fromme in der *FAZ* unter dem Titel: «*Dämme gegen die Asylanten-Springflut*» einen Artikel, in dem u. a. die Errichtung von «*Sammellagern*» («sammeln» dient dabei offenbar als Verdeutschung des lateinischen «concentrare») gefordert wurde. Aus psychoanalytischer Sicht hat Klaus Theweleit in seinen ‹*Männerphantasien*› viel Einschlägiges über die Angst der deutschen soldatischen Männer vor solchen *Fluten und Strömen* gesagt (...).

Nehmen wir jenen Artikel in der *Zeit* vom 21.11.1980, der mir persönlich im Rückblick als die entscheidende «Schreibtischtat» innerhalb des fatalen Prozesses erscheint, den wir hier rekonstruieren, den Artikel des Generalsekretärs des Deutschen Roten Kreuzes, Jürgen Schilling, aus dem etwa ein Drittel des Heidelberger Manifestes abgeschrieben ist. In diesem Artikel feierte die Flutsymbolik wahre Exzesse: «Aber während schon eine unaufhörliche Kette sozialpolitischer Forderungen den Staat in Atem hält (...), *überfluten* die Katastrophenmeldungen aus aller Welt die Gewissen, *bringen Großraumflugzeuge Ladung um Ladung* Hilfesuchender *vor die Tore* der westlichen Welt (...).» – «Sind wir vermufft, provinziell, fremdenfeindlich oder gar rassistisch? Nichts von alledem, wir sind nur von den Ereignissen *überrannt* worden (...). Die *Überschwemmung* der Bundesrepublik hat stattgefunden, ohne daß die Nation jemals bewußt dazu ja gesagt hat.» – «Es mag bitter für die Kirchen sein, aber sie werden den störrischen Eigensinn des größten Teils ihrer Gemeinde zur Kenntnis nehmen müssen, der seine eigene Identität behalten und nicht *in einem ‹Völkerbrei› versinken will.*»

(...) Eine entscheidende Rolle spielen dabei stereotype Bilder, kollektive Symbole wie das von der Flut und dem Deich, ein solches Bild hat nämlich keineswegs bloß eine Hauptbedeutung, etwa «Ausländer», sondern selbstverständlich immer eine ganze Serie von Bedeutungen, die durch das Bild vermengt werden. Die erste Vermengung ist die zwischen den relativ wenigen politischen Flüchtlingen (selbst die sog. Wirtschaftsflüchtlinge eingerechnet) und der Millionenmasse der sog. Gastarbeiter: beide Gruppen werden als ein und dieselbe Flut phantasiert. (...) Meine These ist nun, daß die Medien durch die Neuschöpfung der *«Asylantenspringflut»* alle Fluten einzelner Krisenerscheinungen in der kritischen Zeit zwischen 1978 und 1980 unter den einen Hut der «Ausländerflut» gezaubert haben. Das war m. E. die diskursive Hauptstütze für den von Hans Mommsen beobachteten Prozeß der «Enttabuisierung» neonationalistischer und neorassistischer Positionen in der offiziellen öffentlichen Meinung, an diesem Prozeß haben sich führende Politiker von CDU und SPD beteiligt – und es grenzt an schwarzen Humor, wenn der damalige Kanzler Helmut Schmidt im Juni 1982 (*FR* 24.6.) die Symbole «Flut», «Schwemme» und «Lawine» im Zusammenhang mit der Ausländerproblematik rückwirkend untersagen wollte. (...)

gekürzter Vortrag abgedruckt in: KultuRRevolution. Nr. 2, Feb. 1985 («Ausländer in Deutschland»), S. 36–38.

Werner Hill

Folter und Sprache – gefolterte Sprache

Der Kulturkritiker George Steiner ist in einer Reihe von Essays der Frage nachgegangen, ob die politische Unmenschlichkeit des 20. Jahrhunderts nicht nur die Werte des europäischen Bürgertums verschlissen, sondern auch der Sprache schwere Schäden zugefügt habe – der Sprache, und damit auch dem Menschen, die nach Aristoteles ein Wesen des Wortes ist. Schriftsteller und Dichter wie Hofmannsthal, Kafka, Wolfskehl oder Ionesco haben es vorausgenommen, daß Begriffe pervertiert, daß den Wörtern Leiden zugefügt werden können, daß Sprache mißbraucht werden, daß sie einen Todesgeruch annehmen kann. Wörter – so hat es einer der von George Steiner zitierten Schriftsteller gesagt – «Wörter, diese Wächter des Sinnes, sind nicht unsterblich, unverwundbar», und ein anderer hat von der «Vergewaltigung» der Sprache gesprochen.

Daß die dichterische Phantasie eher noch hinter der Wirklichkeit zurückblieb, wurde offenbar, als die Tore von Auschwitz und Birkenau der verstörten Menschheit zur Besichtigung freigegeben wurden.

«Arbeit macht frei» – das war nicht nur eine Parole zur Täuschung der Opfer, sondern ein zynisches Infragestellen des Humanen und ein Anschlag auf das, was das Wesen des Menschen beinhaltet: seine Sprache.

Es hat, trotz des verzweifelten Seufzers von Adorno, Gedichte auch nach Auschwitz gegeben. Die Dichter wurden nicht stumm, und auch die Sprache der Unmenschen, das verschleiernde Vokabular der Technologen und Verwaltungsleute, die den Holocaust organisiert hatten, lebte jedenfalls vor den Gerichten wieder auf. Was «Überführung» oder «Sonderbehandlung» einmal bedeutet hatten, mußte aus der Aktensprache von damals in Schuldvorwürfe von heute übersetzt werden. Das Verbrechen konnte enthüllt werden, indem man den Tarnschleier von den Wörtern zog.

Konnte, durfte es eigentlich anders sein, als daß von nun an alle sorgsam, ja demütig mit den verletzten, mißbrauchten Wörtern umgingen? Daß wir unsere Sprache zu heilen suchten, was nichts anderes heißen konnte, als genau zu sein bei ihrem Gebrauch? Mußten wir nicht ein Gespür entwickeln dafür, wie leicht ein Wort zu manipulieren ist, wie schnell eine Formulierung zur starren Hülse wird, die alles aufnimmt und nichts mehr wirklich und unzweideutig meint?

Wenn Wörter Wächter des Sinnes sind, dann müssen Menschen Wächter der Wörter sein. Indem wir unsere Sprache bewachen, schützen wir unsere Menschlichkeit. Was ich Ihnen im folgenden vortragen möchte, hat diesen Wächter-Sinn: es soll wach machen.

In einem Urteil des Oberverwaltungsgerichts Lüneburg zum Thema Asylrecht war zu lesen, daß die Folter, der der Asylbewerber in seinem Heimatland Türkei möglicherweise unterworfen wurde, als eine «Erscheinungsform der Strafrechtspflege» anzusehen sei, und die Strafrechtspflege wiederum erfülle ihre «Ordnungsfunktion im Spannungsfeld der gesellschaftlichen Interessen». Um die ganze «strafgerichtliche Praxis» in der Türkei, die Höhe der Strafen, die schlechten Haftbedingungen verstehen, um «Verständnis» dafür aufbringen zu können, müßte man hinter allem den «Ausdruck staatlichen Ordnungswillens» sehen, wie er sich in der «konkreten zeitgeschichtlichen Situation» zeige.

Was bedeuten solche Formulierungen, was deuten sie an, wie kommen sie zustande? Wenn Folter als eine Erscheinungsform von Strafrechtspflege bezeichnet wird, könnte man mit derselben Art von Logik auch die Strafrechtspflege als eine Erscheinungsform von Folter bezeichnen. Knapper: hier wird nicht gefoltert, hier wird das Strafrecht gepflegt. Aber der Formulierungszusammenhang im Urteilstext ist ja weiter – die Folter löst sich auf in soziologisch-politologisch-historische Kategorien. Man macht sie zunächst zu einer «Erscheinungsform», also einem neutralen Begriff ohne jeden emotionalen Bezug. «Folter» – da sieht man den geschundenen Menschen vor sich, Blut und Tränen und Schreie. «Erscheinungsform» – das ist die Beliebigkeit schlechthin. Der Kuß ist eine Erscheinungsform von Liebe, das Foul eine Erscheinungsform des Fußballspiels. Doch nicht in Beliebigkeit wird die Folter letztlich verwandelt, sondern, vermittels des dritten verwendeten Begriffs, in etwas Positives. «Strafrechtspflege» – dafür gibt es Abteilungen in unseren Ministerien. Mindestens handelt es sich hier um etwas Nützliches, etwas Notwendiges. Folter als eine Erscheinungsform von Strafrechtspflege: die Formulierung kann Verständnis wecken: so ist das also! Und es ist noch nicht alles. Die Strafrechtspflege als solche, so stellen die Richter fest, hat eine «Ordnungsfunktion». So kann man das, normalerweise, sehen. Wenn aber die Strafrechtspflege Folter umfaßt, wird man ihr auch dann die positive Eigenschaft zuschreiben können, sie diene der Ordnung? Dient sie nicht eher der Unordnung, dem Chaos? Kann man von irgendeinem Ort auf der Welt, an dem Menschen Menschen foltern, sagen, dort herrsche Ordnung? Ich denke, der Gedankenschritt von der Folter zur Ordnung ist nur möglich über das neutralisierende, verfälschte Zwischenglied «Erscheinungsform». In dieser leeren Hülse werden die Schreie erstickt, wird die Pein verschlossen.

Doch die Spurenverwischung geht weiter. Die Ordnungsfunktion, die diese Art von Strafrechtspflege angeblich erfüllt, soll sich abspielen im «Spannungsfeld gesellschaftlicher Interessen». Konkret: da ist der kemalistische türkische Einheitsstaat auf der einen Seite, und da sind die kurdischen, armenischen und griechischen Minderheiten auf der anderen Seite.

Spannungen herrschen, das versteht man, und in diese Spannungen hinein, spannungslösend, wird die Strafrechtspflege gesetzt. Sie sorgt für Ordnung, oder, wie die Richter auch sagen, sie ist «Ausdruck staatlichen Ordnungswillens». Ordnung ist etwas Gutes. Auch der Wille ist nichts Negatives. Und der Staat als solcher: man kann ihn nicht verdammen. Die Dreierkombination Staat – Wille – Ordnung klingt insgesamt so emphatisch-verheißungsvoll, daß Skepsis und Grübelei keinen Ansatzpunkt finden. Oder doch? Kann staatlicher Ordnungswille vielleicht auch etwas Böses hervorbringen? Die Richter aus Lüneburg scheinen solchen Überlegungen vorbeugen zu wollen, indem sie den staatlichen Ordnungswillen quasi hinter einem neuen Wort verstecken: wir nehmen diesen Willen nicht direkt wahr, sondern nur seinen «Ausdruck». «Willensausdruck»: dieser Begriff ist genauso nichtssagendneutral wie das Wort «Erscheinungsform». Daß sich hinter beiden Begriffen nichts als die Tatsache der Folter verbirgt, daß alle Wörter nur wie Vorhänge um die mißhandelte Kreatur gelegt sind: Wir müssen schon genau hinsehen, um das zu erkennen.

Ich habe dann noch ein rundes Dutzend Urteilstexte, insbesondere des Bundesverwaltungsgerichts in Berlin, auf den Umgang mit dem Begriff Folter hin untersucht. Es geht immer darum, ob die Mißhandlungen, die ein Asylbewerber in seinem Heimatstaat zu erdulden hatte oder im Falle seiner Rückkehr zu befürchten hätte, als «politische Verfolgung» im Sinne unseres Grundgesetzes zu werten seien, so daß ihm dann der Status eines Asylberechtigten zuzuerkennen sei. Ist eine Mißhandlung, wie in unserem ersten Beispiel, nach Interpretation der Richter nur «Ausdruck staatlichen Ordnungswillens», dann ist sie, wie ich nun weiß, asylrechtlich irrelevant. Damit Folter die Eigenschaft einer «asylerheblichen Maßnahme» annimmt, muß sie einer ganz bestimmten, rechtlich sauber herauszuarbeitenden Motivation dessen entspringen, der foltert oder foltern läßt.

So kann das Gericht etwa feststellen: «Im vorliegenden Fall (sind) die Folterungen des Klägers offenkundig nur erfolgt, um strafbares Verhalten aufzuklären und einer Wiederholung vorzubeugen». Ergo: kein Asylrecht. Ganz ähnlich die Argumentation in einem anderen Fall: «Die Mißhandlungen (haben) unter den gegebenen Umständen offenkundig dem Zwecke gedient, ein als strafbar angesehenes Verhalten des Klägers und der Herausgeber der von ihm verteilten Flugblätter und Zeitungen aufzuklären. Sie (haben) nicht darauf abgezielt, den Kläger aus den Verfolgungsgründen zu treffen, vor denen zu schützen das Asylrecht bestimmt (ist)». Also ebenfalls kein Asylrecht. Das hätte dem Mißhandelten – so die wahre Satzbau-Logik der Richter – nur zugestanden, wenn die Folterer beim Foltern daran gedacht hätten, welche Ansprüche das deutsche Asylrecht an ihr Handwerk stellt, und wenn sie sich dann bemüht hätten, diesen Ansprüchen gerecht zu werden. Sie hätten dem Mißhandelten, mit anderen Worten, sozusagen die Wohltat erweisen müssen, ihn aus einer Gesinnung heraus zu mißhandeln, die ihn nach seiner späteren Flucht in den Genuß bundesdeutschen Asylrechts gebracht hätte.

Wie viele Hürden vor diesem begehrten Recht aufgebaut sind, zeigt auch die folgende Passage: «Die entwürdigende Behandlung von Gefangenen muß nicht ... schon dann politisch motiviert sein, wenn sie nicht nur der Erzwingung von Aussagen dient.» Nicht schon dann, wenn nicht nur: Es ist zu hoffen, daß dem abgelehnten Asylbewerber diese Juristen-Logik von einem guten Rechtsanwalt erklärt werden konnte, so daß er nun begriffen hat, welche besondere, «asylerhebliche» Eigenschaft der ihm zuteil gewordenen entwürdigenden Behandlung fehlte.

Viele ähnliche oder gleichlautende Urteilspassagen zeigen, was hier gemeint ist: Folter, die nicht nur «Ausdruck staatlichen Ordnungswillens» ist, nicht nur der «Erzwingung von Aussagen» dient, nicht nur aus Gründen der Abschreckung erfolgt, nicht nur der Wiederholungsgefahr vorbeugen soll, solche Folter also, die noch ein zusätzliches Motiv hat, muß deshalb immer noch nicht jenen politischen Charakter haben, der dem Betroffenen Asylrechtsschutz in Deutschland einbringt. Folter, Mißhandlungen, Demütigungen, Exzesse, Mißachtungen der Menschenwürde (so zählen die Gerichte auf) können nämlich auch aus «reinem Sadismus» erfolgen oder aus «persönlicher Rachsucht». Sie sind dann Handlungen einzelner, die dem Staat nicht zugeordnet werden können, und deshalb sind alle diese Untaten nicht asylbegründend – es sind keine «asylerheblichen Maßnahmen», sie haben keinen «politischen Charakter».

Wann denn, am Ende, haben sie ihn? Wann ist Folter «politische Verfolgung»? Wenn sie sich, so sagt das Bundesverwaltungsgericht, gegen die persönlichen Merkmale oder Eigenschaften des Betroffenen richtet. Wenn der Staat den politischen Gegner nicht nur als politischen Gegner, sondern wenn er diesen Gegner wegen dessen Rasse, Religion oder politischen Überzeugung bekämpft, verfolgt, foltert. Es kommt, asylrechtlich gesehen, nicht darauf an, was ein Staat tut, sondern warum er es tut. Wie hier gezeigt, sind deutsche Gerichte bereit, dem Staat und seinen manchmal über die Stränge schlagenden Dienern vieles zuzubilligen: die ganze Skala vom Ordnungswillen bis zum Sadismus. Nur wenn in dem Spektrum der Unmenschlichkeit jene Farbe auftaucht, die aus bundesdeutscher Rechtssicht Asylrechtsrelevanz signalisiert, wird auf Grün gestellt: der Verfolgte darf bleiben. Er darf durch das juristische Nadelöhr schlüpfen, wenn er vor unseren Behörden und Gerichten bewiesen hat, daß er wegen des bloßen Habens einer Überzeugung, wegen des bloßen Besitzens bestimmter Eigenschaften härter als normal oder überhaupt bestraft bzw. verfolgt wurde, nicht aber wegen seiner Taten, nicht, weil der Staat ihm gegenüber seine legitimen Interessen verfolgte.

Ich habe zu Beginn nach der Bedeutung der juristischen Formulierungen, nach dem Sinn dieses Umgangs mit der Sprache gefragt. Was ist hier mit den Wörtern geschehen, und welchem Zweck diente die Logik? Wir haben, so sagt man, eine «Asylantenflut», wir können uns, so hört man, der «Scheinasylanten», der «Asylschnorrer» kaum noch erwehren, es bleibe kein Platz für «echte Asylbewerber», wir würden überfremdet, in unserer wirtschaftlichen Leistungsfähigkeit überfordert.

Selbst wenn man unterstellt, daß diese angeblichen Probleme jedenfalls in Zukunft – bei anhaltendem Strom von Asylbewerbern aus den vielen Krisengebieten der Erde – zu wirklichen Problemen werden könnten, selbst dann darf die Lösung nicht darin bestehen, daß wir unsere Denkmöglichkeiten mißbrauchen, daß wir Wörter wie Sandsäcke zu einem Damm aufrichten, daß wir, um mit der Folter anderswo fertigzuwerden, unsere Sprache foltern. Es besteht die Gefahr, daß die gefolterte Sprache sich rächt an denen, die sie eigentlich hätten hüten sollen.

Helmut Frenz

Wie die Bundesregierung das Asylrecht mißbraucht

1. Ausgebeutet und im Elend

Am 27. August 1986 verkündete Bundeskanzler Kohl auf einer Pressekonferenz in Bonn die neuesten Beschlüsse der Bundesregierung zur Eindämmung der Asylantenflut in der Bundesrepublik Deutschland:

> «Es ist ganz unmöglich, daß die Bundesrepublik Deutschland Zufluchtsort für alle diejenigen bleiben wird, die in Not sind, ohne politisch verfolgt zu werden. Hierbei steht für mich außer Frage, daß wir die Verpflichtung haben, auch – aber nicht in dieser Höhe – den in Not geratenen Menschen, besonders den Völkern in der Dritten Welt zu helfen. Aber, meine Damen und Herren, wenn wir den wirklich politisch verfolgten Menschen helfen wollen und wenn wir die in Not Geratenen in der Dritten Welt unterstützen wollen, müssen wir sicherstellen, daß der andauernde Mißbrauch unseres Asylrechts unterbunden wird.
>
> Die Bundesregierung und die sie tragenden Koalitionsparteien von FDP, CSU und CDU haben deshalb wirksame und weitreichende Maßnahmen zum Schutz des Asylrechts getroffen. Durch den organisierten Transport von Wirtschaftsflüchtlingen werden vor allen Dingen unsere Beziehungen zur DDR belastet. Wir bemühen uns gegenwärtig in wichtigen Gesprächen mit Nachdruck, hier eine Änderung zu erreichen. Der Prozeß der guten Nachbarschaft darf keine Einbahnstraße sein ... Selbstverständlich werden wir auch in Zukunft den politisch Verfolgten in unserem Land Asyl gewähren, doch wir können kein Zufluchtsland für Wirtschaftsflüchtlinge sein.»

Hier wird dem Bundesbürger eingeredet, daß die Hilfsbereitschaft der von Bundeskanzler Kohl geführten Regierung keine Grenzen kennt. Allen soll geholfen werden. Die Hilfsbedürftigen werden eingeteilt in «alle diejenigen, die in Not geraten sind – besonders die

Völker in der Dritten Welt» und in die «wirklich politisch verfolgten Menschen». Nur die politisch Verfolgten dürfen in der BRD mit einer Aufnahme rechnen. Wenn die «nur in Not geratenen Menschen» zu uns kommen, wird ihnen das Etikett «Wirtschaftsflüchtling» angeheftet, was nach allen amtlichen Erklärungen und Definitionen so viel wie Schmarotzer bedeutet; eine Sorte von Mensch, die unter Mißbrauch unseres Asylrechts sich an unserem bescheidenen Wohlstand gütlich tun will.

Schuldzuweisungen für die «Flut von mißliebigen Wirtschaftsflüchtlingen» werden von Kohl doppelsinnig vorgenommen: Der organisierte Transport dieser Schmarotzer gelangt auf einer Einbahnstraße aus der DDR zu uns in die BRD. Mit diesem Hinweis soll bei vielen Bürgern antikommunistische Stimmung erzeugt werden, als handele es sich bei den «Wirtschaftsflüchtlingen» um Kommunisten. Auf jeden Fall wird deutlich gemacht, daß auf dieser Einbahnstraße aus dem Osten doch bestimmt nichts Gutes zu uns gelangen kann. Wirtschaftsflüchtlinge als eine Art Bazillus, der aus der DDR infiltriert wird!

Mit keinem einzigen Wort wird auch nur angedeutet, daß die «in Not geratenen Völker der Dritten Welt» die Opfer einer ungerechten Weltwirtschaftsordnung sind, zu der gerade auch diese Bundesregierung ihr Teil an Schuld beigetragen hat.

Es gibt genügend Beweise dafür, daß die sogenannte Entwicklungshilfe der Bundesregierung nicht ein Ausdruck der «Verpflichtung, besonders den Völkern der Dritten Welt zu helfen», ist, sondern fast ausschließlich den eigennützigen Interessen der deutschen Wirtschaft dient. Kohl weiß das, und sein Entwicklungsminister Warnke hat es oft genug öffentlich ausgesprochen. Mit einem einzigen Hinweis läßt sich in diesem Zusammenhang die Maske des barmherzigen Samariters entlarven:

Jede DM, die als Entwicklungshilfe den Völkern in der Dritten Welt gegeben wird, kommt mit Gewinn in die BRD zurück. Brigitte Erler konnte deutlich machen, daß die Entwicklungshilfe, so wie sie die Bundesregierung gewährt, nicht nur sinnlos und schädlich ist, sondern tödlich sein kann:

«Alle meine Erfahrungen zeigen, daß Entwicklungshilfe den hehren moralischen Anspruch, Hunger und Elend zu bekämpfen und zur Unabhängigkeit der Entwicklungsländer beizutragen, völlig zu Unrecht erhebt. Ich konnte die Einsicht nicht mehr verdrängen: Entwicklungshilfe schadet allen, denen sie angeblich nützen soll, ganzen Ländern wie einzelnen Betroffenen. Sie muß deshalb sofort beendet werden. Ohne Entwicklungshilfe ginge es den Menschen in den Ländern der Dritten Welt besser.» (Brigitte Erler: Tödliche Hilfe. S. 83)

Auf die Asylpolitik der gegenwärtigen Bundesregierung bezogen, heißt das konkret: Die Notleidenden in den Ländern der Dritten Welt sollen nicht als Schmarotzer zu uns kommen, indem sie unser Asylrecht mißbrauchen. Sie sollen zu Hause bleiben, wo wir ihnen unsere «tödliche Hilfe» verabreichen werden.

«Aber, meine Damen und Herren, wenn wir den wirklich politisch verfolgten Menschen helfen wollen und wenn wir die in Not Geratenen in der Dritten Welt unterstützen wollen, müssen wir sicherstellen, daß der andauernde Mißbrauch unseres Asylrechts unterbunden wird.» (H. Kohl)

2. Gefoltert – und doch nicht wirklich politisch verfolgt

«Selbstverständlich werden wir auch in Zukunft den politisch Verfolgten in unserem Land Asyl gewähren!» (Kohl vor der Presse.) Dann präzisiert der Kanzler seine Aussage und verspricht das Asyl in unserem Land nur den «wirklich politisch verfolgten Menschen». Wer von ihm nun als «wirklich politisch verfolgter Mensch» akzeptiert wird, verschweigt er.

Eine Analyse der Asylverfahren vor dem Bundesamt für die Anerkennung ausländischer Flüchtlinge und die Spruchpraxis deutscher Verwaltungsgerichte lassen jedoch deutliche Tendenzen erkennen.

Menschen, die aus dem Machtbereich kommunistischer Staaten fliehen, haben es leichter, in der BRD als politische Flüchtlinge anerkannt zu werden, als diejenigen, die sich vor der Verfolgung rechtsgerichteter Militärdiktaturen retten müssen. Ebenso gilt, daß die Chancen zur Anerkennung als politischer Flüchtling verblassen, je dunkler die Hautfarbe des Asylsuchenden ist. Ideologische, rassistische und manchmal sogar religiöse Vorurteile können für die Anerkennung bzw. Ablehnung im Asylverfahren ausschlaggebend sein. Ich meine, daß es sich dabei wohl nicht um eine besondere deutsche Verhaltensweise handelt. Fremdenhaß, ideologische Stigmatisierung und Rassismus kennzeichnen das politische Klima fast aller Gesellschaften insbesondere in Krisenzeiten. In jüngster Zeit hat sich in der Bundesrepublik Deutschland eine neue Dimension für Asylsuchende aufgetan, die in höchstem Maße alarmierend ist und unseren heftigen Protest herausfordert.

Im Oktober 1985 lese ich in der *Frankfurter Rundschau* unter der Überschrift «Folter zählt für Asyl nicht» die folgende Meldung:

«Türken, die befürchten müssen, nach ihrer Heimkehr gefoltert zu werden, haben nach Ansicht des Oberverwaltungsgerichts Lüneburg dennoch keinen Anspruch auf Asyl. Das Gericht entschied in einem Urteil, ‹auch durch den Einsatz der Folter in strafrechtlichen Ermittlungsverfahren erhält die Verfolgung der Staatsschutzdelikte keine politische Qualität (Az. 11 OVG A 307/82)›. Das Gericht urteilte, Übergriffe wie Folterungen könnten teilweise durch die traditionsbedingte Einstellung der Türkei zur Gewalt erklärt werden. Zum Teil sei sie auch ‹auf das Selbstverständnis› der Sicherheitskräfte in der Türkei zurückzuführen, die dieses Mittel zum Schutz ihres Staates ‹nicht für verwerflich halten›.»

Es hat in den vergangenen Jahren etliche solche Urteile deutscher Gerichte gegeben, die die Folter nur dann als einen relevanten Asylgrund ansehen, wenn die Folter «politisch motiviert» ist. Seitdem wird in juristischen Fachzirkeln fast emotionslos die Frage diskutiert, ob im Falle drohender Folter im Heimatland Asylsuchende zwingend anerkannt werden müssen.

3. Folter ist abschaffbar!

Es fehlt jedoch am politischen Willen.

Schon wenige Wochen nach der Beendigung des Zweiten Weltkrieges und noch ganz unter dem Eindruck der vielen Millionen Todes- und Folteropfer wurde am 26. Juni 1945 die Charta der Vereinten Nationen proklamiert. Sie will mehr sein als nur eine Erklärung des guten Willens, zukünftig die Welt besser, d. h. menschlicher zu regieren. Sie ist auch ein Eingeständnis von Schuld, von fehlendem politischen Willen zu mehr Menschlichkeit in der Vergangenheit und ganz bestimmt auch eine selbstauferlegte Verpflichtung, die Grundsätze der Charta im politischen Tagesgeschehen von nun an zu praktizieren. Deshalb heißt es in der Präambel:

«Wir, die Völker der Vereinten Nationen – fest entschlossen, künftige Geschlechter vor der Geißel des Krieges zu bewahren, die zweimal zu unseren Lebzeiten unsagbares Leid über die Menschheit gebracht hat, unseren Glauben an die Grundrechte der Menschen, an Würde und Wert der menschlichen Persönlichkeit, an die Gleichberechtigung von Mann und Frau sowie von allen Nationen, groß oder klein, erneut zu bekräftigen, Bedingungen zu schaffen, unter denen Gerechtigkeit und die Achtung vor den Verpflichtungen aus Verträgen und anderen Quellen des Völkerrechts gewahrt werden können, den sozialen Fortschritt und anderen besseren Lebensstandard in größerer Freiheit zu fördern und für diese Zwecke Duldsamkeit zu üben und als gute Nachbarn in Frieden miteinander zu leben – haben beschlossen, in unserem Bemühen um die Erreichung dieser Ziele zusammenzuwirken.»

Es hat dann noch einmal drei Jahre gedauert, bis die Generalversammlung der Vereinten Nationen am 10. Dezember 1948 die «Allgemeine Erklärung der Menschenrechte» als vielleicht wichtigstes Fundament für eine menschliche Gesellschaft gelegt hat. Die schlimmen Erfahrungen zweier Weltkriege und die Erschütterungen über die die kaum noch in Worte zu fassenden Greueltaten der Nazis veranlaßten Politiker damals, neue Ansprüche an sich selber und an alle Menschen guten Willens zu stellen und diese Ansprüche auch in die Tat umzusetzen. Es wäre ungerecht, Heuchelei und leere Lippenbekenntnisse am Werk zu sehen, denen von Anfang an der politische Wille zur Durchsetzung ihrer hohen Ansprüche gefehlt habe.

Deshalb folgten diesen Absichtserklärungen auch bald schon eine Vielzahl von internationalen Pakten, die es künftigen Opfern von Menschenrechtsverletzungen ermöglichen sollten, ihre Rechte einzuklagen, sei es im Rahmen des nationalen Rechts oder auf der Grundlage der völkerrechtlichen Abkommen. Künftig sollte die Menschenwürde als unantastbar gelten. Allen Menschen ohne Unterschied wird das Recht auf Leben, Freiheit und Sicherheit der Person garantiert. Sklaverei, Folter und unmenschliche, grausame und erniedrigende Behandlung oder Bestrafung werden verboten und gelten hinfort als abgeschafft.

Doch bald schon folgte die Ernüchterung. Anspruch und Wirklichkeit begannen immer mehr auseinanderzuklaffen. Die Jahre des Kalten Krieges brachten es mit sich, daß die Menschenrechtsverletzungen in den totalitären Staaten des Ostblocks laut angeprangert wurden, während die Situation der Menschenrechte in den westlichen Demokratien als geradezu vorbildlich dargestellt wurde. Doch dann brach auch diese Scheinwelt zusammen.

Spätestens 1957 ließen sich die Nachrichten über Folterungen in Algerien, das damals noch zum französischen Mutterland gehörte, nicht mehr unterdrücken. In der Folgezeit rissen die Informationen über Folterungen in den meisten Staaten dieser Erde nicht mehr ab. Epidemieartig hat die Folter sich über den ganzen Erdball ausgebreitet.

amnesty international veröffentlichte im August 1973 den ersten ‹*Bericht über die Folter*›. Das Ergebnis ist niederschmetternd: In mehr als einem Drittel aller Staaten ist die Folter zur Tagesroutine geworden. Die Zahl der Folteropfer kann nicht mehr exakt angegeben werden.

amnesty international belegt in dem ‹*Bericht über die Folter*›, daß kein Volk und kein politisches System grundsätzlich vor der Praxis der Folter geschützt ist. Es sei denn, daß besondere Vorkehrungen getroffen werden. Die Folter ist ein weltweites Phänomen geworden; das Foltern von Bürgern, um die politische Macht zu sichern, wird von Regierungen in einer immer größeren Zahl von Ländern ermutigt und von anderen toleriert.

Der Bericht von amnesty international hat sicherlich dazu beigetragen, daß die Vollversammlung der Vereinten Nationen am 9. Dezember 1975 die «Erklärung über den Schutz vor Folter und anderer grausamer Behandlung» ohne förmliche Abstimmung angenommen hat.

Artikel 2 lautet:

> «Jede Folterung oder jedwede andere grausame, unmenschliche oder erniedrigende Behandlung oder Strafe ist ein Verstoß gegen die Menschenwürde und als Verleugnung der Ziele der Charta der Vereinten Nationen sowie als Verletzung der in der Allgemeinen Erklärung der Menschenrechte verkündeten Menschenrechte und Grundfreiheiten zu verurteilen.»

Artikel 3:

> «Kein Staat darf Folter oder grausame, unmenschliche oder erniedrigende Behandlung oder Strafe zulassen oder dulden. Außergewöhnliche Umstände wie auch immer geartete öffentliche Notstandssituationen dürfen nicht als Rechtfertigung für Folter oder andere grausame, unmenschliche oder erniedrigende Behandlung oder Strafe geltend gemacht werden.»

Artikel 4:

> «Jeder Staat trifft im Einklang mit dieser Erklärung wirksame Maßnahmen, um zu verhüten, daß es im Bereich seiner Hoheitsgewalt zu Folterungen oder anderer grausamer, unmenschlicher oder erniedrigender Behandlung oder Strafe kommt.»

Diese Erklärung der UN-Vollversammlung hat keinerlei Rechtsverbindlichkeit und hat als Absichtserklärung lediglich moralisch-ethische Funktion. Sie ist auch ein vorläufiges Eingeständnis der Ohnmacht der Völkerfamilie, die epidemieartig anwachsende Folterpraxis einzudämmen oder gar abzuschaffen.

In Konsequenz dieser Erklärung wurde die Menschenrechtskommission der Vereinten Nationen mit der Ausarbeitung einer Konvention gegen die Folter beauftragt. Im Gegensatz zu einer Erklärung geht eine Konvention über den öffentlichen Appell hinaus und wird für die Vertragsparteien ein völkerrechtliches Rechtsinstument, das allen Folteropfern die Möglichkeit bieten soll, ihre Menschenwürde notfalls international einzuklagen. Für die Vertragsstaaten, deren Regierungen ernsthaft die Folter in ihrem Bereich verhindern wollen, bietet sie Anlaß, mit eigenem Recht Maßnahmen zu treffen, die vorbeugend Folter verhindern. Eine Konvention mit völkerrechtlicher Bindung ist in jedem Falle dann sinnvoll, wenn eine internationale Überwachung und Kontrolle von vornherein miteingeplant werden.

Erstaunlich schnell ist von der Menschenrechtskommission der Vereinten Nationen ein Konventionsentwurf erarbeitet worden, in den zuständigen Gremien behandelt und schließlich bereits nach neun Jahren am 10. Dezember 1984 von der Vollversammlung verabschiedet worden.

Was viele Sachkenner, die die Entstehung dieser Antifolterkonvention kritisch begleitet haben, befürchteten, ist dann auch eingetreten. Diese Konvention wird kaum etwas zur Abschaffung der Folter leisten. Sie stellt nämlich einen Kompromiß der verschiedenen politischen Systeme, der unterschiedlichen kulturellen Prägungen wie der ideologischen Unüberbrückbarkeiten dar. Ein Durchsetzungsmechanismus ist in keinem einzigen Paragraphen vorgesehen, und vorbeugende Maßnahmen, die den politischen Durchsetzungswillen erkennen lassen, tragen auch hier nur den Charakter des Appells und sind sicherlich von Anfang an als Predigten zum Fenster hinaus gedacht. Wer bei der Abschaffung der Folter Kompromisse schließt, beginnt die Folter in Teilbereichen zu rechtfertigen.

Schon die Definition in Artikel 1 der UN-Antifolterkonvention zeigt an, wie sehr es den politisch Verantwortlichen am politischen Durchsetzungswillen zur Abschaffung der Folter fehlt:

> «Unter Folter im Sinne dieser Konvention ist jede Handlung zu verstehen, durch die einer Person vorsätzlich schwere körperliche oder geistig-seelische Schmerzen oder Leiden zugefügt werden, um von ihr oder einem Dritten eine Aussage oder ein Geständnis zu erzwingen, sie für eine tatsächlich oder mutmaßlich von ihr oder einem Dritten begangene Tat zu bestrafen, sie

oder einen Dritten einzuschüchtern oder zu nötigen oder eine andere auf Diskriminierung gleich welcher Art beruhende Absicht zu verfolgen, sofern solche Schmerzen oder Leiden von einem Angehörigen des öffentlichen Dienstes oder einer anderen in amtlicher Eigenschaft handelnden Person, auf deren Veranlassung, mit deren Zustimmung oder mit deren stillschweigendem Einverständnis vorgenommen werden. Nicht darunter fallen Schmerzen oder Leiden, die sich lediglich aus gesetzlich zulässigen Zwangsmaßnahmen ergeben, diesen anhaften oder als deren Nebenwirkungen auftreten.»

In diesem letzten Satz wird der Kompromiß deutlich, ein Kompromiß, der praktisch die gesamte Konvention gegen die Folter und andere grausame, unmenschliche oder erniedrigende Behandlung oder Bestrafung wieder außer Kraft setzt. Hinter diesem Satz verbirgt sich das islamische Verständnis von Menschenrechten und Menschenrechtsverletzungen. Was hier in der Konvention «Schmerzen oder Leiden, die sich lediglich aus gesetzlich zulässigen Zwangsmaßnahmen ergeben, diesen anhaften oder als deren Nebenwirkungen auftreten» genannt wird, meint nichts anderes als die in der islamischen Gesetzgebung vorgesehenen Bestrafungen, wie Auspeitschen von Personen, Amputationen von Händen und Füßen, das Blenden des Augenlichts, das Steinigen von zum Tode verurteilten Personen. Im islamischen Staatenbereich kann dieses gesetzlich zulässige Zwangsmaßnahme genannt werden, und die werden hier in der Antifolterkonvention der UNO praktisch noch abgesegnet.

Diese Fluchtklausel schon in der Definition von Folter kann und wird in der Zukunft geradezu einladend auf die Vertragspartner dieser Konvention wirken. Sie werden künftig bestimmte Strafmaßnahmen ganz einfach im innerstaatlichen Recht als «gesetzlich zulässige Zwangsmaßnahme» bezeichnen und damit sanktionieren. Hierbei ist weniger an die brutalen Strafmaßnahmen des Islams gedacht als vielmehr an das noch nicht so sehr in das Bewußtsein der Öffentlichkeit getretene Problem der Behandlung von Personen mit Drogen und Psychopharmaka. Die Folterspezialisten lassen sich immer neue Foltermethoden einfallen, und sie werden zukünftig mehr und mehr sich auf das Feld der Medizin, der Psychologie und der Psychopharmakologie begeben. Folter findet heute schon in zunehmendem Maße in wissenschaftlichen Institutionen, Hospitälern und Sonderkliniken statt. Die Folter wird ganz einfach umfunktioniert zur Behandlung, dem Folterknecht wird ein weißer Kittel angezogen, statt einem Prügel wird ihm eine Spritze in die Hand gegeben, und assistierend steht ihm eine Krankenschwester mit dem Pillentablett zur Seite. Die UNO-Konvention wird zur Abschaffung der Folter kaum etwas beitragen.

Artikel 3:

> «Ein Vertragsstaat darf eine Person nicht in einen anderen Staat ausweisen, abschieben oder an diesen ausliefern, wenn schwerwiegende Gründe für die Annahme bestehen, daß sie dort Gefahr liefe, gefoltert zu werden.»

Und es ist eben dieser Artikel 3 der UN-Antifolterkonvention, der die Bundesrepublik Deutschland bis jetzt daran gehindert hat, die Konvention zu zeichnen, geschweige denn zu ratifizieren. Vor fast zwei Jahren wurde der Konventionstext von der Generalversammlung der Vereinten Nationen verabschiedet. Über 50 Regierungen haben inzwischen diesen Text unterzeichnet. Neben Malta und Irland ist es in Westeuropa nur noch die BRD, die diese Konvention nicht unterschrieben hat.

Diese Tatsache kommt einem Skandal gleich, vor allen Dingen wenn wir uns klarmachen, daß in unserem Land noch vor 42 Jahren das Gespenst der Folter sich in den Kellern der Gestapo und in den Konzentrationslagern Hunderttausende von Opfern gesucht hatte. (Alfred Dregger bleibt die Peinlichkeit vorbehalten, in der Bundestagsdebatte vom 5. Juni 1986 die Folterpraxis der Nazis zu verharmlosen und zu beschönigen, indem er den Folterknechten einige Schuld erläßt mit dem Satz: «Die Verfassungsväter hatten bei der Formulierung des Grundgesetztes noch konkret die zwölf braunen Jahre vor Augen, in denen Tausende Deutsche – nicht Zehntausende oder Hunderttausende, aber Tausende Deutsche – als politische Verfolgte Zuflucht in verschiedenen Staaten der Erde gefunden hatt.») Die Folterknechte und ihre überlebenden Opfer befinden sich zu einem Teil noch unter uns und bezeugen durch ihre Gegenwart, daß auch unser Volk in der Geschichte der Folter seinen Platz hat.

Trotz vieler Lippenbekenntnisse des Kanzlers und seiner Regierung ist es bis jetzt nicht möglich gewesen, daß wir Deutschen im Kampf gegen die Folter vor der Völkerwelt ein deutliches Zeichen setzen, indem unsere Regierung sagt: Wir machen mit! Hier sind Brief und Siegel auf das Übereinkommen gegen die Folter! Auf Grund unserer eigenen Geschichte sind wir hierzu in höchstem Maße moralisch verpflichtet.

Als Einwand gegen die Annahme der UN-Antifolterkonvention wird die vom Freistaat Bayern verweigerte Zustimmung angeführt. Die von Strauß und Stoiber vorgebrachten Einwände werden jedoch gleichzeitig von weiten Teilen der CDU/CSU-Fraktion des Bundestages befürwortet und mitgetragen.

Der grundsätzliche Einwand lautet so: Der Artikel 3 der UN-Antifolterkonvention könnte so ausgelegt werden, daß dadurch eine Ausweitung der Asylpraxis gemäß Artikel 16,2 Grundgesetz eintreten würde. Da nämlich in sehr vielen Ländern gefoltert wird, könnten auch sehr viele Menschen sich vor der drohenden Folter in die BRD retten. Aus Furcht vor den Gefolterten, die zu uns kommen könnten, lehnen führende Repräsentanten der Bundesregierung und CDU/CSU im Bundestag den Beitritt der BRD zur Antifolterkonvention ab. Das ist eine schlimme Heuchelei! Sie sind gegen die Folter und gleichzeitig gegen die Gefolterten. Wer jedoch glaubwürdig und wirksam die Folter nicht nur im eigenen Land, sondern weltweit bekämpfen will, der muß sich gleichzeitig für die Folteropfer einsetzen. Wer jedoch die Folteropfer nicht aufnehmen will, wer Menschen abschiebt in ein Land, in dem ihnen Folter droht, der entleert das im Bonner Grundgesetz garantierte Asylrecht; der ist unglaubwürdig in seinen Beteuerungen gegen die Folter. Parallel zur Ausarbeitung einer universalen Antifolterkonvention durch die Vereinten Nationen wird vom Europarat eine «Europäische Konvention zum Schutze von festgehaltenen Personen gegen die Folter und grausame, unmenschliche oder erniedrigende Behandlungen oder Strafen» vorbereitet.

Zu Beginn des Jahres 1983 trugen die Internationale Juristenkommission und das Schweizerische Komitee gegen die Folter das Projekt über den Besuch von Haftstätten durch ein internationales Komitee auch in den Bereich des Europarates. Diese europäische Antifolterkonvention geht aus von einem notwendigen Durchsetzungsmechanismus, wie das Internationale Rote Kreuz dieses durch jahrzehntelange Erfahrung erprobt hat. Der vorgelegte Entwurf sieht zum erstenmal einen effektiven Durchsetzungsmechanismus vor, der einen entscheidenden Beitrag zur Ächtung der Folter leisten könnte. Im Zentrum dieser europäischen Konvention soll ein einfaches Besuchssystem für Haftstätten stehen. Die Grundsätze des Entwurfs sind die folgenden:

1. «Es wird eine Kommission bestellt, der fünf Mitglieder angehören. Diese Mitglieder müssen Angehörige von Vertragsstaaten sein; sie werden von der parlamentarischen Versammlung gewählt und sind in persönlicher Eigenschaft tätig.»
2. «Der Kommission steht die Befugnis zu, periodisch oder fallweise

Delegiertenbesuche in allen Orten zu organisieren, an denen Personen aus irgendeinem Grund unter Freiheitsentzug festgehalten werden. Unter diese Orte fallen alle Haftstätten, aber auch Polizeiposten, Verhörzentren und Anstalten, in denen sich aus medizinischen oder erzieherischen Gründen internierte Personen aufhalten.»

3. «Nachdem die Kommission einem Vertreterstaat die Absicht bekanntgegeben hat, auf seinem Gebiet eine Mission durchzuführen, sind die Delegierten berechtigt, zu jeder Zeit und ohne Voranzeige alle Haftorte aufzusuchen und sich mit den dort befindlichen Personen ohne Zeugen zu unterhalten. Sie können auch mit den Familien, den Verteidigern und Ärzten dieser Personen Verbindung aufnehmen.»
4. «Die Delegierten sind beauftragt, zu prüfen, ob die festgehaltenen Personen gemäß Artikel 3 der europäischen Menschenrechtskonvention behandelt und somit weder der Folter noch unmenschlicher oder erniedrigender Behandlung oder Bestrafung unterworfen werden. Falls nötig, können die Delegierten ihre Beobachtungen und Empfehlungen den zuständigen Behörden der Stelle mitteilen.»

Das in dieser Konvention vorgesehene Besuchssystem übernimmt in weitem Maße Methoden und Grundsätze, die das Internationale Komitee des Roten Kreuzes für seine Besuchstätigkeit bei Kriegsgefangenen, Zivilinternierten und politischen Häftlingen entwickelt hat. Wesentlich ist, daß das System nicht auf Anklage und Verurteilung, sondern auf Zusammenarbeit in einer unabhängigen, unpolitischen Kommission und den Konventionsstaaten angelegt ist. Die rein humanitäre Zielsetzung, das Prinzip der Diskretion und die Qualität der Delegiertenarbeit sollen die Bereitschaft zur Zusammenarbeit erhöhen. Hinter diesem vorgeschlagenen vorbeugenden Durchsetzungsmechanismus steht die Erkenntnis, daß Folter stets hinter verschlossenen Türen, meist an geheimgehaltenen Orten, durchgeführt wird. Diese Konvention soll es ermöglichen, daß sich jederzeit alle Türen öffnen, hinter denen möglicherweise festgehaltene Personen Folteropfer werden. Kein Folterknecht soll von nun an sicher sein, daß seine unmenschliche Tätigkeit nicht doch eines Tages aufgedeckt wird.

Inzwischen wird auch in der Bundesrepublik Deutschland der Entwurf der europäischen Antifolterkonvention von den zuständigen Gremien diskutiert. Es kommt einem politischen Skandal gleich, wenn die CDU-Justizminister der Bundesländer dieses Besuchssystem ablehnen mit einem Hinweis, der an Zynismus kaum noch zu überbieten ist. Stellvertretend sei hier aus dem Beschluß der Bayerischen Landesregierung zitiert:

«Als für die Länder der Bundesrepublik Deutschland nicht zutreffend ist namentlich einer die Empfehlung zur Annahme des Übereinkommensentwurfs mittragenden Erwägung entschieden widersprochen worden. Sie besagt, daß die meisten Folterungen in Haftanstalten begangen werden. Diese und die weitere Erwägung, daß die Regierungen der Mitgliedstaaten des Europarates verpflichtet sind, gemeinsam jede Folter und unmenschliche, grausame oder erniedrigende Behandlung sowie alle Mißbräuche, die sich trotz der Wachsamkeit der Justizbehörden in den Gefängnisalltag eingeschlichen haben, zu bekämpfen, sind zu undifferenziert. Sie setzen die Länder, in deren Haftanstalten die Menschenrechte gewährleistet werden und denen bereits seit längerer Zeit eine Überwachung durch unabhängige Stellen erfolgt, ungerechtfertigt dem Verdacht aus, in ihren Haftanstalten werde gefoltert und herrschten Mißstände. In diesem Zusammenhang ist gegen die Annahme des Übereinkommensentwurfs ein schwerwiegender Einwand gemacht worden. Es werde nämlich von den Bediensteten unserer Vollzugsanstalten, die einen vertrauensvollen und schweren Dienst für die Allgemeinheit leisten, mit gutem Grund als Ausdruck eines durch nichts begründeten Mißtrauens gegenüber ihrer rechtsstaatlichen Gesinnung und ihrer Gesetzestreue und damit sogleich als Zumutung angesehen, wenn durch ein solches Übereinkommen der Eindruck erweckt werde, es bedürfe erst der Einschaltung ausländischer Kontrolleure, um sie von der Folterung der ihnen anvertrauten Gefangenen abzuhalten ... Aus diesen Gründen hat die Mehrheit der Justizminister der Bundesländer eine europäische Antifolterkonvention abgelehnt.»

An dem Zustandekommen der europäischen Antifolterkonvention sind die Justizminister der Länder der Bundesrepublik Deutschland nicht direkt beteiligt. Immerhin ist ihr Votum gegen den Konventionsentwurf bezeichnend und ein deutliches Signal dafür, daß auch in der Bundesrepublik Deutschland es bei zuständigen Politikern offensichtlich an der politischen Einsicht und an dem politischen Willen fehlt, einen entscheidenden Beitrag zur Ächtung und zur Abschaffung der Folter zu leisten. Es geht nicht darum, ob in der Bundesrepublik Deutschland zur Zeit gefoltert wird oder nicht, vielmehr müssen sich die politisch Verantwortlichen der Frage stellen, ob sie aus der zehn Jahre alten Erklärung gegen die Folter die Konsequenzen zu ziehen bereit sind und dem Bekenntnis nun auch endlich die Tat folgen lassen.

Bahman Nirumand

Wer hat denn wirklich unter den Flüchtlingen leiden müssen?

Offener Brief an den Präsidenten der Bundesrepublik Deutschland, Richard von Weizsäcker

Sehr geehrter Herr Bundespräsident,

seit einiger Zeit wird in Ihrem Land das «Asylantenproblem» zum Hauptthema. Politiker und Journalisten sprechen von einer Katastrophe, die es mit allen Mitteln einzudämmen gilt. Das Maß sei voll, die Bundesrepublik könne der «Asylantenflut» nicht mehr standhalten, der Friede und das Wohlergehen der Bevölkerung sei in Gefahr, sagen sie.

Diese Mahnungen und Katastrophenmeldungen werden erwartungsgemäß auch tatsächlich von vielen Bürgerinnen und Bürgern ernst genommen. Es sind bereits Bürgerinitiativen ins Leben gerufen worden, die sich gegen die drohende Gefahr zur Wehr setzen wollen: «Wir sind und bleiben Deutsche», «Jagt die Asylanten wieder raus», rufen diese. Helmstedter Bürger forderten sogar beim Einzug der Flüchtlinge: «Du kannst Bergen-Belsen wieder aufmachen». An den Bahn- und Bushaltestellen, auf den Straßen, in den Lokalen und anderswo spürt man als Ausländer feindliche, haßerfüllte Blicke. Nachts wagen viele sich nicht mehr auf die Straße. Das Schicksal des Türken Ramazan Avci, der in Hamburg erschlagen wurde, nur weil er Ausländer war, legt die Befürchtung nahe, man selbst könne der nächste sein.

Das Wort «Asylant», eigentlich die Bezeichnung für Menschen, die sich der Tyrannei widersetzt haben und denen daher große Achtung entgegengebracht werden sollte, gilt hierzulande längst als Schimpfwort. Es ist ein Synonym für Schmarotzertum, Bettelei und Betrügerei geworden. «Asylanten» und «Asylbewerber» werden wie Erreger einer Seuche empfunden, die eine unheilbare Krankheit über das

Land bringen und das deutsche Volk ins Unglück stürzen werden. «Rassenmischung ist Völkermord» wird auch wieder gerufen. Viele meinen heute, die «Seuche» müßte ausgerottet, verbrannt, vernichtet werden. Der Versuch, Asylantenzelte in Berlin zu verbrennen, ist ein Akt, der verbale Äußerungen folgerichtig in die Tat umgesetzt hat. Hält diese Stimmung an, kann man sicher sein, daß sich folgenschwere Taten anschließen werden.

Die Frage, die wir Flüchtlinge uns ständig stellen und für die keine befriedigende Antwort zu finden ist, lautet: Wer in diesem Land hat denn bisher tatsächlich unter den Flüchtlingen leiden müssen? Hätte man in Berlin, wo im ersten Halbjahr 1986 ganze 14961 Asylbewerber registriert wurden, nicht ein paar Sportplätze und Turnhallen besetzt und die Flüchtlinge in leerstehenden Krankenhäusern und Fabrikgebäuden untergebracht, hätte man, wie in diesen Tagen geschehen, ein paar zusätzliche Sachbearbeiter eingesetzt, um die Verteilung der Flüchtlinge in andere Bundesländer zu beschleunigen, es hätte kaum jemand die Neuankömmlinge wahrgenommen. War dies ein unbeabsichtigtes Versäumnis der Verantwortlichen, oder sollte künstlich eine Katastrophenstimmung erzeugt werden? Warum war das, was heute möglich ist, vor einigen Wochen nicht durchführbar?

Betrachtet man die tatsächliche Zahl der Flüchtlinge, dann ist es schwer vorstellbar, daß ein Land wie Pakistan zweieinhalb Millionen Flüchtlinge verkraften kann, ein wohlhabendes, hochindustrialisiertes Land wie die Bundesrepublik an kaum 100000 Flüchtlingen großen Schaden erleiden soll. Es stimmt doch nachdenklich, daß bei allen verbalen Bekundungen zur Humanität, die man in den westeuropäischen Ländern aus aller Munde vernimmt, von den 15 Millionen Flüchtlingen in der Welt lediglich fünf Prozent in diesen Ländern beherbergt werden. Dabei steht die Bundesrepublik Deutschland nach Frankreich, Großbritannien, Schweden, Belgien und der Schweiz an sechster Stelle.

Es wird oft gesagt, daß die Anwesenheit von Ausländern eine Gefahr für die deutsche Kultur, für das «deutsche Wesen» darstelle. Diejenigen, die dies behaupten, wissen offenbar nicht, daß sie damit ihre eigene Kultur mißachten. Eine Kultur, die nicht offen ist und sich äußeren Einflüssen gegenüber verschließt, ist zum Untergang verurteilt, sie wird sich zwangsläufig in Unkultur verwandeln. Ich habe mich intensiv genug mit der deutschen Kultur auseinandergesetzt, um zu wissen, daß sie ihre Größe und Vielfalt nicht zuletzt der Berührung und Vermischung mit anderen Kulturen verdankt. Weshalb soll also heute die Anwesenheit von Menschen aus anderen Völkern nicht zur Bereicherung des kulturellen Lebens in Deutschland führen?

Es wird häufig von Wirtschaftsasylanten gesprochen, ohne genau zu definieren, welche Personengruppe damit gemeint ist. Es ist nicht zu leugnen, daß es auch Menschen gibt, die aus wirtschaftlichen Gründen ins Ausland flüchten. Betrachtet man aber die tatsächliche Zahl der Asylbewerber und die politische Lage der jeweiligen Herkunftsländer, dann wird deutlich, daß der Anstieg der Bewerberzahl die Folge von politischen Ereignissen ist, die in den Heimatländern stattgefunden haben. Der unerwartete Anstieg der Asylbewerber im Jahre 1980 auf 107818 war eine eindeutige Folge der Bürgerkriegssituation in der Türkei. 57 913 Bewerber kamen 1980 allein aus der Türkei.

Rückgang und Anstieg der Zahl der Flüchtlinge ist also nicht auf die ökonomische Situation zurückzuführen, die in den jeweiligen Ländern mehr oder minder konstant geblieben ist, sondern auf die Veränderung der politischen Zustände und der daraus folgenden Repressionen. Neben den Unruhen in der Türkei ist die Zunahme der Asylbewerber in den achtziger Jahren auf die Verhängung des Kriegsrechts in Polen, die israelische Invasion in Libanon, den Vernichtungskrieg gegen Kurden, das Pogrom gegen Tamilen und die Diktatur der Mullahs im Iran zurückzuführen.

Kein Zweifel, wie jedes Recht wird auch das Asylrecht gelegentlich mißbraucht. Wir als Betroffene sind wohl am meisten daran interessiert, daß dieser Mißbrauch unterbunden wird. Aber wollte man bei jedem Mißbrauch eines Rechts das Recht selbst abschaffen oder einschränken, es gäbe längst weder in der Bundesrepublik noch anderswo irgendwelche Rechte. Nur Diktaturen sind gewillt, mit dem Hinweis auf den Mißbrauch der Rechte, sie abzuschaffen.

Genau dies wird im Augenblick von einigen Politikern in der Bundesrepublik versucht. Manche verlangen die Einschränkung des im Grundgesetz verankerten Asylrechts, andere gehen taktischer vor, lehnen die Änderung des Grundgesetzes ab, leiten aber Maßnahmen ein, die einer Einschränkung oder Abschaffung des Asylrechts gleichkommen. Es sind Maßnahmen, die verhindern sollen, daß Flüchtlinge den Boden der Bundesrepublik erreichen. Es ist doch absurd, Menschen ein Recht zuzugestehen, gleichzeitig aber alle Hebel in Bewegung zu setzen und alle möglichen Hindernisse aufzubauen, damit dieses Recht nicht wahrgenommen werden kann.

Jeder, der unter einem totalitären Regime gelebt hat, weiß, daß politisch Verfolgte gewöhnlich keine oder höchstens gefälschte Papiere besitzen, die sie zumeist für viel Geld kaufen müssen. Welche Diktatur würde seinen Feinden Reisedokumente ausstellen und sie legal aus dem Land ausreisen lassen? Flüchtlinge müssen gewöhnlich ihre Heimat auf illegalem Weg verlassen und sind dabei auf Fluchthelfer angewiesen. Selten gibt es politisch Verfolgte, die im Besitz «ordentlicher» Reisedokumente sind, versehen mit einem Sichtvermerk des Landes, in dem sie Zuflucht suchen.

Die neuesten Beschlüsse der Bundesregierung führen aber genau zu dem Ergebnis, gerade diese Menschen an der Einreise in die Bundesrepublik zu hindern. Vertreter der Bundesrepublik im Ausland sind angewiesen, die Erteilung von Visa strenger zu handhaben, Fluggesellschaften sind unter Androhung finanzieller Sanktionen darauf verpflichtet worden, nur Passagiere mit «ordnungsgemäßen Papieren» zu transportieren, die Grenzen sollen strenger kontrolliert und das Schlupfloch durch Ost-Berlin nach Möglichkeit völlig zugestopft werden. Wie, frage ich Sie, Herr Bundespräsident, sollen politisch Verfolgte künftig überhaupt noch die Bundesrepublik erreichen, um hier das ihnen zugestandene Recht auf Asyl wahrzunehmen? Sollten vielleicht Konsulate und Fluggesellschaften das Risiko auf sich nehmen, die Entscheidung zu fällen, ob ein Fluchtwilliger aus politischen oder wirtschaftlichen Gründen seine Heimat verläßt? Es ist eindeutig, daß diese Maßnahmen sich gerade gegen politisch Verfolgte richten, denn einer, der aus wirtschaftlichen Gründen im Ausland Asyl sucht, wird doch wesentlich leichter an «ordnungsgemäße Papiere» gelangen und legal ausreisen können als einer, der gesucht und verfolgt wird.

Sie, Herr Bundespräsident, werden sicherlich wissen, daß niemand seine Heimat, seine Familie und Freunde, die ihm liebgewordene Landschaft, die vertrauten Gewohnheiten und Bräuche, seinen Beruf, sein Hab und Gut, die eigene Kultur und alles, was zu einem menschenwürdigen Leben gehört, freiwillig verläßt, um in einem fremden Land in Asylantenlagern zu leben, keine Arbeit zu haben und in der Öffentlichkeit und bei den Behörden oft Erniedrigungen und Beleidigungen zu erdulden.

Offenbar haben dies die Väter des Grundgesetzes gewußt als sie politisch Verfolgten das uneingeschränkte Recht auf Asyl zugestanden haben. Die eigene Anschauung und die Erfahrung von fast einer Million ihrer Landsleute, die vor den Nationalsozialisten flüchten mußten, reichten aus, um sich moralisch und auch politisch mit Menschen zu solidarisieren, die sich der Gewaltherrschaft nicht gebeugt und ihr gegenüber Widerstand geleistet haben.

Doch wie es scheint, ist das Deutschland von 1986 nicht mehr das von 1946. Über die Vergangenheit ist das Gras gewachsen, vierzig Jahre sind genug, um das Mitgefühl und die daraus erwachsenden Verpflichtungen zu begraben. Wie die Verbrechen der Nazis, hat sich auch die Solidarität mit politisch Verfolgten verjährt.

Damit nicht genug. Selbst wenn Flüchtlinge unter zum Teil unbeschreiblichen Qualen die Bundesrepublik erreichen, soll ihnen hier der Aufenthalt so schwer gemacht werden, daß sie sich vielleicht doch lieber dazu entschließen, die Gefahr einer Rückkehr in die Heimat auf sich zu nehmen. Über Jahre hinweg sollen sie in zumeist unwürdigen Verhältnissen, in Asylantenlagern, mit einem Taschengeld von 2,30 DM pro Tag, ohne Arbeit, ohne Bewegungsfreiheit leben, Woche für Woche, stundenlang bei Asylbehörden und Sozialämtern Schlange stehen und auf ein Urteil warten, ungewiß, ob sie am Ende nicht doch abgeschoben werden.

Und nun soll noch der Wahlkampf auf dem Rücken dieser Flüchtlinge ausgetragen werden. Durch Zahlenmanipulationen, falsche Behauptungen und Verallgemeinerungen von etwaigen Mißbräuchen werden Haßgefühle geschürt und Feindbilder produziert. Massenarbeitslosigkeit, die verseuchte Umwelt, Atomsprengköpfe und Atommüll werden in den Hintergrund gerückt. Bei diesem Wahlkampf haben wir nicht mitzureden, unsere Stimmen werden nicht gehört und am Wahltag nicht gezählt.

Glauben Sie nicht, Herr Bundespräsident, daß es an der Zeit wäre, die Stimmungsmacher zur Vernunft zu mahnen? Der Wahlkampf wird im Januar zu Ende gehen. Aber wie wird es um die Geister stehen, die in diesen Tagen wachgerufen werden? Wird es gelingen, sie wieder in die Schranken zu weisen?

Bahman Nirumand

Die Saat geht auf:
«Kanakentante», «Schmarotzer»
Zuschriften

Ende Juni 1986 besuchte die Nürnberger Bundestagsabgeordnete Renate Schmidt Heime für Asylbewerber in ihrem Nürnberger Wahlkreis. Die Nürnberger Zeitungen berichteten darüber und veröffentlichten ein Foto der Abgeordneten mit Kindern der Flüchtlinge – (siehe Bericht der Nürnberger Nachrichten *vom 23. Juni 1986) Der Besuch provozierte einen neuen Typ von Schmähbriefen: nicht mehr anonym. Von den Briefen, die der Autor Bahman Nirumand nach einer Fernsehsendung erhielt, veröffentlichen wir eine anonyme Zuschrift.*

Bundestagsabgeordnete informierte sich über Situation von Asylbewerbern

Lage zwischen Lob und Tadel

Tamile lebt heute ohne Angst — Iraner fühlen sich eingesperrt — Appell an alle

Die jahrelangen Wartezeiten für Asylbewerber bis zur Anerkennung als politisch Verfolgte müssen verkürzt werden. Diesen Appell richtet die Bundestagsabgeordnete Renate Schmidt (SPD) an die Verantwortlichen bei Bund und Ländern.

Auf lokaler Ebene fordert die Politikerin eine Umstellung von standardisierten Essenspaketen auf mehr individuelle Ernährung durch ausgeteilte Grundnahrung und Gutscheine, zum Beispiel für Obst und Gemüse. Außerdem plädiert sie für bessere Sanitär-Einrichtungen in den drei Nürnberger Sammelunterkünften.

Dieses Fazit zog gestern Renate Schmidt, nachdem sie sich über die Lage der 700 Asylbewerber in den Heimen Gerber-, Schloß- und Schafhofstraße informiert hatte.

Nicht dauernd wehklagen, sondern die Situation in den Griff bekommen — das tut nach Meinung der Abgeordneten besonders not. Eine Änderung des Grundgesetzes, die der bayerische Ministerpräsident wünsche, schaffe keine Probleme aus der Welt.

In Anspielung auf die schärfer werdenden Auseinandersetzungen um das Asylrecht wies sie auf offiziell genannte Zahlen hin, „mit denen Schindluder ge-

Keine Kontaktschwierigkeiten: Renate Schmidt mit Asylantenkindern in der Spielstube im Heim Gerberstraße. Foto: Bauer

trieben" werde. So sind nach ihren Worten Großbritannien und Frankreich mit 167 000 Asylbewerbern stärker belastet als die Bundesrepublik mit rund 125 000. Besonders in Nürnberg könne keine Rede von Überfremdung und Asylantenschwemme sein: Mit den 700 Menschen in den drei Unterkünften bei 450 000 Einwohnern sei die Quote vergleichsweise niedrig. Der Ort Dietenhofen bei Ansbach mit 2300 Einwohnern bietet Platz für 200 Asylanten.

Die Asylbewohner selbst sehen ihre Situation ganz unterschiedlich. „Hier lebe ich mit meiner Familie endlich ohne Angst", berichtet der 24jährige Tamile John Wijeratnan in der Gerberstraße. Er hat seine Heimat Sri Lanka vor 20 Monaten verlassen, weil er aufgrund seiner Mischehe — er ist mit der Singhalesin Ramona verheiratet — in die Schußlinie der zwei verfeindeten Bevölkerungsgruppen geraten war. Sohn Johann, vier, spricht zum Stolz seiner Eltern schon ganz gut Deutsch.

„Wir fühlen uns lebendig eingesperrt", heißt es dagegen bei den jungen Persern Mehdi und Farouk in der Schafhofstraße; in der ehemaligen Kaserne leben 310 Männer aus dem Iran, aus Sri Lanka und Bangladesh. Für sie besteht — wie grundsätzlich für Asylbewerber — auf die Dauer von zwei Jahren ein Arbeitsverbot. Sie alle müssen mit 65 Mark im Monat auskommen und davon noch ihre ermäßigte Monatskarte der städtischen Verkehrsbetriebe mit 28,50 Mark bezahlen. Die alleinstehenden Männer fühlen sich zur Untätigkeit verdammt und kritisieren, daß sie nicht einmal vernünftig kochen können: Es fehle an frischer Nahrung. Außerdem bemängeln sie die restriktive Haltung des Sozialamtes Nord, das für sie zuständig ist: Im Amt Süd geht es nach ihrer Meinung wesentlich kulanter zu.

Renate Schmidt erfuhr aber auch Ermutigendes: So hat Erzieherin Christine Kuhn in der Gerberstraße mit Hilfe der Bewohner zwei kleine Kellerräume in eine fröhliche Spielstube für Vorschulkinder verwandelt. Bernhard Hallermann, Leiter der Sozialen Dienste bei Caritas, spricht von guten Kontakten zwischen den Ausländern der Schloßstraße und Gemeindemitgliedern von St. Kunigund: „Daraus haben sich schon Freundschaften entwickelt." dho

Annette Beyer,
8507 Oberasbach

Oberasbach 24. 7. 86

An Frau Renate Schmidt MdB Fraktion SPD

Betrifft: in der NNachrichten Bericht mit Foto Renate Schmidt wirbt für Asylanten - Tamilen. siehe NN v. 23. 7. 86

Man traute seinen Augen kaum als wir am 23.7. in der NN dieses ebenso widerliche wie volksverräterische Pressefoto vor Augen bekamen.

Sicher hat die NN es dem mündigen Leser überlassen sich über das selten dumme SPD Frauenzimmer eine eigene Meinung zu bilden.

Und es läßt sich ausrechnen daß mit dieser politischen Geschmacklosigkeit mehr Wähler der CSU ihre Stimme geben - als umgekehrt. Wir jedenfalls geben der SPD keine Stimme mehr. Soviel Deutsche sind wir noch im Anblick dessen wie unsere BRD von Asylanten förmlich erdrückt wird. Und das bei der weiter zunehmenden Arb.-losigkeit durch steigende Automation etc.

Politischer Trampel oder Kanakertante bzw. Volksverräterei - das

ist es was man am Vereinstisch u. sonst wo zu Ohren bekommt.
Noch dazu als in der gleichen Ausgabe der NN v. 23. 7. aus Sri Lanka ein Bombenattentat auf einen vollbesetzten Bus bekannt wird wo fast 30 Unschuldige getötet u. viele schwerverletzt wurden. Die Täter waren Tamilen. Dann flüchten diese Verbrecher in die BRD und lassen es sich hier auf Kosten der Steuerzahler gut gehen.
Renate Schmidt u. Gen. sollten sich diese Asylanten-Parasiten in ihre Wohlstandshäuser mit aufnehmen.
Wir jedenfalls schließen uns jenen an die noch Deutsche sind und endlich Gegenmaßnahmen ergreifen.

Annette Beyer i A Gleichgesinnter

Otto Dill

8500 Nürnberg 80

29. Juli 1986

Frau Renate Schmidt (MdB)
Goldweiherstr. 16

8500 Nürnberg 30

Frau Schmidt,

Sie haben sich - das ist sehr werbewirksam - um die Asylanten "gekümmert" und festgestellt, daß nicht die Überfremdung ein Problem sei, sondern die Umstände, unter denen die armen "Asylanten" aus Sri Lanka (ein Nachbarland von Deutschland?) bei uns leben müssen.

Das Volksempfinden in dieser Frage bezeichnen Sie als "angeblich gesund" - es paßt Ihnen nicht, man merkt es.

Aber die Ängste der Bevölkerung vor der WAA Wackersdorf sind lt. SPD von der bayerischen Staatsregierung mit Füßen getreten worden. Und was tut die SPD mit den Ängsten der Bevölkerung vor der Überschwemmung durch angebliche Asylanten? Nicht einmal 10% davon sind politische Flüchtlinge, sondern durch Aeroflot und Interflug - den Fluggesellschaften Ihrer roten Genossen - zu zehntausenden herbeigeschafft, wie man inzwischen weiß.

Sie können die gesunde Volksmeinung lesen in der NZ vom 15.7.86 u.ö.: Wer gegen die Änderung des Grundgesetzes ist, soll erst mal sein Haus vollstopfen mit Asylanten, wenn er sie so lieb und nett findet, erst dann ist er glaubwürdig. Auch Sie, Frau Schmidt! Wieviele haben Sie denn schon aufgenommen? Wenn die Antwort "keine" lautet, sind Sie eime üble Heuchlerin!

Wer gegen die Grundgesetzänderung ist, begeht ein Verbrechen an unserem Staat, an den Deutschen und ihrem erarbeiteten Volksvermögen, er mag heißen wie er will und sein, wer er will, ob Abgeordneter, Pfarrer, Minister oder Präsident!

Es wird Zeit, daß in diesem Lande wieder Politik mit Hirn gemacht wird - nicht mit Humanitätsduselei. In Berlin treffen mit jedem S-Bahn-Zug, d.h. alle 10 Minuten, 50-100 neue Asylanten ein. Das können wir nicht verkraften. So viel Hirn sollte auch der dümmste Sozi-Politiker haben. Die "Asylantenflut steigt ständig" lautete eine Überschrift in der NZ vom 15.7. Auch das gehört zum Selbstbestimmungsrecht. Unsere Heimat, für die wir gekämpft und gearbeitet haben, ist Deutschland und nicht ein Schmelztiegel aller Rassen und Kulturen, die bei uns ein besseres Leben führen wollen, als in ihrem eigenen Land.

Es wäre besser, Sie würden an all diese "Flüchtlinge" appellieren, um ihr Land und ihre Heimat zu kämpfen, anstatt sich durch gewissenlose Geschäftemacher irreführen zu lassen. Aber Sie können immer nur hetzen.

Otto Dill

Antwort: 5. August 1986

5300 Bonn 1
Bundeshaus

Renate Schmidt (SPD)
Mitglied des Deutschen Bundestages

Herrn
Otto D i l l
Spittlertorgraben 47

8500 Nürnberg 80

5. August 1986

Sehr geehrter Herr Dill,

obwohl es ineiner so emotional geführten Diskussion, wie jener die durch eine ins sogenannte politische Sommerloch hineingepuschte Medienberichterstattung über eine "Asylantenflut" ausgelöst wurde, sehr schwierig ist, nüchterne Argumente zum Tragen zu bringen, möchte ich dies in Beantwortung Ihres Briefes vom 29.07. dennoch versuchen.

1. Die sogenannte "Überfremdung" ist in der Tat kein Problem für die Bundesrepublik Deutschland. Die Zahl der bei uns aufgenommenen Flüchtlinge

hält sich in der Tat in Grenzen, vergleicht man unsere Zahlen mit denen aller anderen zivilisierten Staaten dieser Welt, die Menschen, die aus politischen Gründen mit akuter Gefahr für Leib und Leben verfolgt werden, ein Recht auf Zuflucht und Schutz gewähren. Die größten Flüchtlingsprobleme haben bekanntlich Länder der Dritten Welt: Somalia zum Beispiel, ein Land, in dem auf einen Einwohner drei Flüchtlinge kommen. Ein bitter armes Land, das nun auch noch die Ärmsten der Armen durchfüttern muß. Oder Pakistan, das über 1 Million afghanischer Flüchtlinge aufgenommen hat. Auch Vergleiche mit unseren europäischen Nachbarn zeigen, daß von einer bedrohlichen "Flut" bei uns nicht die Rede sein kann. Die Schweiz, Österreich, Frankreich, Großbritannien, Schweden, Belgien haben pro Kopf der Einwohnerschaft einen wesentlich höheren Flüchtlingsanteil aufgenommen als wir.

2. Ich sprach in der Tat vom "angeblich gesunden Volksempfinden". Und ich meine damit eben jenes Empfinden – im Gegensatz zu Nachdenken – , das sich auf tiefverwurzelte Ängste bezieht, vor denen auch jede christlich-humanistische Gesinnung in der Vergangenheit bereits passen mußte. Ängste also, die nicht wie die Angst vor den Gefahren der Kernenergienutzung, logisch und faktisch nachvollziehbar sind, sondern nur einem Gefühl Ausdruck verleihen, Ängste, die ihre Wurzel im Psychopathologischen haben.

3. Aeroflot und Interflug sind natürlich keine Fluglinien "meiner roten Genossen". Die Sozialdemokratische Partei Deutschlands betreibt keine Fluglinien. Vielmehr handelt es sich um Fluggesellschaften der UdSSR und der DDR, die planmäßig den Ostberliner Flughafen Schönefeld bedienen. Unterhielte die PanAm oder Lufthansa direkte Linienverbindungen zwischen den Herkunftsländern von Asylanten und Ostberlin, so würden zweifellos auch diese Gesellschaften von den Flüchtlingen in Anspruch genommen. Eine Vereinbarung internationalen Rechts, bestimmten Personen die Benutzung von Fluglinien wegen ihrer Rasse, Nationalität oder Religion zu verbieten, besteht ja bekanntlich nicht. Und das ist auch gut so, sonst könnte es der einen oder anderen Gesellschaft einmal einfallen, der Frau Schmidt oder dem Herrn Dill, weil sie einen deutschen Paß haben, die Beförderung zu verweigern.

4. Ich weiß nicht, wie gut Sie meine Wohnverhältnisse kennen. Eine Luxuswohnung ist mein Häuschen in Zabo, das ich mit meinen Kindern bewohne, sicher nicht. Trotzdem: könnte und dürfte ich – die Behrbergung von Asylanten wäre mir keineswegs ein Greuel.
Tatsache ist aber, daß die bayerischen Richtlinien ausdrücklich eine Lagerhaltung für Asylbewerber vorsehen, eine Unterbringung in privaten Wohnquartieren also nicht nur nicht erwünscht, sondern sogar unstatthaft ist. Eine jener Regelungen übrigens, die ich geändert haben möchte. Mir erschiene eine dezentrale UNterbringung einzelner Asylbewerber oder Asylantenfamilien durchaus sinnvoller, als die massierte Unterbringung in angemieteten Pensionen etc. in kleinen Dörfern, wo dann die bereits beschriebenen Angstgefühle massiv aufbrechen.

5. Was das "Verbrechen an unserem Staat, an den Deutschen und ihrem erarbeiteten Volksvermögen angeht", so halte ich es in der Tat für eine Verschwendung, lieber Beamten-, Richter- und Schreibkräftestellen zu sparen und eine zügige Abwicklung des Aufnahmeverfahrens zu verhindern, und stattdessen sehr viel höhere Beträge für Sozialhilfe für die Asylbewerber aufzuwenden. Bekanntlich dürfen Asylbewerber in den ersten zwei Jahren ihres Aufenthalts keinerlei Arbeit aufnehmen, obwohl die meisten das gerne täten. Zwangsläufig stehen dann kräftige junge Männer in den Dörfern rum und schauen den Landwirten untätig bei der Erntearbeit oder Arbeitern beim Straßenbau zu. Das gibt dann böses Blut. "Faulenzer" und "arbeitsscheues Gesindel" heißt das dann. Dabei wären die Asylbewerber durchaus bereit, an der "Erarbeitung unseres Volksvermögens" mitzuarbeiten – und zwar mit jenen Arbeiten, für die deutsche Arbeitskräfte kaum zu gewinnen sind.

Was die Versorgung der Asylanten mit Nahrungsmitteln angeht, so erlaube ich mir nur eine knappe Polemik: in unserem Staat wird dreimal so viel für die Verwahrung und Vernichtung von Lebensmitteln ausgegeben, wie für die Asylanten-Versorgung. Hierin she ich den eigentlichen Skandal. Es möge bitte niemand so tun, als werde er in seinem Wohlstand geschmälert, weil wir Flüchtlingen die natürliche Existenz sichern.

6. "Die Asylantenflut steigt ständig" – zitieren Sie eine Schlagzeile. Darüber wird vergessen, daß es bereits Jahre mit vergleichbarem Flüchtlingsaufkommen gab. Damals allerdings hat die (soziallibérale) Bundesregierung gehandelt und eine Beschleunigung des Asylverfahrens gesetzlich geregelt und eine rasche Verteilung der Asylbewerber gewährleistet. Zeltlager und andere Maßnahmen, die einen Notstand suggerieren, waren damals nicht nötig. Und sie wären auch heute nicht nötig, wenn die Behörden zu konkretem Handeln entschlossen wären.

7. Ein Appell an die Flüchtlinge, "um ihr Land und um ihre Heimat zu kämpfen", wäre wohl absurd. Die afghanischen Flüchtlinge fliehen ja gerade vor den KÄmpfen in ihrer Heimat. Die tamilischen Flüchtlinge versuchen ja gerade einem Kampf in ihrem Lande zu entfliehen, der völkermörderischen Charakter angenommen hat. Die iranischen Flüchtlinge versuchen ja gerade, sich nicht von einem Chomeini für einen wahnsinnigen "Glaubens"-Krieg verheizen zu lassen. Diese Menschen in ihre Heimat zurückschicken, heißt ja geradezu, sie in den Tod zu treiben, oder zumindest, sie in Lebensgefahr zu schicken. Und gerade das darf m.E. ein Deutschland, das so viele seiner eigenen Landsleute in den Tod geschickt hat, das mühsam für seine Demokratie gekämpft und gearbeitet hat, nie wieder tun.
Lernen ist Hirnarbeit. Und wir haben aus unseren historischen Erfahrungen gelernt, und bei klarem Verstand und nüchternem Bewußtsein als Ergebnis dieser Hirnarbeit den Art. 16 unabänderlich in unserem Grundgesetz verankert. Deshalb ist meine Haltung auch nicht geprägt von Gefühlsduselei, wie sie es nennen, sondern von einer Politik mit Hirn. Und deshalb läßt sich das sogenannte Asylantenproblem auch ganz nüchtern angehen und zu vernünftigen, menschenwürdigen Lösungen führen.

Mit freundlichen Grüßen
Renate Schmidt MdB

Fritz Unglaub Mähringen 22. 8. 88

Lieber Genosse Nirumand,

daß dich jemand zum Asylanten gemacht hat war ein Teufelswerk. Du bist ein Edelganove und Tüdelschwindler.

Dei freche Gosch – von wegen „den lumpigen paar Millionen der Deutschen, die sie an den Waffenlieferungen wieder verdienen täten" – hätte der Ajatollah Chomeni schon vor deiner Ausreise für alle Zeit stopfen sollen.

Du bist ein Lump und Schmarotzer, der den echten Asylsuchenden keinen guten Dienst erwiesen hat.

Ein guter Rat: Hau ab du Drecksack!

Hau ab!

Mit allen bösen Wünschen

Unglaub

«Asylant hau ab!» «Er würde, wenn er könnte» (Plakat des UNHCR)

II.

Die Politik der Abschreckung

«Artikel 16 GG ist die
Freiheitsstatue im Hafen
unserer Verfassung»

(Burkhard Hirsch MdB)

Vijoy Batra

Die Lage der Asylbewerber

Durch Artikel 16 Abs. 2 Satz 2 des Grundgesetzes wird politisch verfolgten Ausländern in der BRD ein *Grundrecht* auf Asylgewährung eingeräumt. Das Grundgesetz geht mit dieser Gewährung eines einklagbaren Rechtsanspruchs über das allgemeine Völkerrecht hinaus; es hat so einen entscheidenden Schritt zur Ausgestaltung des Asylrechts als Menschenrecht getan.

Der Verfassungsgeber hat damit auch eine Konsequenz insbesondere aus der Tatsache gezogen, daß in der Zeit der nationalsozialistischen Diktatur ungezählte verfolgte Deutsche im Ausland Aufnahme gefunden und nur dadurch überlebt haben.

Das Grundrecht auf Asyl hat zunächst einen klar umrissenen unverzichtbaren Kerngehalt. Es verbürgt demjenigen, der vor politischer Verfolgung Schutz sucht, daß er

- an der Grenze nicht zurückgewiesen wird, nicht in einen möglichen Verfolgerstaat abgeschoben wird, was einschließt, daß er auch in keinen Staat abgeschoben werden darf, in dem die Gefahr der weiteren Abschiebung in einen Verfolgerstaat besteht,
- nicht ausgeliefert wird, wenn politische Verfolgung droht und auch nach dem Grundsatz der Spezialität kein wirksamer Schutz zu erlangen ist.

Voraussetzung und Umfang des politischen Asyls sind wesentlich von der Unverletzlichkeit der Menschenwürde beeinflußt. Zu dem asylrechtlich geschützten Bereich der persönlichen Freiheit gehören grundsätzlich auch die Rechte auf freie Religionsausübung und ungehinderte berufliche und wirtschaftliche Betätigung.

Der Umgang mit dem Asylrecht in der BRD zeigt deutlich die offene und versteckte Demontage dieses Grundrechtes, indem die Asylbewerber in allen Lebensbereichen stark reglementiert und kontrolliert werden.

Ihr Dasein schwebt zwischen Hoffnung und Verzweiflung. Durch das 2. AsylVG vom 1. 8. 82 und die *Abschreckungsstrategie* der neuen

Bundesregierung ist ihre Rechtssituation mehr als unsicher. Sie erhalten keine Aufenthalts- und Arbeitserlaubnis und leben kaserniert, von ihren deutschen Nachbarn isoliert, in verschiedenen Massenlagern. Speziell Asylbewerber aus Afrika und Asien haben es besonders schwer, politische Verfolgung nachzuweisen, da das Bundesamt seine Entscheidung von Auskünften des Auswärtigen Amtes abhängig macht und eher die Position der Heimatregierungen der Asylbewerber berücksichtigt, als die tatsächlichen Gegebenheiten der Verfolgung prüft. *Menschenrechtsverletzungen*, unkontrollierte Abschiebung und restriktive Handhabung der Gesetze sind die Folgen, die mit der Würde des Menschen, die in Art. 1 des Grundgesetzes festgeschrieben ist, nicht zu vereinbaren sind.

Die derzeitige Lage der Asylbewerbung in der BRD ist gekennzeichnet durch:

1. Visumzwang

Visumzwang wurde für die Länder eingeführt, aus denen die meisten Flüchtlinge kamen bzw. zu erwarten sind. Das betrifft z. B. Indien, Pakistan, Afghanistan, Bangla Desh, Sri Lanka, Äthiopien und die Türkei. Damit werden die Grenzrichter bei den Auslandsvertretungen der BRD geschaffen, die das Visum verweigern können und damit den Asylbewerbern die Möglichkeit der Asylbeantragung und der Schutz in der BRD entzogen werden.

Bei Erteilung des Visums soll laut Beschluß des Bundeskabinetts in Zukunft eine Kaution verlangt werden. Darüber hinaus wurden die Auslandsvertretungen angewiesen, bei der Erteilung des Transitvisums Zurückhaltung zu üben.

Durch Ergänzung des Ausländergesetzes soll die Möglichkeit geschaffen werden, den Beförderungsunternehmen folgende Sanktionen aufzuerlegen:
- Bußgeld bei Personenbeförderung ohne die erforderlichen Grenzübertrittspapiere
- Rückbeförderung auf Kosten der Beförderungsunternehmen.

Durch diese neuen Beschlüsse wird Art. 16 des Grundgesetzes in seinem Wesen restlos ausgehöhlt.

Politisch Verfolgte müssen bei der zuständigen Botschaft ihres Landes ein Einreisevisum beantragen und glaubhaft machen, daß ihnen die Gefahr der physischen Existenzvernichtung droht.

In der Regel stehen Verfolgte unter Beobachtung und setzen sich somit der Gefahr einer Verhaftung aus. Darüber hinaus beträgt die Zeitspanne der Erteilung des Visums drei bis vier Monate, die eine schnelle Flucht unmöglich macht.

Fazit: Politisch Verfolgten wird es unmöglich gemacht, in die BRD einzureisen. Die in Teilbereichen bereits praktizierte Anwendung wird somit rechtlich festgeschrieben.

2. Arbeitsverbot

Durch das Arbeitsverbot (5 Jahre bzw. 1 Jahr für Asylbewerber aus Osteuropa) werden die Asylbewerber zum Nichtstun verurteilt. Außerdem wird dem Asylbewerber durch § 19 AFG der Zugang zum Arbeitsmarkt versagt.

3. Gekürzte Sozialhilfe und andere Leistungen

Durch das Arbeitsverbot zwingt man die Asylbewerber zum Bezug von Hilfe zum Lebensunterhalt durch die Sozialämter. Allerdings wird diese um 15-30 % des Regelsatzes für deutsche Sozialhilfeempfänger gekürzt. Die anderen Sozialhilfeleistungen, z. B. *medizinische Versorgung*, wurden eingeschränkt und Hilfen für besondere Lebenslagen sowie *Weihnachtsgeld* gestrichen. Die Bekleidungshilfe oder andere Sachleistungen werden in Form von *Wertgutscheinen* ausgegeben, so daß ein Betrag von 50 bis 70 DM im Monat zur freien Verfügung steht. *Kindergeld* und *Wohngeld* wird den Asylbewerbern ebenfalls verwehrt.

4. Zwangsunterbringung

Die Asylbewerber werden gezwungen, in Massenlagern oder Sammelunterkünften unterschiedlicher Größe zu wohnen. In diesen Lagern leben Menschen verschiedener Nationalität, Volkszugehörigkeit, Religion und Weltanschauung auf engstem Raum beieinander. Ethnische und politische Unterschiede werden bei der Unterbringung gänzlich außer acht gelassen, z. B. werden bei der Zwangsverpflegung die unterschiedlichen Eßgewohnheiten und -sitten nicht in Betracht gezogen. Die bedrückende Situation der Asylbewerber wird nirgends so deutlich wie innerhalb der Wohnunterkünfte. Die isolierte Lage der Unterkünfte, die immer noch schlechte Ausstattung und die teilweise Überbelegung der Unterkünfte führen zu einem unmenschlichen Lagerleben, das in fataler Weise an die Flüchtlingssituation der unmittelbaren Nachkriegszeit erinnert.

5. Eingeschränkte Bewegungsfreiheit

Laut AsylVG dürfen Asylbewerber ihre Kreisgrenzen nicht verlassen. Dadurch hat es in der Vergangenheit mehrere Fälle gegeben, in denen Asylbewerber ihre Verwandten oder Bekannten in Nachbargemeinden besuchten und von der Polizei aufgegriffen wurden.

6. Verkürzter Rechtsweg

Das 2. AsylVG vom August 1982 hat eine starke Verkürzung der Rechtsmittel, die gegen die Ablehnung der Anerkennung eingelegt werden können, gebracht. Es gibt die Möglichkeit, Anträge auf Asyl als *offensichtlich unbegründet* zurückzuweisen.

Generell findet gegen eine ablehnende Entscheidung kein Widerspruch bei der nächsthöheren Behörde, sondern nur noch die Klage beim Verwaltungsgericht statt. Ablehnende Entscheidungen verpflichteten den Ausländer zur Ausreise und sind sofort zu vollziehen, sofern der Antrag als offensichtlich unbegründet gilt. Die meisten Verfahren dürften in Zukunft über die erste Instanz beim Verwaltungsgericht nicht mehr hinauskommen, da die Berufung gegen dessen Urteil nur noch in besonderen Fällen zugelassen wird. Dadurch haben die Asylbewerber aus nicht europäischen Ländern oft Schwierigkeiten, ihre politische Verfolgung nachzuweisen. Hinzu kommt die unterschiedliche Rechtsprechung der verschiedenen Verwaltungsgerichte (z. B. Urteil des VGH Baden-Württemberg)

7. Einstellung der Sprachkurse

Seit 1982 sind die staatlichen Zuschüsse für Sprachkurse für Asylbewerber gestrichen. Mangelnde Sprachkenntnisse verstärken die Isolation – abgesehen davon, daß auch die Notwendigkeit sparsamster Haushaltführung (Einkauf) dadurch erschwert wird. Außerdem können sie ihre Rechte nicht selbst wahrnehmen.

8. Psychische Situation

Der psychische Zustand der Asylbewerber ist im allgemeinen sehr schlecht. Hervorgerufen wird dies in erster Linie durch Heimweh, Fehlen der Familie oder Ungewißheit über das Schicksal ihrer Angehörigen. Verstärkt durch den Zwang zur Untätigkeit, in der isolierten Situation der Wohnunterkünfte, von Ablehnung umgeben, konzentrieren sich Ängste und Depressionen.

9. Heranziehen zu gemeinnütziger Arbeit

In vielen Bundesländern werden die Asylbewerber zwangsweise zu gemeinnütziger und zusätzlicher Arbeit (GZ-Arbeit) herangezogen, obwohl sie dem Arbeitsaufnahmeverbot unterliegen, und mit einem «Hungerlohn» dafür bezahlt.

Es erscheint widersinnig, Asylsuchende nicht integrieren zu wollen, solange sie nicht anerkannt sind, ihnen die Arbeitsaufnahme zu untersagen und sie gleichzeitig im Rahmen der Hilfe zur Arbeit (§§ 18-20 BSHG), GZ-Arbeit, heranzuziehen mit der Androhung, im Weigerungsfalle die Hilfe zu kürzen, wobei häufig begründet wird, daß der sich Weigernde keinen Integrationswillen zeige.

Ein Asylberechtigter aus einem afrikanischen Land:

Neger zu sein ist das allerletzte

Als ich die politische Lage in meiner Heimat nicht mehr ertragen konnte, entschloß ich mich, nach Deutschland zu fliehen. Meine Ankunft in der BRD nach vielen Monaten der Reise durch Dörfer, Flüsse, Wälder und Länder ... endlich, die BRD.

Trotz der kalten Novembernacht und der nicht passenden Kleidung war ich überglücklich, die BRD erreicht zu haben. Die erste Nacht bin ich ohne Ziel gelaufen, ohne Angst, weil in meinem Kopf nur eines war: in der Freiheit, es gibt nichts zu fürchten. Am nächsten Tag traf ich einen Afrikaner, der mir den Weg zum Biberhaus (Ausländerbehörde in Hamburg) zeigte. Als ich die Ausländerpolizei erreichte, mußte ich merken, daß ich nicht genug vorbereitet war, in der Freiheit zu leben. Auf einmal, ohne die Sprache zu kennen, mußte ich viele, zu viele Fragen auf deutsch beantworten. Die Antworten waren notwendig geworden, weil, ohne diese Antworten hatte ich kein Recht auf ein Visum, ohne Visum kein Recht auf Sozialhilfe, und ich, der kein Geld besaß, fühlte mich bedroht – und mit mir auch meine Hoffnung auf Freiheit. Ich bin von dieser Polizeistelle ohne Visum weggeschickt worden. Dann traf ich einen zweiten Afrikaner, der mir geholfen hat, einen Anwalt zu finden, um die Sprachbarriere überwinden zu können. Als das getan war, kriegte ich die üblichen Dreitagevisa und damit die errechneten 10 DM pro Tag, also insgesamt erst mal 30 DM. Und nach Ablauf des Visums mußte ich das Szenario wiederholen, und das mehrmals. Ich bekam vom Sozialamt ein Bett in einem 12-qm-Zimmer mit sechs anderen Afrikanern. Die deutsche Sprache mußten wir nicht lernen. Warum, weiß ich bis heute noch nicht. Diese Situation dauerte viele Monate ohne Änderung. Die einzigen Veränderungen, die zu beobachten waren, sind die Zusammenbrüche einiger Mitbewohner, die diese Situation nicht mehr aushalten konnten. Der Abstieg in die Drogenszene hat angefangen, ebenso die Prostitution. Die billigen Frauen, sie hatten auf einmal eine Schlange von zwanzig jungen Afrikanern, die von ihrem Sexualleben seit ihrer Ankunft in der BRD keinen Gebrauch gemacht hatten, zu bewältigen. Das war so unmenschlich. Ich stellte mir noch einmal die Frage, was sollte der Wert sein eines unwürdigen Lebens, in einer demokratisch strukturierten Stadt? Ich sah keine Antwort, ich hoffte es zu verstehen, nachdem ich eines Tages die Sprache endlich lernen durfte.

Die Situation hatte kein Ende. Aber von privater Seite her gab es einige Kontakte, was ich genoß. Je mehr ich die Sprache verstand, desto schlimmer fand ich alles, weil mein Verstand immer schärfer wurde und selbstkritisch. Ich sah keinen Platz in dieser sehr erhofften Freiheit. Beim Aussortieren der Ereignisse fing ich an, die positiven Dinge zu trennen von allem, was ich für scheußlich hielt. Die Trennung wurde immer klarer und die Kritik deutlicher, ich gewann an Selbstbewußtsein, von ganz unten wollte ich mich nach oben arbeiten, allerdings nicht im Sinne der materiellen Verbesserung des Lebens. Ich fand, daß diese Gesellschaft dringend Hilfe von engagierten Menschen brauchte, die die Situation der Freiheit und Demokratie von außerhalb dieser so strukturierten Gesellschaft erkennen und benennen konnten.

Nach einigen Monaten sind wir von diesem Hotel weggebracht worden. Wir sollten außerhalb der Stadt leben, weil unsere Anwesenheit in der Stadt ungewollt war und viel Unruhe in der Bevölkerung gestiftet hat. Die ständigen Polizeipatrouillen in unserer Umgebung, wo wir untergebracht waren, waren für mich kein ungewöhnliches Bild – es war wie zu Hause. Das sah meiner Vergangenheit ähnlich oder noch schlimmer, weil, diesmal waren die Polizisten weißer Hautfarbe. Dieser farbige Kontrast plus alle Schikanen der Ausländerpolizei machten für mich ein reduziertes Bild einer bestimmten Stufe der Diskriminierung, die aber wohl nicht zu vergleichen ist mit dem Regime im südlichen Afrika.

Jeden Tag fragte ich mich, wäre es nicht besser gewesen, zu Hause geblieben zu sein? Dann lautete eine präzise Antwort: Es ist besser, daß ich das auch erlebe und überhaupt aus der Erfahrung hier die Existenz besser verstehe. In mir lief alles durcheinander.

Ausländer in Deutschland zu sein, ist schon schlimm genug, aber als Asylant hier zu sein, muß man vermeiden, noch dazu «Neger» zu sein, ist das allerletzte, was man sich erlauben kann. Wenn ich mich erinnere, wie in den Geschäften es mir nicht erlaubt war, den Pullover zu bekommen, den ich wollte, weil das Papier, was ich vom Sozialamt erhalten hatte, mit 30 DM Wert für einen Pullover ausgeschrieben war. Ich durfte nicht zwei bekommen, obwohl sie insgesamt nur 28 DM kosteten, weil auf dem Papier nur von einem Pullover die Rede war. Als ich mich mit meinem schlechten Deutsch äußern wollte, bin ich von den Verkäufern dieses Geschäftes beschimpft worden, für mich gab es keine Verteidigungsmöglichkeit, ausgeliefert wie ich war, und so erniedrigt und unfähig, etwas zu unternehmen, wurde mir schlecht. Gezwungen wie ich war, mußte ich diese Szene im Laufe der Zeit öfter wiederholen. Dieses als ein Beispiel von vielen. Solche unmenschliche Praxis kam in meinem Leben nie in Frage vor meiner Flucht in die BRD. Seit dieser neuen Periode meines Lebens gibt es nichts besonders Positives zu vermelden.

(Aus der Zeitschrift Salz der Erde 2/86)

Heiko Kauffmann

Abschreckung statt Hilfe

«Politisch Verfolgte genießen Asylrecht» – so heißt es in Artikel 16 Abs. 2 Satz 2 des Grundgesetzes. Dies ist eine eindeutige und schrankenfreie Bestimmung, den Ausländern, die Schutz vor politischer Verfolgung suchen, vorbehaltlos dieses Grundrecht auf Asyl zu gewähren.

Kein anderer Grundrechtsartikel ist so unmittelbar aus den Erfahrungen des Dritten Reiches, durch das Millionen von Menschen verfolgt und heimatlos wurden, hervorgegangen wie Art. 16 GG. Dieser Artikel ist von den Verfassungsvätern mit der politischen und humanitären Absicht in die Verfassung aufgenommen worden, in Erinnerung an die eigene Geschichte einen umfassenden Schutz für politische Flüchtlinge und verfolgte Minderheiten zu begründen.

Dieser Schutz und die versprochene humanitäre Hilfe stehen heute zur Bewährung – angesichts einer Zahl von weltweit 15 Millionen Flüchtlingen, die ihre Heimat wegen politischer, rassischer, religiöser Verfolgung, wegen Vertreibung, Kriegs- und Bürgerkriegswirren, Hungersnöten und wirtschaftlichen Katastrophen verlassen mußten.

Diese Menschen verdienen unsere Hilfe und unseren Respekt – nicht aber Beschimpfungen und Diskriminierungen. Kassandra-Rufe über eine angebliche «Asylantenflut» in der Bundesrepublik oder vom steigenden Mißbrauch des Asylrechts dienen einer gefährlichen Stimmungsmache gegen die Flüchtlinge, sollen latente Ängste in der Bevölkerung schüren und versuchen den Eindruck zu erwecken, das Recht auf Asyl müsse weiter eingeschränkt werden.

Dieses unverantwortliche Gerede einiger Politiker läßt sich durch Zahlen und Fakten widerlegen.

Tatsächlich lebten 1985 weniger als 90000 anerkannte Flüchtlinge in unserem Land. Die gegenwärtige Zahl der Asylsuchenden ist im internationalen Vergleich keineswegs beunruhigend. Mehrere arme Länder der Dritten Welt nehmen eine vielfache Zahl von Flüchtlingen auf, und selbst in Westeuropa steht die Bundesrepublik nicht an vorderer Stelle. Nach Zahlen des Hohen Flüchtlingskommissars kommen auf jeweils 1000 Einwohner zum Beispiel im Sudan 41,7 Flüchtlinge, in Pakistan 36, in Somalia 14,15 Flüchtlinge, in Schweden 5,15, in Frankreich 2,95, in der Schweiz 4,98, in der Bundesrepublik aber nur 1,91 Flüchtlinge.

Auch die Zunahme der Anerkennungsquote des Bundesamtes widerlegt das Argument vom Mißbrauch des Asylrechts. Sie lag 1985 weit über 30%, bei mehreren Ländern der Dritten Welt sogar zwischen 60 und 90%. Aber auch die Ablehnung eines Asylantrags sagt nichts über einen Asylmißbrauch aus; die überwiegende Mehrzahl der Asylbewerber hat so triftige Fluchtgründe, daß sie auch im Falle der Ablehnung ihres Asylantrages ein Bleiberecht in der Bundesrepublik aus humanitären Gründen erhalten. Dies zeigt, daß die große Mehrheit der Asylbewerber aus Ländern kommt, in denen ihnen im Falle der Rückkehr Gefahr für Leib und Leben droht.

So kam zum Beispiel 1984 bei 66,8% der Asylbewerber eine Abschiebung auch dann nicht in Betracht, wenn ihr Asylantrag abgelehnt wurde. In diesem Zusammenhang ist auf die Entschließung des Deutschen Bundestages vom 25. Juni 1978 hinzuweisen (BT-Drs. 8/1945):

> «Es muß gemeinsam mit den Ländern geprüft werden, inwieweit Schutzsuchenden aus Bürgerkriegs- und anderen Krisengebieten, die nicht asylsuchend im engeren Sinne sind, im Rahmen der Möglichkeiten der Bundesrepublik Deutschland vorübergehende Hilfe nach den allgemeinen Vorschriften des Ausländerrechts gewährt werden kann, ohne sie auf das für sie regelmäßig aussichtslose Asylverfahren zu verweisen.»

Im übrigen sind die offiziellen Zahlenangaben der Bundesregierung von angeblich über 600000 Flüchtlingen in der Bundesrepublik erheblich überhöht und irreführend, was die Kirchen und Wohlfahrtsverbände auch in einer deutlichen Kritik an diesen Zahlen sowie an den Methoden ihrer Ermittlung zum Ausdruck brachten. (Vgl. Beitrag von Wolfgang Schuth in diesem Band, S. 43ff)

Nicht der Mißbrauch – der Gebrauch soll verhindert werden

Trotz der besonderen Verpflichtungen der Bundesrepublik Deutschland gegenüber den Flüchtlingen sind ihnen seit 1980 durch die sogenannten Beschleunigungsgesetze und das Asylverfahrensgesetz Erschwernisse und Anforderungen aufgebürdet worden, die das ur-

sprüngliche Ziel einer großzügigen, weitherzigen Asylgewährung (Bundesverfassungsgericht 9, 180) auf den Kopf stellen. Von der Zielsetzung her geht es darum, wie ein Richter kritisierte, «sich der Flüchtlinge schnellstmöglich zu entledigen, indem man nicht nur das Verfahren bis unter die Grenze eines rechtsstaatlichen Minimums beschneidet, sondern gleichzeitig die Lebensbedingungen der Flüchtlinge möglichst unerträglich gestaltet ...» (Percy Mac Lean)
Zu diesen Erschwernissen gehören u. a.:

- Visumzwang: Schon 1980 wurde für die Hauptfluchtländer Visumzwang eingeführt (Afghanistan, Äthiopien, Bangla Desh, Indien, Pakistan, Türkei, Sri Lanka). Das bedeutet: Ohne Visum kann kein Flüchtling sein Land mehr per Flugzeug in die BRD verlassen. Der Visumzwang dient als Instrument zur Verhinderung der Einreise von Flüchtlingen, einmal abgesehen davon, daß auch das Aufsuchen einer deutschen Auslandsvertretung für politisch Verfolgte mit Lebensgefahr verbunden sein kann.
- Grenz- und Ausländerbehörden können nach dem seit 1982 geltenden Asylverfahrensgesetz Flüchtlinge zurückschicken, wenn sie seinen Asylantrag für «unbeachtlich» halten; unbeachtlich ist er zum Beispiel, wenn die Grenzbehörde zu der Auffassung gelangt, der Flüchtling habe bereits dauerhaft Schutz vor Verfolgung in einem anderen Land gefunden, d. h.: fachlich nicht kompetente Stellen entscheiden im Schnellverfahren über Sachverhalte, die auch an Gerichtsinstanzen hohe Prüfungsanforderungen stellt. Durch das erhöhte Risiko von Fehlentscheidungen wird das Leben vieler Flüchtlinge in Gefahr gebracht.
- Grundrechtsunterlaufungen durch Einschränkungen und Kürzungen des Rechtsweges: Auch der Weg des Flüchtlings, der es geschafft hat, seinen Asylantrag ordnungsgemäß bei der Ausländerbehörde zu stellen, in deren Bezirk er sich aufhält, ist mit Stolpersteinen und «Fristenfallen» bestückt, die ihn als Rechtsunkundigen verwirren und verunsichern. So ist nach dem Asylverfahrensgesetz von 1982 dem Bundesamt die Möglichkeit gegeben, einen Asylantrag als offensichtlich unbegründet mit der Wirkung abzuweisen, daß der Antragsteller sofort abgeschoben werden kann. Ohne die sofortige Einschaltung eines Anwalts ist ein Flüchtling kaum mehr in der Lage, die nötigen Rechtsmittel fristgemäß einlegen zu können.

In Art. 1 des Grundgesetzes (Art. 1 Abs. 1 GG) heißt es:

«Die Würde des Menschen ist unantastbar. Sie zu achten und zu schützen ist Verpflichtung aller staatlichen Gewalt.»

Im räumlichen Geltungsbereich des Grundgesetzes werden die Verfassungsartikel, die für ein menschenwürdiges Dasein ohne Rücksicht auf die Staatsangehörigkeit notwendig sind, allen Menschen zugestanden. Die genannten Maßnahmen verletzen und mißachten diesen Verfassungsgrundsatz nach Ansicht von terre des hommes in elementarer Weise. Mit dem Art. 16 ist auch eine rechtsstaatliche Verfahrensgarantie verbunden, welche Verstöße gegen die Menschenwürde nicht dulden kann, wie sie in den genannten Abschreckungsmaßnahmen gegen Flüchtlinge zum Ausdruck kommen.

Sollte der 1985 vom Bundesrat vorgelegte Gesetzentwurf zur Änderung des Asylverfahrensgesetzes oder die im Sommer 1986 vorgeschlagenen Verschärfungen im Bundestag eine Mehrheit finden, wäre die Substanz des Art. 16 unterminiert. Die darin u. a. enthaltenen Vorschläge – etwa das bisherige, auf zwei Jahre befristete Arbeitsverbot für Asylbewerber auf die gesamte Dauer des Asylverfahrens auszudehnen, die Asylberechtigung durch Überprüfungsverfahren zeitlich zu begrenzen, den Visumzwang zu erweitern, Flüchtlingen aus kriegerischen Konflikten und allgemeinen Notsituationen die Hilfe zu versagen und durch Änderung des Art. 14 des Ausländergesetzes den Schutz vor Abschiebung für Flüchtlinge aufzuheben, die bisher ein humanitäres Bleiberecht hatten – laufen auf eine völlige Demontage des Grundrechts auf Asyl hinaus.

Neben den rechtlichen Einschränkungen verbirgt sich hinter den sog. «flankierenden Maßnahmen» eine Fülle von Demütigungen und Schikanen wie die Zwangsunterbringung von Asylbewerbern in Sammellagern, Arbeitsverbot für zwei Jahre, eingeschränkte Bewegungsfreiheit und räumliche Aufenthaltsbeschränkung, Kürzung der Sozialhilfe und Versagung anderer Sozialleistungen nach § 120 Abs. 2 BSHG, die Einschränkung des Grundrechts der körperlichen Unversehrtheit (§ 37 AsylVfG), Streichung von Kindergeld, Streichung von Deutsch-Kursen, Aufhebung der Schulpflicht, Streichung aller Maßnahmen, die eine Integration fördern könnten usw., usw.

Sammellager – menschenunwürdige Unterbringung

Im Asylverfahrensgesetz von 1982 wurde festgelegt, daß «Ausländer, die einen Asylantrag gestellt haben, ... in der Regel in Gemeinschaftsunterkünften untergebracht werden (sollen)» (§ 23 AsylVfG). Während es sich jetzt um einen Ermessensspielraum der Bundesländer handelt, soll diese Regelung nach dem Entwurf des Bundesrates für alle Bundesländer verbindlich werden.

Wenn die Flüchtlinge oft nach Monaten der Entbehrungen und Leiden, geprägt durch die Fluchterlebnisse, in der Bundesrepublik auf Schutz und Hilfe hoffen, werden sie in Großlagern untergebracht, deren Alltag vom Zwangscharakter einer totalen Institution, durch restriktive Maßnahmen und durch völlige Fremdbestimmung gekennzeichnet ist.

In den meisten Lagern herrscht Überbelegung. Oft dienen notdürftig hergerichtete Baracken, ehemalige Kasernen, Krankenhäuser und Schulen mit unzureichenden Heizmöglichkeiten und ungenügenden sanitären Anlagen als Unterkunft. Menschen aus unterschiedlichsten Kulturkreisen mit unterschiedlichsten Sitten, Gebräuchen und Umgangsformen werden plötzlich auf engstem Raum zusammengelegt. Zwangsläufig muß es zu Spannungen und Konflikten im Lager zwischen Angehörigen verschiedener Kulturkreise kommen. Viele klagen über den Verlust ihrer Intimsphäre; niemand hat Gelegenheit, sich einmal zurückzuziehen. Auf Grund der hohen Belegungsdichte und der unterschiedlichsten Gewohnheiten der Bewohner in einem Raum treten bei vielen Schlafstörungen auf.

In der Horber Sammelunterkunft bewohnten z. B. zwölf bis fünfzehn Personen eine Wohnfläche von 80 qm (pro Person 5–7 qm), in Weiden müssen sich drei Junggesellen ein 13 qm großes Zimmer teilen, in Wernberg in der Oberpfalz steht für 40 Personen ein Bad zur Verfügung, in dem es nur zweimal in der Woche warmes Wasser gibt. Hier verstoßen viele Bundesländer ganz offen gegen ihre eigenen Prinzipien. So muß etwa ein Ausländer, der sich in Baden-Württemberg um eine unbefristete Aufenthaltserlaubnis bzw. eine Aufenthaltsberechtigung bemüht, eine Mindestwohnraumgröße von 12 qm pro Familienmitglied nachweisen, d. h., das Land Baden-Württemberg gesteht den Flüchtlingen nicht einmal die Wohnfläche zu, die es selbst den Ausländern als Nachweis für angemessenes Wohnen abverlangt. Diese Belastungen werden verstärkt durch erzwungene Untätigkeit infolge Arbeits- und Ausbildungsverbots und durch harte Lagerbestimmungen, die Beschränkung der Freizügigkeit, Berufseinschränkung, eingeschränkte Privatsphäre, ständige Beobachtung und Bewachung, Mangel an sinnvollen Beschäftigungsmöglichkeiten, Gemeinschaftsverpflegung, fehlende Kontakte zur örtlichen Bevölkerung usw. Seit 1981 sind Sprachkurse in den Unterkünften nicht mehr erlaubt, weil diese die Integration der Asylsuchenden erleichtern würden.

Alle diese Maßnahmen führen dazu, daß die Flüchtlinge mit steigender Aufenthaltsdauer zusehends ihre eigene Identität verlieren und mit der Zeit jegliche Initiative vermissen lassen. Nach Monaten oder Jahren des Lageraufenthaltes zeigen diese Menschen die typischen Hospitalismusschäden; sie sind nicht mehr oder nur noch schwer in der Lage, ihr Leben selbständig zu führen. Dies wirft auch schwerwiegende Probleme für den Verlauf ihres Verfahrens auf, besonders für die später anerkannten Asylberechtigten, die sich dann völlig hilflos in einer Situation wiederfinden, in der sie wieder ganz allein auf sich gestellt sind.

Die erzwungene Untätigkeit durch Fremdversorgung im Lager bezieht sich auch auf die Essenszubereitung. Die Gemeinschaftsverpflegung und das Kochverbot in den Sammelunterkünften verletzen die Würde, den Stolz und die Identität der Menschen; der Zustand des Wartens und der Hoffnungslosigkeit verstärkt sich; viele verlieren durch die anerzogene Unselbständigkeit jegliche Kraft und Energie für ein eigenständiges Handeln; sie reagieren apathisch, depressiv, mit Resignation und Verzweiflung; Kochen und Essen bedeutet den Menschen aus der Dritten Welt zu einem Teil Verwirklichung von Kultur, oftmals stärker als bei uns, und Bestätigung der eigenen Identität; hier drückt sich die Zusammengehörigkeit der eigenen Familie aus; die Mahlzeiten werden zu intensiven Gesprächen genutzt, hier findet sich die Familie zur Erörterung intimer familiärer Ereignisse, zur Ausübung ihrer Religion und zum gemeinschaftlichen Beisammensein in Freude, Hoffnung, Nachdenklichkeit und Trauer wieder.

In vielen Sammellagern besteht das Essen in der Regel aus einem Frühstück, einem warmen Mittagessen und einem kalten Abendessen. Häufig werden die Eßgewohnheiten der Menschen aus der Dritten Welt nicht genügend berücksichtigt. In vielen Sammellagern erhalten die Flüchtlinge eine ganze Wochenration für Frühstück und Abendessen. Einmal in der Woche – unterschiedslos für Kinder ab zwei Jahren. So wurde z. B. in Weiden in der Oberpfalz Asylsuchenden ab zwei Jahren eine karge und völlig einseitig zusammengestellte vitaminarme Wochenration für Frühstück und Abendessen zugeteilt.

Die Fremdverpflegung greift tief in die Intimsphäre des einzelnen ein. Sie verstärkt noch die Sinnentleerung und ganze Inhaltsleere des Lageraufenthalts.

Die Flüchtlinge, die oft nach Monaten der Entbehrungen und Leiden die BRD erreicht haben und die anfangs – nach der ersten Zeit im Lager – voller Hoffnung auf eine Verbesserung ihrer Situation warten, verlieren diese mit der Dauer des Lageraufenthalts. Hoffnung und Zuversicht schlagen um in Frustration, Depression und Verzweiflung; die Flüchtlinge leben ohne Aufgabe und ohne Ziel; damit einher geht oft genug ein Persönlichkeitsverlust; viele verlieren den Zeitrhythmus und eine Zeitperspektive, sie klagen über innere Leere, was sich in der Vitalität ihrer Motorik, der Verlangsamung ihres Bewegungsablaufs äußert. Dies alles hat negative Auswirkungen auf ihr Asylverfahren: Viele sind nicht mehr in der Lage, Termine bei Behörden und Ärzten einzuhalten.

Statt intensive Informationen, notwendige Hilfe und oft auch dringend ärztliche Versorgung zu erhalten, werden die Menschen in Massenlagern zusammengepfercht, ohne Bewegungsfreiheit, ohne Kontaktmöglichkeiten zu ihrer Umwelt, ohne Lern- und Bildungsmöglichkeiten, ohne Arbeit und sinnvolle Freizeitbeschäftigung, ohne Geld und ohne Zuwendung. Nach oft menschenrechtsverletzender und menschenunwürdiger Behandlung in den Heimatländern werden sie bei uns, wo sie Zuflucht suchten, erneut schikanös unter Druck gesetzt, in Ungewißheit gehalten, mit Mißtrauen konfrontiert und ständiger Gängelei ausgesetzt.

Abschreckung schreckt nicht ab – sie macht krank

Die Wohn- und Lebenssituation, das erzwungene Nichtstun im Lager und die ausgedehnte Beschäftigungslosigkeit können nicht nur den Verlust beruflicher Qualifikationen zur Folge haben; schlimmer noch, sie bergen für viele Flüchtlinge krankmachende Faktoren, die zu psychosomatischen Auffälligkeiten und zu psychischen Dauerschäden führen können. Untersuchungen in der Thiepval-Kaserne, einem Sammellager für Flüchtlinge in Tübingen, ergaben signifikante Werte und Erscheinungsbilder, die mit den Berichten vieler Mitarbeiter in Betreuungsverbänden und Kirchen übereinstimmen.

Die Kette von Erniedrigungen, Demütigungen und Entwürdigungen, welche die Flüchtlinge auf Dauer ihrer Persönlichkeit beraubt, führt bei vielen zu depressiven Reaktionen:

- Traurigkeit, Niedergeschlagenheit, Apathie;
- Selbstanklagen, Schuldvorwürfe, verringertes Selbstwertgefühl, Gefühl des Unwertseins;
- Teilnahmslosigkeit, Gleichgültigkeit, Verlust eigener Initiativkraft und Aktivität;
- psychosomatische Symptome wie Schlafstörungen, Kreislaufstörungen, Konzentrationsstörungen;
- Todes- und Suizidgedanken.

Ehen gehen in die Brüche, Aggressionen gegen sich und andere entstehen, viele klagen über Ehe- und Erziehungsprobleme, Depressionen, Verfolgungswahn, zwanghafte Handlungen, Streitereien auch wegen Kleinigkeiten usw.

Die Wohn- und Lebensbedingungen im Lager fordern den Kindern Anpassungsleistungen ab, die sie ständig überfordern und sie in ihrer psychisch-sozialen Entwicklung stark gefährden können. Viele sind geprägt von Fluchterlebnissen oder traumatischen Eindrücken im Herkunftsland, die sich etwa in Verhaltensauffälligkeiten und Behinderungen zeigen.

Statt in diesen Fällen eine intensive Betreuung und therapeutische Maßnahmen zur Gesundheit der Kinder einzuleiten, die dringend erforderlich wären, verschärft sich ihre Situation noch durch den langandauernden Lageraufenthalt und den schlechten psychischen Zustand ihrer Eltern. Deren ungewisse Situation, ihre Depressionen und Aggressionen schlagen voll auf das psychische Befinden der Kinder durch; hinzu kommt die Feindlichkeit und Ablehnung der Umwelt, die soziale Isolierung in den Sammellagern, der ständige Wechsel von Personen, der feste, kontinuierliche Beziehungen verhindert, die ungünstige Atmosphäre und der streng geregelte Ablauf in der totalen Institution des Lagers. Die beengten Wohnverhältnisse machen den Kindern besonders zu schaffen, sie können ihren natürlichen Bewegungsdrang nicht ausleben. Der Mangel an Anregung, den Kinder in dieser belastenden Wohn- und Gettosituation erfahren, schränkt ihre Wahrnehmungs- und Erlebnismöglichkeiten stark ein. Auch das ständige Gebot von Ruhe und Ordnung, Stillsein und Rücksichtnahme richtet sich besonders gegen elementare Bedürfnisse von Kindern, die auf diese Belastungen mit aggressivem Verhalten, Zerstörungswut und Rücksichtslosigkeit reagieren, wenn sie sich einmal austoben können. Auch die Möglichkeit, sich sprachlich auszudrücken oder anderen mitzuteilen, ist sehr erschwert. In den Lagern sind häufig Kinder aus verschiedenen Ländern zusammen, von denen viele bei der Ankunft noch zu klein waren, um ihre Muttersprache richtig zu beherrschen. Da sie vielfach nur mit Erwachsenen und Kindern zusammenleben, welche die deutsche Sprache ebenfalls nicht beherrschen, können sie diese nur sehr ungenügend erlernen und bleiben letztlich in beiden Sprachen sehr verunsichert. Um soziales Verhalten in der Gruppe und die deutsche Sprache spielerisch erlernen zu können, wäre der Besuch der Flüchtlingskinder in deutschen Kindergärten und Kinderhorten dringend erforderlich.

In mehreren Bundesländern gibt es Erlasse der Innenministerien mit dem Inhalt, daß eine «Schulpflicht für Kinder von Asylbewerbern nicht stattfindet». Daher gibt es viele Flüchtlingskinder in Sammelunterkünften, die nicht zur Schule gehen.

Die in Europa einzigartige Abschreckungsmaßnahme des erzwungenen Aufenthalts in Sammellagern schädigt vor allem die Gesundheit und die Entwicklung der Kinder.

Politiker, die gern das Kindeswohl beschwören, nehmen die drohende Gemütsverarmung und die Verödung des sozialen Lebens von Flüchtlingskindern schweigend in Kauf.

Verweigerung medizinischer Hilfe – Krankheit wird von den deutschen Behörden in Kauf genommen

Obwohl viele Flüchtlinge als Folgen von Flucht und Entwurzelung traumatisierende Erlebnisse verarbeiten müssen, werden ihre Leiden durch soziale Ausgrenzung, durch die Belastungen des Lageralltags und die Erschwernisse des Asylverfahrens noch verstärkt. Besonders bei den Kindern ist eine erhöhte körperliche und psychische Krankheitsanfälligkeit evident.

Doch auch im Hinblick auf medizinische Hilfe und gesundheitliche Versorgung werden die Flüchtlinge in der Bundesrepublik Deutschland als Menschen zweiter Klasse behandelt.

> «Jeder hat das Recht auf Leben und körperliche Unversehrtheit.» (GG Art. 2 Abs. 2 S. 1).

Im Asylverfahrensgesetz von 1982 heißt es in § 37: «Das Grundrecht auf körperliche Unversehrtheit wird nach Maßgabe dieses Gesetzes eingeschränkt.»

Notwendige Krankenversorgung wird selbst auf die Gefahr hin versagt, daß die Krankheit sich verschlimmert.

Nach der Änderung des § 120 Abs. 2 des Bundessozialhilfegesetzes (BSHG) gehört die «Krankenhilfe» in den Bereich der Hilfe in besonderen Lebenslagen und ist damit für die Gruppe der Flüchtlinge eine «Kann-Leistung», deren Gewährung im Ermessensspielraum der Behörden liegt. So sehen z. B. die Ausführungsvorschriften des Berliner Senats dazu vor: «Krankenhilfe ist nur dann zu gewähren, wenn sie unabweisbar notwendig ist.» Die Praxis beweist, daß in vielen Fällen selbst unbedingt notwendige Krankenhilfe verweigert wird. So wurden lebensnotwendige Operationen (Entfernen von wandernden Patronen oder Bombensplittern) nicht vorgenommen. Schwangere Asylbewerberinnen erhielten in Berlin nur bei Risikoschwangerschaften einen Krankenschein. Kindern von Asylbewerbern wurden im bayerischen Hof notwendige Schutzimpfungen gegen Polio, Diphtherie, Tuberkulose und Masern verwehrt. Außerdem wurden schwangeren Asylbewerberinnen die entsprechenden Vorsorgeuntersuchungen und der Mutterpaß verweigert (dies konnte nur durch massive öffentliche Kritik und eine tdh-Initiative inzwischen geregelt werden).

Sechs Nürnberger Ärzte, welche die Wohn- und Lebensbedingungen eines Wohnheims in der Oberpfalz beklagt und festgestellt hatten, diese leisteten der Entstehung von Krankheiten Vorschub und seien eines zivilisierten Landes unwürdig, wurden von der Bezirksregierung wegen ihrer Kritik gerüffelt.

Die Verweigerung medizinischer Hilfe und die Einschränkung des Grundrechts auf körperliche Unversehrtheit für eine Gruppe von Menschen gehört zum Repertoire von Unrechtsregimen, Minderheiten zu unterdrücken und zu disziplinieren – für einen demokratischen und sozialen Rechtsstaat sind sie ein unbarmherziges, menschenverachtendes und niederträchtiges Zeugnis der Verletzung eigener Prinzipien und der Abkehr von der Menschenwürde.

Gekürzte Sozialhilfe – Leben unterhalb des Existenzminimums

Durch die Änderung des § 120 Abs. 2 des Bundessozialhilfegesetzes seit 1982 ist der Regelsatz für Asylsuchende auf das zum Leben Unerläßliche gekürzt worden. Außerdem soll die Hilfe danach so weit wie möglich als Sachleistung gewährt werden. Infolge dieser Regelung wurde in den meisten Bundesländern die Sozialhilfe um ca. 20 % gekürzt. Daraus ergaben sich gerade für Familien mit Kindern wieder ganz besondere Härten; so müssen auch die Eltern eines Säuglings oder eines Kleinkindes bis zu einem Jahr mit einem deutlich gekürzten Regelsatz auskommen, mit dem sie ihr Kind zu ernähren, zu kleiden und mit allen notwendigen Hygiene- und Pflegemitteln zu versorgen haben.

Diese pauschale Kürzung der Hilfe zum Lebensunterhalt für Flüchtlinge auf das zum Lebensunterhalt Unerläßliche widerspricht den Grundprinzipien des Bundessozialhilfegesetzes und dem Auftrag des Grundgesetzes, einen Sozialstaat zu schaffen und auch den Empfängern sozialer Leistungen «die Führung eines Lebens zu ermöglichen, das der Würde des Menschen entspricht» (BSHG). Die Gewährung der Hilfe in Sachleistungen wirkt schikanös, diskriminiert die Hilfsempfänger und ist zudem kostenintensiv.

Modellrechnungen haben ergeben, daß die Unterbringung von Asylsuchenden in Sammellagern erheblich teurer ist als eine private Unterbringung. Dies gilt auch für die Verteilung von Lebensmitteln oder fertigem Großküchenessen an Asylbewerber. Die private Unterbringung und Verpflegung von Flüchtlingen wäre nicht nur billiger, sie wäre vor allem menschlicher!

Dabei ist zu bedenken, daß erst nach der Einführung des zweijährigen Arbeitsverbots die Flüchtlinge gezwungen sind, Sozialhilfe in Anspruch zu nehmen; bis zur Einführung des Arbeitsverbots haben über 70 % von ihnen ihren Lebensunterhalt selbst verdienen können; die anderen wurden zum Großteil von der Familie mitversorgt.

Heute bleibt den Asylbewerbern oft nur ein ganz geringer Teil des jeweils geltenden Sozialhilfesatzes als Taschengeld – zwischen 40 und 70 DM im Monat (dies ist von Bundesland zu Bundesland verschieden).

Der sog. Warenkorb, der von der Konstruktion eines durchschnittlichen Mindestbedarfs für ein Leben auf dem Existenzminimum ausgeht, nach dem die Sozialhilfe-Regelsätze festgelegt werden – und der seit Jahren schon nicht hinreicht, den tatsächlichen Lebensbedarf deutscher Sozialhilfeempfänger zu decken –, ist für Asylbewerber nochmals gekürzt und eingeschränkt worden: Wozu benötigen Asylbewerber etwa auch Zeitungen, Briefpapier, Porto usw.

Die beträchtlichen Zusatzausgaben, die ein Asylbewerber hat, werden hingegen nicht berücksichtigt, z. B. Fahrten zu Ämtern (Sozialamt, Einwohneramt, Ausländerbehörde, zum Rechtsanwalt oder zu Beratungsstellen). Besonders einschneidend wirkt die Kürzung des Sozialhilfesatzes auf das zum Leben Unerläßliche im Falle einer anwaltlichen Vertretung während des Fortlaufs des Asylverfahrens. Die Kosten für einen Rechtsanwalt und für sachkundige notwendige Beratung können die Flüchtlinge von dem geringen Taschengeld kaum aufbringen. Dadurch ist der erforderliche Rechtsschutz und die notwendige Rechtshilfe für die Flüchtlinge von vornherein stark beeinträchtigt.

Das Bundesverwaltungsgericht hat in seinem Urteil vom 14. 3. 1985 (AZ.: 5 C 145/83) festgestellt, daß die Kürzung der Sozialhilfe um 20 % pauschal für Asylbewerber oder Ausländer rechtswidrig ist.

Um die Menschenwürde der Flüchtlinge in der Bundesrepublik nicht weiter durch Abschreckungsmaßnahmen zu verletzen, müssen die Kürzungen und Auszahlungen der Sozialhilfe in Sachleistungen, die Einschränkungen der Bewegungsfreiheit und das bestehende Arbeitsverbot aufgehoben werden!

Gegen die Politik der Stärke nach innen – für die Herstellung sozialer Gerechtigkeit

Wie beschrieben, hat sich die rechtliche und soziale Lage der Flüchtlinge in der Bundesrepublik seit einigen Jahren durch in Europa einzigartige Abschreckungsmaßnahmen dramatisch verschärft.

Niemand, der in der Bundesrepublik Zuflucht sucht, hat seine Heimat aus Übermut oder Leichtsinn verlassen.

Ein Zusammenpferchen von Menschen in Massenlagern – ohne Bewegungsfreiheit, ohne Kontaktmöglichkeiten mit ihrer Umwelt, ohne Arbeits- und Bildungsmöglichkeiten, ohne Geld und ohne Zuwendung bei totaler Fremdversorgung – ist menschenunwürdig und richtet Flüchtlinge psychisch und physisch vollends zugrunde.

Die Maßnahmen der Verschärfung und Abschreckung wurden alle damit begründet, auf diese Weise die Asylverfahren erheblich zu verkürzen und die Asylbewerberzahlen zu senken. Einmal abgesehen davon, daß dies nicht erreicht worden ist und damit diese Maßnahmen zur Lösung des Problems untauglich sind, sind weder Zweck, Flüchtlinge fernzuhalten, noch die Mittel (Lagerunterbringung, Arbeitsverbot etc.) der Abschreckung zu rechtfertigen:

> *Der Preis der Abschreckung ist der Verzicht auf Humanität und menschenwürdige Behandlung der Flüchtlinge.*

Statt auf ihre individuelle Notsituation einzugehen, wird rücksichtslos in Lagern über sie verfügt, werden vormals aktiv und bewußt handelnde Menschen oft über Jahre zur absoluten Passivität verurteilt, verwaltet und entmündigt. Hinzu kommt, daß unter den vorgegebenen Rahmenbedingungen und restriktiven Regeln des Lagerlebens Sozialarbeit behindert und unmöglich gemacht wird. Der Zwangscharakter von Sammelunterkünften, die völlige Fremdbestimmung, die Verhinderung eines positiven Gesamtklimas widersprechen diametral den Prinzipien und Zielen sozialer Arbeit wie Integration, Hilfe zur Selbsthilfe, Entwicklung von Eigeninitiative etc.

Die institutionellen Schranken eines Lagers, dessen restriktive Maßnahmen auf die Verhinderung von Integration und die Verschlechterung der Befindlichkeit und des Lebensgefühls der in ihm lebenden Menschen abzielen, gefährden jegliche systematische und methodische Sozialarbeit und verhindern dadurch, für die Menschen wirksame Verbesserungen durchzusetzen.

Die krankmachenden Faktoren der Wohn- und Lebenssituation der Flüchtlinge führen erst zu den Problemen, welche die Politiker in der Öffentlichkeit lautstark beklagen, den Asylbewerbern anlasten und die sie dann als Vorwand für weitere Verschärfungsmaßnahmen nehmen.

Flüchtlinge aus einem bayerischen Sammellager schrieben an die Bürger ihrer Gemeinde: «Wir sind nicht als Feinde zu Ihnen gekommen und nicht als Faulenzer, Verbrecher oder Bettler, wie so oft in der Zeitung gegen uns geschrieben wird ... Von den 63 DM Taschengeld im Monat ist es unmöglich zu leben, aber arbeiten dürfen wir nicht. Wir sind nicht hergekommen, um jahrelang in Sammellagern eingesperrt zu werden, um jahrelang gezwungen zu werden, an einem Ort zu leben, den wir nicht verlassen dürfen. Viele von uns könnten bei Freunden leben oder aber durch Arbeit eine eigene Wohnung finanzieren ... Unsere Hoffnung war, in einem Land aufgenommen zu werden, in dem die bürgerlichen Rechte, das Recht auf Asyl, das Recht auf Schutz vor Verfolgung geachtet werden. In einem Land, in dem Demokratie herrscht, in dem wir als Gäste aufgenommen werden, um hier so lange zu leben und zu arbeiten, bis wir wieder zurück in unsere Heimat können, das hofften wir.»

Es ist beschämend, daß Menschen, die nach Verfolgung und Verlust der Heimat, nach vielfachem Leid und Entbehrungen Zuflucht in der Bundesrepublik Deutschland erhoffen, hier oft über Jahre Bevormundung, Entrechtung und Mißachtung ihrer Menschenwürde ausgesetzt sind. Dies trifft besonders Familien mit Kindern.

Die in der ‹Charta des Kindes› verankerten Rechte und Garantien werden Flüchtlings-Kindern und -Jugendlichen weitgehend verwehrt und systematisch vorenthalten. Kinder und Jugendliche können ihre wertvollsten Fähigkeiten im besten Alter unter den Bedingungen des Lebens in Sammelunterkünften, bei unzureichenden Lern- und Betreuungsangeboten nicht entfalten.

Wir rufen die demokratische Offentlichkeit dazu auf, daran mitzuwirken, daß unsere Gesellschaft den besonderen Härten, Entbehrungen und Opfern des Flüchtlingsdaseins mit besonderen Hilfen und der gebotenen Achtung vor dem Schicksal der asylsuchenden Menschen in der Bundesrepublik entgegenkommt.

Einsatz für Frieden, Menschenrechte und Entwicklung in anderen Ländern der Welt wird unglaubwürdig, wenn Ausländern und Flüchtlingen bei uns Menschenrechte und minimale Bürgerrechte vorenthalten werden.

Frieden in einem sozialen Rechtsstaat ist kaum vorstellbar, wenn eine Gruppe von Menschen aus der sozialen Gemeinschaft ausgestoßen und diskriminiert wird, wie es bei uns momentan mit den Flüchtlingen geschieht.

Ausländerfeindlichkeit, Rassismus und Sündenbocksuche haben ihre Ursache immer in sozialer Ungerechtigkeit. Die Schikanen und Verschärfungen gegenüber den Ausländern und besonders den Flüchtlingen greifen schon heute auch die Interessen und Rechte von Deutschen selbst an. Wenn die Verfestigung und Verquickung von politischer Macht und vorurteilsbestimmter Politik gegenüber den Ausländern anhält, ist die demokratische Qualität unseres Staates unweigerlich in Frage gestellt. Wir alle sind heute aufgefordert, die Perspektiven und Intentionen der Grundgesetzväter im Hinblick auf Art. 16 GG zu verteidigen, für die Flüchtlinge in der Bundesrepublik Partei zu ergreifen und das Recht auf Asyl vor allen Versuchen einer Entwertung und Demontage zu schützen!

Literaturhinweise:

THOMAS REUTHER, HERRMANN UIHLEIN (Hg.): «Asyl-Anspruch, Praxis, Beratung»
Publikation des Deutschen Caritas-Verbandes
Bezugsadresse: Lambertus-Verlag, Postfach 1026, 7800 Freiburg
Freiburg im Breisgau 1985

CLAUDIUS HENNIG/SIEGFRIED WIESSNER (Hg.): «Lager und menschliche Würde – die psychische und rechtliche Situation der Asylsuchenden im Sammellager Tübingen», AS-Verlag, Pulvermühlstraße 3, 7400 Tübingen 1, Tübingen 1982

TESSA HOFMANN (Hg.): «Abgelehnt, Ausgewiesen, Ausgeliefert – Dokumentation zum Hearing über die soziale und rechtliche Lage der Asylbewerber in West-Berlin», erschienen in der «Reihe Pogrom» der «Gesellschaft für bedrohte Völker», Postfach 2024, 3400 Göttingen
Göttingen 1984

epd-Dokumentation: «Sie suchen Asyl in der Bundesrepublik», Beispiele für die Behandlung von Flüchtlingen in der Bundesrepublik, Heft 1 und 2
Hg: Evangelischer Pressedienst, Haus der Evangelischen Publizistik
6000 Frankfurt/Main 17 (1986)

Ärztegruppe-Asyl «Abschrecken statt Heilen – zur medizinischen Versorgung von Asylsuchenden»
Berlin 1986
zu beziehen über: Gesundheitsladen Berlin e. V., Gneisenaustr. 2, 1000 Berlin 61

ZAR-Dokumentation des nicht-offiziellen Berichtes aus dem Hause des UNHCR in Genf über die Lage der Asylbewerber in der Bundesrepublik Deutschland (sog. «Toscani-Bericht» vom 1. Juli 1983), abgedruckt in der Zeitschrift für Ausländerrecht 1/1984

III.

Asyllager
Inseln ohne
Menschenwürde

Lagerleben in Deutschland, Auszüge aus einer Dokumentation des Evangelischen Pressedienstes, zusammengestellt von *Ulrike Tremel*

«Die Schotten dicht»

Nach Artikel 16 Grundgesetz genießen politisch Verfolgte im Geltungsbereich des Grundgesetzes Asylrecht. Das Asyl kann jedoch nur vom Boden der Bundesrepublik aus beantragt werden.

Das Hauptproblem für viele Flüchtlinge besteht nun darin, die Bundesrepublik Deutschland erst einmal zu erreichen. Dieser Weg wird zunehmend zum berühmten Nadelöhr, da es derzeit das Bestreben der Bundesregierung ist, den «Asylantenstrom» einzudämmen.

Hier sollen einige der Schwierigkeiten von Asylsuchenden, einen Weg in die Bundesrepublik zu finden, dargestellt werden.

Flughafen Frankfurt/Main
Zahira Samina konnte nicht zu ihrem Mann kommen

Einem Bericht des kirchlichen Flughafen-Sozialdienstes in Frankfurt zufolge durfte Frau Zahira Samina aus Pakistan bei ihrer Ankunft am Flughafen Frankfurt am Main am 11.8.1984 den Transitraum nicht verlassen und wurde noch am selben Tag nach Pakistan zurückgeflogen:

«Am Freitag, 10.8.1984, erschien bei uns im Kirchlichen Sozialdienst-Büro Herr Abdul Latif, als Asylbewerber wohnhaft im Lager Schwalbach, Haus Nr. 2, Zimmer Nr. 14, um uns für Samstag, 11.8.1984, seine Ehefrau Zahira Samina und seinen ca. 5 Jahre alten Sohn anzukündigen, die am Samstagmorgen mit Philippine Airlines, Flug PR 734, um 7.50 Uhr aus Karachi ankommen sollten. Wie Herr Abdul Latif uns beteuerte, sei seine Frau genügend vorbereitet gewesen wegen der Asylgesuch-Prozedur am Frankfurter Flughafen und wüßte durchaus selbständig ihr Asylbegehren zu äußern.

Nach Dienstantritt am Samstagmorgen konnte ich erst nach 10.00 Uhr, nachdem die Maschine aus Karachi längst angekommen war, nach dieser möglichen Asylbewerberin fragen. Beim BGS (Bundesgrenzschutz) bekam ich jedoch auf meine diesbezüglichen Fragen abschlägigen Bescheid, so daß ich langsam bezweifelte, daß Frau Samina mit ihrem Sohn überhaupt angekommen sei.

Als Herr Latif bei seinen erneuten Rückfragen gegen Mittag uns sagen konnte, daß er seine Frau mit dem Jungen hinter der Paßkontrolle (Eingang) im Transitraum kurz gesehen hatte, machte ich mich mit einem Foto von Frau Samina Z. auf den Weg in den Transit, um dort nach ihr zu forschen, fand sie dann aber leider nicht.

Zwischen der Mittagsversorgung einer bereits am Vortag angekommenen Flüchtlingsfamilie und der Abendessenausgabe gegen 17.30 Uhr fragte ich noch mehrmals nach der möglicherweise asylsuchenden pakistanischen Ahmadi-Anhängerin (Ahmadis = Mitglieder einer Religionsgemeinschaft in Pakistan, Anm. d. Verf.), was jedoch jedesmal verneint wurde. Bis in den späten Nachmittag hinein waren sowohl Herr Latif als auch ich in dem Glauben, daß seine Frau noch immer nicht den Weg zum Bundesgrenzschutz gefunden bzw. genommen hatte. Ein Rechtsanwalt war auch nicht zu erreichen, den wir hätten vorsorglich mit einbeziehen können.

Erste Zweifel an den Aussagen des BGS stellten sich erst im Laufe einer Besprechung mit Pfr. Gutberlet über diese Angelegenheit um ca. 17.40 Uhr ein: Pfr. Gutberlet war gerade von der Betreuung gemeinsamer Klienten zurückgekommen und bot seine Hilfe Herrn Latif in unserem Büro an. Bei einem Gang zum BGS, Geschäftszimmer B, stellten wir dort fest – inzwischen war nach Schichtwechsel dort der Spätdienst im Einsatz –, daß Frau Zahira Samina sehr wohl bekannt war und gerade nach Karachi mit PR 735 um 18.05 Uhr unwiderruflich zurückgeschoben werden sollte, wogegen wir beide lauthals protestierten. Selbst der Hinweis Pfr. Gutberlets auf die unmittelbare Bedrohung aus religiösen Gründen der rückkehrenden Mrs. Zahira S. stieß auf taube Ohren. Einzige lapidare Erklärung auf unsere ständigen Fragen nach dem Warum und Weshalb in der Zurückweisung war: ‹Von ‹Asyl› hat sie überhaupt nichts gesagt!› Trotz größten Protests meinerseits wurden Frau Zahira S. und Sohn mit PR 735 um 18.05 Uhr nach Karachi zurückgeflogen.» (aus: Bericht des Flughafen-Sozialdienstes v. 13. 8. 1984)

Die Notiz des Evangelischen Flughafenseelsorgers, Pfarrer Gutberlet, zu diesem Vorfall am 11. August 1984 gibt ein Bild über die Behandlung des Ehemannes von Frau Samina, Herrn Abdul Latif, durch die deutschen Grenzschutzbehörden:

«Herr Abdul Latif, am Ende seiner Kräfte und Nerven, bat mich eindringlich, doch etwas für Frau und Sohn zu unternehmen. Er gab mir Namen und Geburtsjahr seiner Ehefrau Zahira Samina (geb.

1959) und seines Sohnes Hammad (geb. 1979) in Pakistan, unterstrich mit tränenerstickter Stimme die gefährliche Lage der Ahmadiya in Pakistan und wiederholte, daß er über die Ankunft von Frau und Sohn am Samstagmorgen verläßliche Nachricht habe. Herr Latif zeigte mir schließlich seinen ‹Ausweis zur Aufenthaltsgestaltung ...› der hessischen Gemeinschaftsunterkunft Schwalbach. Daraus ging hervor, daß Herr Latif seit dem 27.05.1984 in der BRD ist, Asyl beantragt hat und seit dem 12.06.1984 diesen ‹Ausweis› aus Schwalbach besitzt, der bis zum 12.12.1984 gültig ist. Ich versprach, mich für Frau und Sohn beim BGS einzusetzen.

Als ich gegen 18.00 Uhr mit Frau S. (vom Flughafen-Sozialdienst, Anm. d. Verf.) ins BGS-Geschäftszimmer B kam, trug ich den Beamten das Anliegen einer Begegnung bzw. Familienzusammenführung vor. Ich schilderte ihnen die Situation:

Der Ehemann beim Flughafensozialdienst – Ehefrau und Sohn in den Räumen des BGS im Transit, ohne die Möglichkeit, miteinander zu sprechen! Einer der BGS-Beamten, Herr Müller, erklärte, daß Frau Zahira Samina nur nach ihrem Ehemann gefragt habe, der BGS Herrn Latif jedoch nicht ausfindig machen konnte ...

Auf meinen Einwand, daß der BGS bei den Kirchlichen Diensten hätte nachfragen können (zumal Herr Latif seit 10.00 Uhr beim Flughafensozialdienst auf Ehefrau und Sohn wartete) und man für weitere Erkundigungen die Frau und den fünfjährigen Sohn bis Montag hätte behalten können, wurde entgegnet: ‹Wie viele Menschen soll man denn noch beherbergen?› Und außerdem sei ‹der Fall› durch die Beamten der Frühschicht seit Mittag ‹abgeschlossen› und die beiden ‹sind schon in der Luft!› Ich mußte einsehen, daß meine Enttäuschung und Wut über diese Zurückweisung gegenüber den anwesenden Beamten zwecklos und unangebracht war, und verließ mit Frau S. nach gut 20 Minuten erfolglosen Plädierens das BGS-Geschäftszimmer B. Auf dem Rückweg zum Flughafensozialdienst blieb auch mein Versuch ohne Erfolg, diesen ‹Fall› der BGS-Leitung vorzutragen: Es war kein Vorgesetzter mehr in den BGS-Büros! Im Büro des Flughafensozialdienstes fand ich einen völlig niedergeschlagenen Ehemann und Vater Latif vor, der Frau und Sohn sogar kurz gesehen hatte, aber nun die Bestätigung dafür erhielt, daß seine beiden Familienangehörigen nach Karachi zurückflogen! Ich konnte ihn nur damit zu beruhigen versuchen, daß wir alles tun würden, um diesem ‹Fall› nachzugehen.

Beim Besuch in der Hess. Gemeinschaftsunterkunft Schwalbach am Dienstag, 14.08.1984, erfahre ich von Asylbewerbern aus der Gruppe der Ahmadiya folgendes: Herr Latif ist Anfang dieser Woche nach Braunschweig ‹verlegt› worden ...»

Derartige Zurückweisungen von Ahmadi-Anhängern haben sich nicht nur einmal ereignet.

So wurden am 11.7.1984 am Flughafen in Frankfurt/Main 16 pakistanische Asylbewerber vom Flughafen-Sozialdienst erwartet:

«Am 11.7.1984 erwarteten wir Kollegen des Flughafensozialdienstes am Gate B 40 sechzehn Asylbewerber, deren Namen vorher dem Sozialdienst bekannt waren. Es kamen aber an diesem Tag 31 Pakistani hier an. Der BGS-Beamte, Herr Katzenberger, bekam vom Verkehrsleiter vom Dienst (FAG) ein Gate reserviert, zu dem sowohl den Anwälten der Angehörigen, die Asylbewerber erwarteten, als auch den Mitarbeitern des Flughafensozialdienstes der Zugang verweigert wurde. Die sechzehn erwarteten Asylbewerber waren so von uns nicht identifizierbar. Die aufgeregten Angehörigen ließen sich von uns nur schwer beruhigen. Schließlich wurden alle Neuankömmlinge vom BGS in einem Bus ins Lager Schwalbach transportiert, ihre Asylanträge wurden erst dort im Schnellverfahren bearbeitet.» (aus: Situationsbericht des Flughafen-Sozialdienstes v. 23.7.1984)

Zwei Tage später, am 13.7.1984, sollte eine weitere Gruppe von drei Ahmadis am Flughafen Frankfurt/Main eintreffen:

«Drei Pakistani werden von Rechtsanwalt W. mit der Lufthansa-Maschine aus Karachi um 7.55 Uhr erwartet. Zielort des Tickets ist London, sie müssen also hier umsteigen, da die LH-Maschine nur bis Frankfurt fliegt. Unser Kollege Z. erhält am Gate der nächsten Maschine nach London vom BGS keinerlei Auskunft über drei uns namentlich bekannte Pakistani. Der Leiter des BGS, Herr Both, erklärt später auf Fragen, daß er heute morgen einige Pakistani ‹nicht hereingelassen, sondern weitergeschickt› habe.»

Der Kommentar des Bundesinnenministeriums zu diesem Vorfall war folgender:

«Zu Ihrem Schreiben habe ich mir vom Grenzschutzamt Saarbrükken/Frankfurt berichten lassen.

Danach haben am 13.7.1984 keine pakistanischen Staatsangehörigen gegenüber dem Bundesgrenzschutz erklärt, Asyl beantragen zu wollen.» (aus: Antwortschreiben des Bundesministeriums des Innern an amnesty international v. 29.8.1984)

Die drei Pakistani kamen noch am selben Tag wieder zurück nach Frankfurt und wurden nun als Asylbewerber akzeptiert. Einer von ihnen verkraftete die Irrfahrt allerdings nicht gut:

«Nachdem von den kirchlichen Diensten am Flughafen Kontakt mit der Londoner Airport-Chaplaincy und der britischen Immigrationsbehörde stattgefunden hat, kommen die drei Pakistani am Nachmittag aus London wieder zurück nach Frankfurt. Die BGS-Beamten gehen mit diesen Wieder-Ankömmlingen nicht zimperlich um, stoßen sie in den BGS-Bus und bringen sie in das Geschäftszimmer B. Einer der drei Flüchtlinge, der offenbar in schlechter physischer und psychischer Verfassung ist, bricht im Geschäftszimmer zusammen, so daß der Noteinsatz der Flughafenklinik alarmiert werden muß. Tags darauf wird dieser Pakistani in die Städtische Klinik in Frankfurt-Höchst eingeliefert. Die beiden anderen Ahmadis aus Pakistan werden als Asylsuchende akzeptiert.» (aus: Situationsbericht des Flughafen-Sozialdienstes v. 23. 7. 1984)

Weitere Vorfälle ähnlicher Art folgten am 21., 22. und 25. Juli 1984, jeweils mit dem Ergebnis, daß es nur einzelnen aus den Gruppen von pakistanischen Ahmadis gelang, wirksam einen Asylantrag am Flughafen Frankfurt/Main zu stellen. Die anderen scheiterten an der Praxis des Bundesgrenzschutzes.

Frau Samina selbst war es an diesem Tag im Frankfurter Flughafen ebenfalls schlecht ergangen, wie sie es in einem Brief an ihren Mann nach ihrer Zurückweisung schilderte:

«... Das war der schrecklichste Tag meines Lebens. Sie haben mich so schlecht behandelt, daß ich immer noch erschrocken bin. Sie nahmen mich von einem Zimmer zum anderen. Ich weiß nicht mehr wie oft. Dann nahmen sie meinen Flugschein und den Paß. Machten Fotokopien. Ich wurde in ein Zimmer gebracht, wo ich den ganzen Tag habe sitzenbleiben müssen. Hammad war sehr müde. Er hat die ganze Zeit geweint. Er hatte Magenschmerzen. Aber sie nahmen keine Rücksicht auf das kleine Kind. Wir haben sogar kein Wasser zum Trinken bekommen. Wir waren so schwach, daß ich sagte, ich kann heute nicht mehr zurückfliegen. Immer wenn ich sagte, ich will zu meinem Mann, schimpften sie und sagten ‹sei ruhig›. Sie haben mich überall und die ganze Zeit überwacht. Ich durfte sogar nicht allein auf die Toilette. Sie waren immer dabei, und sie haben mich ins Flugzeug gezwungen. Ich habe gesagt, mein Kind ist krank, aber sie warfen Augenblicke auf mich, daß ich erschrak. Ich dachte, sie würden was Schlimmeres gegen mich machen, so habe ich dann den Mund gehalten. Gott sei Dank, daß ich nach Hause gekommen bin, ohne meine Ehre zu verlieren. Als ich in Karachi ankam, war es 3 Uhr in der Nacht. Keiner zu Hause hat was über meinen Rückflug gewußt. Es war ein Glück, daß ich um 8 Uhr am nächsten Morgen meinen Onkel am Flughafen getroffen habe. Er war nur zufällig da. Zuerst die Ausreise von hier war auch nicht einfach ... Glaube mir, ich kam um 8 Uhr in Frankfurt an, und bis 6 Uhr abends habe ich keinen Schluck Wasser zum Trinken bekommen.

Wenn ich an den kleinen Hammad denke, tut es mir sehr leid. Ich möchte nicht, daß so ein Tag noch mal in meinem Leben wiederkommt. Meine Ausreise hatte auch viel Geld gekostet. Mein Vater hat sich in diesem heißen Wetter soviel Mühe gegeben, daß er krank wurde. Ich habe gehört, ich werde nie ein Visum für Deutschland bekommen. Dort in Frankfurt habe ich geweint und die Leute (Grenzschutz) gebeten, mich dort zu behalten und zu Dir zu schicken. Ich weiß nicht, wann sie für mich einen Platz gebucht haben. Ich wollte Dich anrufen, aber ich durfte es nicht. Ich kann Dir nicht erzählen, wie wir dort behandelt wurden. Dort war noch eine Frau aus Rabwah (Pakistan, Anm. d. Verf.). Sie erzählte mir, sie wurde einen Tag zuvor nach London geschickt, und auch in London durfte sie nur zwei Tage bleiben. Sie wurde auch nach Pakistan geflogen.

Die Frau, von der Du mir erzählt hattest, war gekommen und sie hatte auch mit mir gesprochen (wahrscheinlich Mitarbeiterin des Sozialdienstes). Aber sie schickten mich in ein anderes Zimmer. Sie wollten nicht, daß ich mit dieser Frau spreche. Ich war in dem Moment hoffnungsvoll, aber die miesen Kerle halfen mir nicht. Ich hatte gesagt, daß ich für Asyl gekommen war. Aber sie sagten, Du wärst nicht dagewesen. Ich hatte gesagt, daß mein Mann draußen auf mich wartet. Sie sagten, sie hätten mehrmals über Lautsprecher aufgerufen, aber Du wärst nicht da. Ich hasse dieses Volk.

Ich weiß nicht, wie Du es jetzt weitermachen würdest...

Samina»

(Sinngemäße Übersetzung aus der Urdu-Sprache)

Erst in einem zweiten Anlauf kurze Zeit später gelang es Frau Zahira Samina, einen wirksamen Asylantrag zu stellen. Sie wurde am Flughafen Frankfurt/Main vom Bundesgrenzschutz «in Ehren empfangen» – nachdem der kirchliche Flughafensozialdienst verschiedene Stellen, u. a. auch den UNHCR (= Hoher Flüchtlingskommissar der Vereinten Nationen) eingeschaltet hatte. Frau Samina kam dann im normalen Asylverfahren zunächst ins Lager Schwalbach/Hessen und wurde schließlich nach Braunschweig zu ihrem Mann verlegt.

Im Lager

Während des Asylverfahrens

«Asylbewerber sind in der Bundesrepublik Deutschland keinen abschreckenden Maßnahmen gesetzlicher oder verwaltungstechnischer Natur unterworfen.» (Bundestags-Drucksache 10/1802)

Diese positive Einschätzung der Situation von Asylbewerbern gab der Bundesminister des Innern am 16. 7. 1984.

Doch wie sieht es in der Praxis heute aus mit dem Recht auf politisches Asyl für den, bei dem es noch nicht anerkannt wurde? Dieses Kapitel soll Aufschluß darüber geben.

Was heißt Leben im Lager?

Seit dem Asylverfahrensgesetz von 1982 werden alle Asylbewerber in West-Berlin und in der Bundesrepublik quotenmäßig über die Bundesländer verteilt. Außerdem sollen die Asylbewerber nach § 20 Asylverfahrensgesetz in «Sammelunterkünften» untergebracht werden. Dies ist insbesondere in Süddeutschland, vor allem in Bayern und Baden-Württemberg, die Regel.

Dr. Franz Hengsbach, der Vorsitzende der Kommission für weltkirchliche Aufgaben der katholischen Deutschen Bischofskonferenz, erklärte zu den Folgen der oft Monate, ja Jahre dauernden zwangsweisen Unterbringung in Massenunterkünften in einem Interview am 9. April 1984:

«Die Errichtung von Großlagern, in denen Asylbewerber ohne Arbeit und ohne sinnvolle Tätigkeit, oft mit Frau und Kindern und zuweilen Jahre bis zum Abschluß des Asylverfahrens leben sollen, ist für unsere Kulturnation beschämend. Zwar gibt es zwischen einzelnen Bundesländern Unterschiede in der Handhabung solcher Lageraufenthalte. Wir beobachten aber, daß neben der abschreckenden Wirkung auf mögliche andere Asylbewerber Menschen und Familien gefährdet werden und psychische Störungen die Folge sind.»

Ganz deutlich gemacht hatte den Stellenwert der Abschreckung bereits 1980 der ehemalige hessische Innenminister Griess (FDP) auf einer Bürgerversammlung am 24. 7. 1980 in Eschborn bei Frankfurt:

«Das Lager soll nicht einladend wirken, sondern Scheinasylanten abschrecken. Auch das ist gemeint ... Lagermäßige Unterbringung, Zugangskontrollen und Ausgangsbeschränkungen – ganz klar!» (Der Ausspruch bezieht sich auf die hessische Gemeinschaftsunterkunft Schwalbach.)

Psychiatrie und Abschiebung als Alternativen zum Lager?

Die Erfahrung der harten Linie gegenüber Asylbewerbern mußte auch Abdul N. aus Afghanistan machen. Er kam im September 1980 in die Bundesrepublik und stellte am 21. Januar 1981 einen Asylantrag. Gegen dessen Ablehnung klagte er im Januar 1982 vor dem Verwaltungsgericht.

Seit Mitte 1981 befand sich Herr N. im Lager Tübingen. Nach psychischen Schwierigkeiten mit der Lagersituation reichte das Rote Kreuz die Bitte um Entlassung ein. Ohne Erfolg.

In einem Bericht vom 29. Juli 1982 an das Innenministerium von Baden-Württemberg stellte das Regierungspräsidium Tübingen zunächst fest:

«... Der Regelung, daß Asylbewerber in staatlichen Sammelunterkünften untergebracht werden, liegt ab 1.8.1982 auch § 23 des Asylverfahrensgesetzes vom 16.7.1982 (BGBl. I S. 946) zugrunde. Nach letztgenannter Bestimmung sollen Ausländer, die einen Asylantrag gestellt haben, in der Regel in Gemeinschaftsunterkünften untergebracht werden. Die Unterbringung von Asylbewerbern in Gemeinschaftsunterkünften liegt im Interesse einer sachgemäßen und beschleunigten Durchführung des Asylverfahrens. In Härtefällen kann das Bürgermeisteramt Tübingen als Ausländerbehörde auf Vorschlag des Ausländerwohnheims in Tübingen gem. Nr. 38.1.1.9.1 Abs. 2 AuslErl. vorübergehend von der Verpflichtung eines Asylbewerbers absehen, in einer bestimmten Gemeinschaftsunterkunft zu wohnen ...»

Das Regierungspräsidium ist zunächst der Auffassung, daß «... sich ein Aufenthalt in einem Ausländerwohnheim nicht nachteilig auf den Gesundheitszustand eines Heimbewohners auswirkt ...» – und nur in Ausnahmefällen soll es dem Asylbewerber erlaubt werden, außerhalb der staatlichen Sammelunterkunft zu wohnen. Als Alternative jedoch bleibt nach Ansicht des Regierungspräsidiums Tübingen offenbar die Psychiatrie:

«... Falls es der Gesundheitszustand des afghanischen Staatsangehörigen Abdul N. erfordert, ist das Regierungspräsidium mit seiner Unterbringung in einem Psychiatrischen Landeskrankenhaus oder einer entsprechenden Einrichtung einverstanden ...»

Als weitere Alternative wird ein Aufenthalt auch außerhalb der Sammelunterkunft erwogen, wenn es zur Besserung von Herrn N.s Gesundheitszustand beitragen sollte, natürlich erst nach einer fachärztlichen Untersuchung:

«... Hiernach muß dem Ausländer außerhalb der Gemeinschaftsunterkunft ausreichender Wohnraum zur Verfügung stehen. Der Ausländer behält im übrigen seinen ausländerrechtlichen Status bei. Die Aufnahme einer Erwerbstätigkeit ist daher auf Dauer zu untersagen. Da jedoch Zweifel bestehen, ob auf Grund des Gesundheitszustands des Ausländers die in Erwägung zu ziehenden Maßnahmen aus zwingenden Gründen erforderlich sind, hat sich der Ausländer noch einer entsprechenden fachärztlichen Untersuchung zu unterziehen ...»

Und als dritte Alternative schlägt das Regierungspräsidium schließlich die beschleunigte Bearbeitung des Asylantrags und nach Ablehnung des Antrags die Abschiebung nach Pakistan vor:

«... Es wurde außerdem gebeten, beim Bundesamt für die Anerkennung ausländischer Flüchtlinge in Zirndorf auf eine beschleunigte Bearbeitung des Asylantrags hinzuwirken. Falls der Gesundheitszustand des Asylbewerbers auf die Umstellung der Lebensverhältnisse in einem anderen Kulturkreis zurückzuführen ist, könnte im Falle der rechtskräftigen Ablehnung des Asylantrags seine Rückkehr nach Pakistan in Betracht gezogen werden. Hierwegen wäre ggf. mit der pakistanischen Auslandsvertretung im Bundesgebiet zu gegebener Zeit Verbindung aufzunehmen. ...»

Abdul N. hatte Glück und wurde vom Verwaltungsgericht in Stuttgart am 29.11.1983 als Asylberechtigter anerkannt. Das Urteil ist rechtskräftig. Die Zeit bis dahin mußte er allerdings noch im Lager aushalten: Nach Aufzeichnungen seines Anwalts wurde er zuerst nach Aufhebung der Ausreiseaufforderung und Abschiebungsandrohung durch das Bürgermeisteramt der Stadt Tübingen am 23.11.1983 aus dem Lager entlassen.

Die Aufenthaltsdauer in Sammelunterkünften des Landes Baden-Württemberg beträgt zwischen 4–26 Monate. Von Anfang 1982 bis Dezember 1984 wurden auf Grund einer Härtefallregelung, die auf Kranke und Schwangere angewandt wird, ca. 150 Personen vorübergehend von der Wohnpflicht in der Sammelunterkunft befreit.

Die Ruhr in der Sammelunterkunft München

Bei einem Leben im Lager sind Kontrollen, sei es von den Gesundheitsbehörden oder von der Heimleitung, nicht auszuschließen – es leben ja immerhin sehr viele Leute und dann noch aus den unterschiedlichsten Nationen unter einem Dach. Doch manchmal meinen die Behörden, mit Verfügungen vorgehen zu können, wo eine grundsätzliche Änderung notwendig wäre.

Die Allgemeinverfügung der Stadt München vom 18. 12. 1985 an die Bewohner der Heßstraße 89 zur Verhütung und Bekämpfung der in der Sammelunterkunft aufgetretenen Ruhr ist ein Beispiel für ein solches Vorgehen.

Vollzug des Gesetzes zur Verhütung und Bekämpfung übertragbarer Krankheiten beim Menschen (BSeuchG) vom 18. 12. 1979 (BGBl I S. 2262) — 18. 02. 1985

Die Gesundheitsbehörde der Landeshauptstadt München als Kreisverwaltungsbehörde erläßt folgende

Allgemeinverfügung:

Die Bewohner der Sammelunterkunft Heßstr. 89 werden der Beobachtung unterworfen.

Sie haben die Schutzmaßnahmen der Gesundheitsbehörde zu dulden und unverzüglich nachstehenden Weisungen Folge zu leisten:

a) Die Reinigung der Leibwäsche hat ausschließlich in den zur Verfügung gestellten Waschmaschinen zu erfolgen.
b) Die Zubereitung, Verteilung und Erwärmung *offener* Speisen ist untersagt.
c) Das Spülen des Eßgeschirrs und Bestecks außerhalb der Spülküche ist nicht gestattet.
d) Die Hauptmahlzeiten, also Frühstück, Mittag- und Abendessen, dürfen nur in der Kantine eingenommen werden.
e) Ungeordnete Müllablagerung innerhalb und außerhalb des Gebäudes ist verboten.
Abfälle sind unverzüglich in die stets abzudeckenden Mülleimer zu verbringen, diese sind regelmäßig und rechtzeitig zu entleeren.
f) Im Fall des Wechsels der Wohnunterkunft ist dies unverzüglich dem Gesundheitsamt, Dachauer Str. 90, Sachgebiet 1.2, Tel. 5207–270 oder 271 mitzuteilen.
g) Vorladungen des Gesundheitsamtes ist unverzüglich Folge zu leisten, die notwendigen Untersuchungen sind zu dulden und zu ermöglichen.
...

In der Begründung heißt es im einzelnen:

«... In der im Betreff genannten Gemeinschaftsunterkunft befinden sich ca. 400 Asylbewerber aus Sri Lanka, einem Land, unter dessen Bewohnern ansteckungsfähige Krankheiten im Sinne des BSeuchG gehäuft auftreten. Das Bayerische Staatsministerium des Innern bestätigt ein hohes Infektionsrisiko, da sich unter Asylbewerbern außereuropäischer Länder regelmäßig Kranke, Krankheitsverdächtige, Ansteckungsverdächtige, Ausscheider und Ausscheidungsverdächtige im Sinne des BSeuchG befinden. ...

Die Reinigung der als infektiös geltenden Leibwäsche in den zur Verfügung gestellten Wascheimern ist weder praktikabel noch zuverlässig. Ein zwölfstündiges Einweichen der Wäsche in einem Desinfektionsmittel und daran anschließende Handwäsche scheitert insbesondere am Platzangebot. Als seuchenhygienisch tragbare Methode ist deshalb nur die maschinelle Reinigung in Waschmaschinen anzusehen.

Die Herstellung und Verteilung von Speisen sowie das Erwärmen nicht abgepackter Einzelportionen muß unterbunden werden, da speziell die Herstellung und Verteilung von Speisen Ursache bakterieller Lebensmittelvergiftungen ist, sobald Krankheitsausscheider damit befaßt sind.

Das Spülen des Geschirrs in den den Aborten vorgelagerten Waschräumen – zudem mit kaltem bzw. nicht ausreichend erhitztem Wasser – ist ebenfalls als Infektionsrisiko anzusehen; es verbleibt somit nur die Benutzung der Spülküche. Die Auflage, die Hauptmahlzeiten nicht in den beengten Zimmern, sondern in der geräumigen Kantine einzunehmen, ist notwendig, um der ungeordneten Ablagerung von Unrat, insbesondere von Lebensmittelresten, sowie der damit verbundenen Rattengefahr und Rattenplage für die Gemeinschaftsunterkunft und die Umgebung zu begegnen. ...»

Der Besuchsbericht eines Mitglieds des Münchener Rechtshilfefonds für Ausländer e. V. vom 12.2.1985 gibt ein – wenn auch nur flüchtiges – Bild von den medizinischen und sanitären Verhältnissen in der Sammelunterkunft Heßstraße 89:

«... Ein Arzt besucht das Lager zweimal die Woche für jeweils eine Stunde. Es gibt keine Belege dafür, wer den Arzt besucht hat bzw. nicht. Dies jedenfalls nach Aussagen der Bewohner. Der Arzt kann Englisch, aber viele Tamilen verstehen kein Englisch. Ein Dolmetscher existiert nicht. Merkblätter über die gesundheitliche Vorsorge wurden den Lagerbewohnern schriftlich in deutscher Sprache übergeben. Nach dem Auftreten der Ruhr in acht Fällen wurde verlangt, die

Kranken sanitär zu isolieren. Die Tamilen verstehen den Sinn dieser Anordnung nicht, da es keine getrennten Klos gibt ... Die Heßstraße 89 ist ein ehemaliges Bürogebäude. Entsprechend dürftig sind die sanitären Einrichtungen: Auf einem Stockwerk gibt es ca. zwanzig Zimmer (Größe ca. 20 qm). In jedem Zimmer wohnen vier Asylbewerber, d. h. pro Stockwerk ca. 80. Jeder Flur hat zwei Toilettenräume mit je vier Toiletten. Das ganze Haus besitzt einen Duschraum mit fünf Duschen. Es gibt im ganzen Haus keine Waschmaschine. In keinem Zimmer gibt es Waschbecken, das einzig verfügbare Wasser muß aus den Toilettenräumen geholt werden. Noch klarer ausgedrückt: In den Waschbecken in den Toilettenräumen müssen sich auch die Insassen körperlich waschen, ihr Geschirr waschen und die Wäsche waschen. Toilettenpapier wird nur im Büro ausgegeben. Das Büro schließt um 17 Uhr und ist Samstag/Sonntag nicht besetzt. Heißwasser ist nicht jederzeit verfügbar, oft sei nur lauwarmes Wasser vorhanden.

Waschmittel werden weder für die Reinigung von Geschirr noch zur Reinigung der Toiletten ausgegeben. Zur Reinigung des Hauses werden täglich sieben Asylbewerber abgestellt, die für 1,55 DM/Stunde täglich fünf Stunden das Haus reinigen sollen. Früher kam öfters eine Reinigungsfirma, die z. B. verstopfte Klosetts maschinell reinigte. Sie kommt nicht mehr, und viele wissen nicht, wie man ohne Anleitung und ohne Pumpe verstopfte Klosetts reinigen soll. Die veränderte Umwelt stellt für viele ohne Anleitung ein echtes Problem dar, z. B. wurde keinem die Bedeutung bzw. Gefahren verschiedener Desinfektionsmittel erläutert.

Die Müllabfuhr kommt jeden Tag zwischen Montag und Freitag. Es gibt fünf große Müllcontainer, die angesichts der Verpackungsstrategie der Großküche bei weitem nicht ausreichen. Die Folge ist, daß viel Müll neben den Containern liegt, der aber wiederum nicht von der Müllabfuhr mitgenommen wird. ...» (Verfasser: Bernhard Inderst-Machowiak, Rechtshilfefonds für Ausländer, München e. V.)

Die Bekämpfung der Ruhr nur mit Vorschriften beseitigt hier nicht die katastrophalen hygienischen Rahmenbedingungen. Überdies ist es auch für die davon betroffenen Menschen eine Zumutung, bis hinein in die intimsten Bereiche kontrolliert zu werden.

34 Quadratmeter für neun Menschen

Daß Ausländer nur wenig Platz brauchen, scheint auch in bezug auf Wohnraum für Asylsuchende eine weitverbreitete Vorstellung zu sein. So schrieb die Regierung von Mittelfranken an eine Mitarbeiterin des Diakonischen Werkes Nürnberg am 10. April 1985:

«In Ziffer 3.2.4 der Unterbringungsrichtlinien vom 23.2.1983 ist folgendes bestimmt:

‹Die staatlichen Unterkünfte (Nr. 3.2.1) gelten als Obdachlosenunterkünfte i. S. v. Art. 9 Satz 2 Wohnungsaufsichtsgesetz. Die Wohnfläche soll 10 qm pro Person nicht übersteigen. Es ist grundsätzlich nur einfacher Wohnraum bereitzuhalten.›

Die für einen Bewohner einer Gemeinschaftsunterkunft bereitzuhaltende Wohnfläche beträgt demnach höchstens 10 qm; Unterschreitungen sind also die Regel.»

Familie Taha aus dem Libanon mit sieben Kindern im Alter zwischen zwei und zwölf Jahren hat in Amberg bittere Erfahrungen mit diesen «regulären» Wohnverhältnissen im Lager machen müssen. Im Januar 1980 kamen sie über Berlin nach Zirndorf ins Lager. Von Juli 1980 an lebten sie im Lager für Asylsuchende in Amberg.

Der praktische Arzt Dr. Reiff aus Haselmühl und seine Frau, die sich beide um Familie Taha kümmerten, berichtete in Schreiben an den Petitionsausschuß des Bayerischen Landtags vom 19.3.1984 und an das Diakonische Werk Nürnberg vom 2.6.1984 über die Situation der Familie:

«... Seit nahezu 4 (vier)! Jahren lebt diese neunköpfige Familie auf ganzen 34 Quadratmetern = einem Zimmer von 25 qm, dessen Fenster nach Norden gehen, so daß keine Sonne in das Zimmer kommt, und einer 9 qm großen Küche. ... Im Zimmer stehen fünf Betten und ein Kinderbett, ein kleiner Tisch, ein Schrank, eine Kredenz, ein Kühlschrank, eine Couch und ein paar Stühle. Freier Raum zum Aufenthalt für die neun Personen bleibt somit kaum mehr. Die Familie Taha kann im Lager keinen weiteren Raum mehr dazubekommen, weil das Lager voll belegt ist und ihr pro Person nur 4 qm zustehen ...»

«... Alle Anstrengungen unsererseits, die Familie Taha in einer kleinen Wohnung menschenwürdig unterzubringen, stießen auf Ablehnung durch das Ausländeramt der Stadt Amberg, obwohl wir uns, um die Kosten zu mildern, dazu bereit erklärt haben, monatlich einen Mietzuschuß von 200 DM zu zahlen. Wer das Lager an der Kümmersbrucker Straße in Amberg kennt, weiß, wie schrecklich es für ordentliche Menschen sein muß, dort für so lange Zeit zusammengepfercht wohnen zu müssen, ohne Aussicht, in eine anständige Wohnung und zur Normalität zurückkehren zu können.

Im März d. J. hatten wir in Zusammenarbeit mit einer Amberger Pfarrei Aussicht auf eine kleine Wohnung für die Familie Taha. Aber

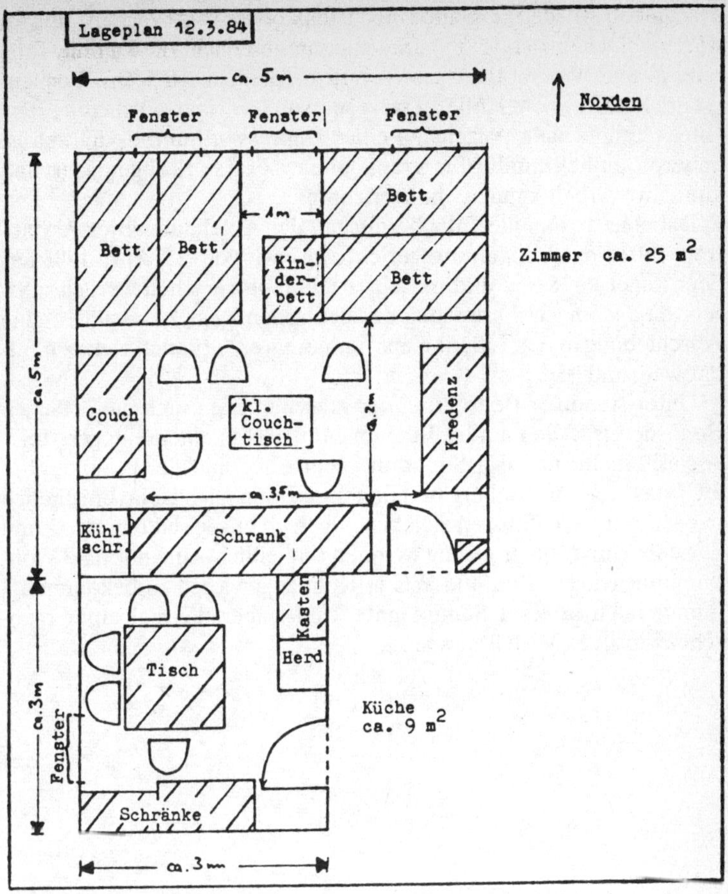

(Nach einer Zeichnung von Dr. Reiff)

das Ausländeramt verweigerte die Zustimmung. Wir wandten uns erneut an den Petitionsausschuß des Bayerischen Landtags mit der Bitte um Hilfe. Dieses Schreiben erhielt das Ausländeramt der Stadt Amberg, wie uns dieses Amt durch Anruf etwa Mitte Mai d. J. mitteilte. Herr Graf vom Ausländeramt ließ uns wissen, daß es nunmehr wirklich nur noch ganz kurze Zeit dauern würde, bis er die Familie Taha abschieben würde, er glaube höchstens noch 4–6 Wochen, und es wäre doch nicht richtig, ja geradezu unmenschlich, die Familie Taha jetzt in eine Wohnung zu lassen und sie dann, nach sechs Wochen, ‹vom Himmel in die Hölle zu stürzen›, so Herr Graf wörtlich. ... Die Eltern Taha zeigen Anzeichen einer Depression, und Frau Taha ist außerordentlich anfällig für Krankheiten, sie ist stark abgemagert und kann ihre Arbeit kaum mehr verrichten. ...»

Dabei hätte Familie Taha bereits mit der Ablehnung ihres Asylantrags durch das Verwaltungsgericht Ansbach vom 25. April 1983 aus dem Lager entlassen und mit einer Duldung versehen werden müssen, da auch nach Auffassung der deutschen Regierungsstellen eine Abschiebung in den Libanon aus humanitären Gründen nicht zumutbar war (und ist).

Unter ständiger Bedrohung der Abschiebung durch die örtlichen Behörden trat die Familie Taha im Juni 1984 in einen Hungerstreik. Als sich nichts an ihrer Situation änderte, verließ sie im September 1984 das Lager in Amberg und floh über Bonn nach Köln, um endlich in besseren Verhältnissen zu leben. Nach einer spektakulären Aktion vor dem Bundeshaus gelang es ihnen schließlich, eine normale Wohnung mit Küche, Bad und WC in Köln zugewiesen zu bekommen – immer noch in einer Sammelunterkunft, aber diesmal unter menschenwürdigen Verhältnissen ...

Hotel Schöneberger Hof,
Grunewaldstraße 33,
1000 Berlin 62

Heimordnung im Eingangsraum vor der Schranke:

1. Ab sofort sind kein Besuch – Besucher im Haus mehr erlaubt.
2. Ab sofort von 23 – 23.45 Uhr Kontrollgang! In dieser Zeit bleibt der Ein- und Ausgang geschlossen.
3. Jeder Bewohner wird darauf hingewiesen, daß, wenn er einen Fremden »Nichtbewohner« im Zimmer beläßt, des Hauses verwiesen wird.
4. Wir machen ab sofort von unserem Hausrecht Gebrauch, daß beim Auffinden von Alkohol, »Bier, Schnaps« usw. durch Taschenkontrollen oder im Zimmer dieser ohne Rückgabe eingezogen wird.

Heimordnung, abgedruckt aus «Abgelehnt, Ausgewiesen, Ausgeliefert», reihe pogrom, Göttingen 1984, S. 157

Asylbewerber haben keinen Hunger

Wochenration für Frühstück und Abendessen in Weiden / Oberpfalz

«... Er zeigte uns sein Zimmer, seine Mitbewohner warfen uns ihre Verpflegungsschachteln vor die Füße, wie sie ihnen offensichtlich vom Küchenpersonal hingeknallt werden. Die Verpflegung bestand im wesentlichen aus vakuumverpackten Lebensmitteln, Herstellungsdatum 1979, Verfallsdatum nicht angegeben. Es war nicht ersichtlich, wie der Zustand der verpackten Lebensmittel festgestellt werden könnte. Wegen Feiertag, Betriebsausflug und Wochenende wurde vier Tage nur kalte Verpflegung verabreicht ...» (Bericht über Zirndorf. Regine Wolfart, Kirchenamt der EKD - Ökumene und Auslandsarbeit)

Ist das Zirndorfer Lager eine Ausnahme? Zur Verpflegung sagte der Bundesminister des Innern am 26. 7. 1984 auf eine Kleine Anfrage zur Unterbringung von Asylbewerbern:

Verpackung und Inhaltsverzeichnis mit Zubereitungsanweisung der im Frühjahr 1985 ausgeteilten «Einmannpackung Typ II (Combat Ration, Individual), Versorgungsnummer 8970-12-160-0298»:

Einmannpackung Typ II

(Combat Ration, Individual)

Inhaltsverzeichnis und Zubereitungsanweisung inliegend

Einmannpackung
Inhaltsverzeichnis

Fertiggericht	300 g	Kaffeeweißer (2 Packungen)	6 g
Fertiggericht	300 g	Salz	3 g
Keks	250 g	Fruchtgetränkepulver (2 Packungen)	60 g
Margarine	60 g	Schokolade	50 g
Brotbelag	100 g	Kaugummi	5 Streifen oder 10 Dragees
Brotaufstrich	100 g	Wasseraufbereitungstabletten (2 Streifen)	8 Stück
Konfitüre (2 Behälter)	50 g	Mehrzweckpapier	4 Blatt
Kaffee-Extrakt (2 Packungen)	7 g	Kunststoffbeutel	2 Stück
Tee-Extrakt (2 Packungen)	2,4 g	Erfrischungstuch, neutral	1 Stück
Zucker (4 Packungen)	50 g	Streichholz (1 Brief)	20 Stück

Zubereitungsanweisung

Fertiggerichte möglichst in noch geschlossenen Behältern in heißem Wasser – z. B. im Kochgeschirr – erwärmen. Bei Erwärmen auf offenem Feuer – z. B. Esbit – empfiehlt es sich bei den kompakteren Gerichten, zwischen Füllgut und Behälterboden etwas Margarine einzubringen, um die Anbrenngefahr zu vermindern.

Die Gerichte können ohne Nährwertverlust und wesentliche Einbuße im Geschmack auch kalt verzehrt werden.

Öffnen der Behälter: Mit einem Messer oder einem anderen scharfen Gegenstand den Deckel ein- bzw. herausschneiden.

Kaffee-Extrakt/Tee-Extrakt mit heißem, notfalls auch mit kaltem Wasser übergießen. Jede Packung reicht für einen Feldbecher Kaffee oder Tee.

Wasseraufbereitungstabletten

Nicht einnehmen! Behelfsmittel!

Nur verwenden, wenn es nicht möglich ist, das Wasser zu kochen.

2 Tabletten in 1 Liter Wasser durch häufiges Schütteln lösen, ca. 20 Minuten einwirken lassen, erst dann trinken oder für die Zubereitung von Getränken verwenden.

«... Auf religiöse oder kulturelle Ernährungsgewohnheiten wird ausnahmslos und in vollem Umfang Rücksicht genommen. Die Asylbewerber werden, soweit sie nicht – wie in Nordrhein-Westfalen – ohnehin Selbstversorger sind, an der Aufstellung der Speisepläne und der Zubereitung der Mahlzeiten beteiligt ... In Hamburg, Nordrhein-Westfalen, Rheinland-Pfalz und im Saarland bereiten sich alle in Gemeinschaftsunterkünften untergebrachten Asylbewerber ihre Mahlzeiten selbst zu. In Hessen haben diese Möglichkeit rund 60% der Asylbewerber, in Schleswig-Holstein rund 50% und in Berlin rund 26%. In Baden-Württemberg wird grundsätzlich Gemeinschaftsverpflegung bereitgestellt; ausgenommen hiervon sind lediglich Kleinkinder bis zu zwei Jahren ...» (aus: Bundestags-Drucksache 10/1802, S. 4)

Die aufgezwungene Sammelverpflegung bleibt – neben der Enge der Quartiere – ein Hauptproblem. Hungerstreiks wie in Neuburg an der Donau im Januar 1985 oder in der Zentralen Anlaufstelle für Asylbewerber in Karlsruhe im Oktober 1985 sind keine Seltenheit. Weniger von der Öffentlichkeit beachtet wurde auch im Agfa-Heim in München (so *die tageszeitung* vom 10. 7. 1985) und in Breitenberg im Landkreis Passau (so *die tageszeitung* vom 12. 9. 1985) ein Hungerstreik durchgeführt.

Hauptangriffspunkt der Protestierenden war jeweils die Verpflegungssituation:

Asylbewerber im Hungerstreik Protest gegen Lagerverpflegung

Betreuer kritisieren Speiseplan und mangelnde Versorgung

(*Süddeutsche Zeitung*, 12./13. Januar 1985)

NEUBURG AN DER DONAU (Eigener Bericht)

Es muß ja schon Außergewöhnliches geschehen sein, wenn zwei evangelische und ein katholischer Pfarrer zusammen mit zwei Mitgliedern der Menschenrechtsorganisation amnesty international eine Pressekonferenz geben, bei der es darum geht, wie es um die Menschenwürde in der eigenen Stadt steht. Die Stadt Neuburg beherbergt das größte Sammellager für Asylbewerber in Bayern, und die umstrittene Lebensmittelversorgung in diesem Lager hat nun unter anderem dazu geführt, daß am Donnerstagnachmittag 25 Asylbewerber in einen unbefristeten Hungerstreik getreten sind, um auf ihre Lage aufmerksam zu machen.

...

Da berichtet Alfons Butz darüber, der für amnesty international die Asylbewerber in Neuburg betreut, wie kompliziert, ja schwierig es sein kann, im Sammellager satt zu werden. Butz, von Beruf Finanzbeamter, arbeitet in dieser Sache auch im Auftrag der beiden großen Kirchengemeinden.

Keine Rücksicht auf Verfallsdaten

Die 500 Asylbewerber bekommen regelmäßig ein Lebensmittelpaket mit den Rationen für mehrere Tage, es liegt ein Speiseplan bei, der bei der Aufteilung der Lebensmittel behilflich sein soll. Das Dumme an der Sache sei nur, sagt Butz, daß der Entwerfer des Speiseplans wenig auf Verfallsdaten der Lebensmittel Rücksicht zu nehmen scheint und offenbar auch nicht berücksichtigt habe, daß den Asylbewerbern – die oft zu viert ein Zimmer teilen – für die Aufbewahrung von leicht Verderblichem nur ein gemeinsamer winziger Kühlschrank zur Verfügung steht. Da könne es dann schon häufiger vorkommen, daß ein Asylbewerber – folgt er den Anregungen seines Speiseplans, sofern er den überhaupt entziffern kann – rund 37 Kilo Lebensmittel und dazu noch 72 Eier haltbar aufbewahren müsse. Was dann letztlich dazu führe, daß – immer laut Speiseplan – ein Kilo Weintrauben die wundersame Haltbarkeitsdauer von fast einem Monat aufweist.

Tagesration für 2,32 Mark

Doch nicht allein diese Umstände der Vorratshaltung haben Alfons Butz dazu bewegt, an die Öffentlichkeit zu gehen. Er hat einmal ausgerechnet, was denn die Waren so wert sind, die pro Tag und Asylbewerber ausgegeben werden. Verglichen mit den Preisen in Billigsupermärkten kam Alfons Butz auf einen Durchschnittspreis von 3,50 Mark. Noch weniger hat das gekostet, was die Neuburger Asylbewerber in ihrem Lebensmittelpaket für die vier Tage zwischen dem 4. und 7. Januar fanden: Die zehn Eier, das Roggenbrot, das bißchen Zitronensaft, das Kilo Zwiebeln, die 500 Gramm Magerquark, die 200 Gramm Rinderkochsalami, die Putenflügelkeule und die eine Dose mit weißen Bohnen hätte man in einem Supermarkt für 9,29 Mark kaufen können. Ein Asylbewerber mußte also an jedem dieser vier Tage mit Lebensmitteln im Wert von 2,32 Mark auskommen.

Lücken im Versorgungsnetz

Nach den Erfahrungen der Betreuer der Asylbewerber hat dies dazu geführt, daß die Betroffenen ihr monatliches Taschengeld von 58 Mark in erster Linie dazu verwenden, Eßbares zu kaufen, weil die von der Regierung von Oberbayern organisierte Lebensmittelversorgung offenbar Lücken hat.

...

Überhaupt würden Butz und die Pfarrer von St. Peter und der Christuskirche in Neuburg ja gerne wissen, wie hoch der Verpflegungssatz ist, der jedem Asylbewerber pro Tag zusteht.

...

Im Münchner Sozialministerium sieht sich der für Asylbewerber zuständige Ministerialrat Peter Link allerdings nicht in der Lage, diese Frage detailliert zu beantworten. Mit dem Lieferanten, einer Firma in Holzaid, sei ein Vertrag geschlossen worden, in dem alles zusammengefaßt sei – vom Wert der Lebensmittel über den Transport bis zur Verpakkung. Welcher Gegenwert an Lebensmitteln an den einzelnen Asylbewerber ausgegeben werde, lasse sich daher nicht sagen. Sicher ist sich Link allerdings, daß «die gelieferten Waren dem entsprechen, was der Freistaat zahlt».

Die Bewegungsfreiheit ist eingeschränkt

Mit der Stellung des Asylantrags bzw. eines Folgeantrags erhält der Asylbewerber gemäß §§ 20ff. Asylverfahrensgesetz eine Aufenthaltsgestattung, die in der Regel auf den Bezirk der Ausländerbehörde beschränkt wird. Eine Ausnahme ist nur bei «zwingenden Gründen» vorgesehen: Gemäß § 25 Asylverfahrensgesetz kann dem Asylsuchenden von der Ausländerbehörde erlaubt werden, den Bereich der Aufenthaltsgestattung vorübergehend zu verlassen.

Einen Anspruch darauf, sich für die Dauer des Asylverfahrens in einem bestimmten Bundesland oder an einem bestimmten Ort aufzuhalten, hat der Asylbewerber nicht. Was diese räumliche Beschränkung bedeuten kann, zeigen die drei folgenden Geschichten.

Gefühle eines Gefangenen – Ein pakistanischer Flüchtling erzählt vom Lager

Der Pakistani Qamar Ahmed wendete sich mit Rechtsmitteln gegen die geplante Verlegung in ein anderes Bundesland und bekam dann Schwierigkeiten, religiöse Veranstaltungen zu besuchen und Verwandte zu treffen. Er verfaßte im September 1985 folgenden Bericht:

«Seit dem 12. Februar 1985 bin ich in diesem Lager. Ich habe hier enorme Probleme gehabt, die bis heute andauern, so daß ich mich in einer hoffnungslosen Situation befinde.

Am 20. März 1985 bekam ich die Benachrichtigung, daß ich in das Lager Karlsruhe verlegt werden sollte. Ich ging sofort zu Herrn Schweitzer (Landeseinweisungsstelle Hessen), um ihm mitzuteilen, daß ich mit der Verlegung aus folgenden Gründen nicht einverstanden bin:

1. Ich bin Mitglied der Ahmadiyya-Moslem-Bewegung und arbeite für meine Moschee in Frankfurt. Ich bin der regionale Leiter der Jugendorganisation in der Ahmadiyya-Moslem-Bewegung. Aus diesen religiösen Gründen möchte meine Moschee mich in der Nähe Frankfurts oder Schwalbachs haben.

2. Ich habe zwei Cousins in Frankfurt-Höchst und einen in Bierstadt bei Groß Gerau. Da ich keine anderen Familienangehörigen in

der Bundesrepublik Deutschland habe und unsere Familien zwanzig Jahre lang zusammengelebt haben, sind sie für mich wie richtige Brüder. Meine eigene Familie ist über die ganze Welt verstreut, weil wir alle an verschiedene Orte fliehen mußten.

Aus diesen humanitären und religiösen Gründen bat ich Herrn Schweitzer, in der Nähe Frankfurts bleiben zu können, worüber er zunächst sehr verärgert war. Nachdem mein Rechtsanwalt am 21. März 1985 einen ‹Stopp-Antrag› gestellt hatte, willigte Herr Schweitzer bis zur gerichtlichen Entscheidung meines Antrages ein.

Mehrere Male versuchte ich, einen Termin zur Anhörung beim Bundesamt zur Anerkennung ausländischer Flüchtlinge zu erhalten, was mir bis heute nicht gelungen ist. Wegen des ‹Stopp-Antrages› sind meine Akten angeblich nicht greifbar. Hunderte von Flüchtlingen, die später als ich gekommen sind, sind angehört worden. Ist es denn gesetzlos, Anträge aus humanitären und religiösen Gründen zu stellen? Es gibt doch eine Religionsfreiheit in der Bundesrepublik Deutschland. Die Kirchen genießen gesetzlichen Schutz und hohes Ansehen. Warum wird dann der Wunsch meiner Religionsbewegung, die mich als Mitarbeiter braucht, nicht beachtet?

Ich habe in den letzten sieben Monaten nichts tun können. Meine Anfrage bei der Lagerverwaltung, ob ich eine Erlaubnis bekommen könnte für einen Deutschkurs in Frankfurt, wurde einfach abgeschmettert. Ständig lebe ich in der Angst, in ein anderes Lager verlegt zu werden. Wenn ich morgens aufstehe, weiß ich nicht, ob ich noch einen Tag oder mehr in Schwalbach bleiben kann.

Zu allem Unglück leide ich an einer Darmkrankheit, die sich seit meiner Ankunft in der Bundesrepublik verschlimmert hat. Obwohl ich dem Lagerarzt von meinen ständigen Blutungen erzählte, bestand er darauf, daß mir nichts fehlte und überwies mich nicht an einen Spezialisten. Erst als es unerträglich wurde, erlaubte er mir, einen Arzt in Kronberg aufzusuchen.

Auf Grund der langen Krankheit, meiner angeschlagenen Gesundheit und der unmenschlichen Behandlung des Lagerarztes verfiel ich in tiefe Depressionen, die bis heute anhalten. Die absolut unverantwortliche Haltung des Lagerarztes und der im Lager tätigen Krankenschwester ist mir unverständlich.

Anfang Juli 1985 wurde ich plötzlich nach Schöneck verlegt, dann landete ich jedoch im Lager Hochheim. Mein Gesundheitszustand war schlecht, aber trotzdem durfte ich meinen Kronberger Spezialisten nicht aufsuchen. Der neue Arzt in Hochheim fing mit Untersuchungen und Befragungen von vorne an, was nur eine unnötige Verzögerung der Behandlung meiner Krankheit hervorrief. Daher bat ich

Herrn Möser, den Leiter des Lagers Schwalbach, um eine Rückverlegung nach Schwalbach, was er freundlicherweise akzeptierte. Im Moment lebe ich wieder in Schwalbach, und kann so die Behandlung durch meinen Kronberger Arzt fortsetzen.

Am 14. Juli 1985 unterrichtete mich mein Anwalt, daß sich auch Flüchtlinge, die einen ‹Stopp-Antrag› gestellt hatten, an ihren Verteilungsort zu begeben hätten. Ich bekam eine entsprechende schriftliche Aufforderung und war sehr depremiert. Das Schlimmste war die Tatsache, daß mir meine Aufenthaltsgestattung weggenommen wurde. Mit dem mir verbleibenden Lagerausweis kann ich das Lager nicht verlassen, sonst mache ich mich strafbar. Bei den strengen Polizeikontrollen außerhalb des Lagers wage ich es kaum, das Lager zu verlassen: Ich fühle mich wie ein Gefangener.

Nach einem Besuch der hessischen Grünen und einiger Regierungsvertreter verbesserte sich meine Situation und die anderer ‹Stopp-Antrag›-Flüchtlinge. Wir wurden für eine Woche in Ruhe gelassen. Dann erzählte mir Herr Kilian, ein sehr freundlicher Sozialarbeiter vom Lager Schwalbach, daß ich nun doch auf jeden Fall nach Karlsruhe geschickt und nicht innerhalb Hessens verlegt würde. Ich hörte, daß kein Platz in Hessen für die Aufnahme von Flüchtlingen sei. Wie ist es dann möglich, daß täglich Flüchtlinge innerhalb Hessens verlegt werden?

Das Lageressen wurde absolut unverträglich für mich, da ich wegen meiner Krankheit weder Fisch noch Fleisch noch Reis essen konnte. Sechs Monate kämpfte ich dafür, von der Lagerkost befreit zu werden. Nach endlosen Debatten mit dem Lagerarzt und der -verwaltung setzte ich es endlich durch, pro Woche DM 60,– als Selbstkocher (Frühstück ausgeschlossen) zu erhalten. Die Monate davor mußte ich oft hungrig ins Bett gehen, wenn meine DM 70,– monatliches Taschengeld verbraucht waren.

Beim Bundesamt zur Anerkennung ausländischer Flüchtlinge fragten sowohl mein Anwalt als auch ich an, wann mein Anhörungstermin sei. Als Antwort bekamen wir, daß die Schuld bei mir und meinem ‹Stopp-Antrag› läge. Diese absichtlich durch die Behörden verursachten Probleme halte ich für unmenschlich, unmoralisch und unzivilisiert.

Meine geistigen und körperlichen Fähigkeiten sind hier zerstört worden. Ich war in meiner Heimat ein anerkannter Korrespondent zweier großer Zeitungen und studierte Elektrotechnik. Um mein Leben zu retten, mußte ich fliehen und um Asyl bitten, aber manchmal denke ich, es wäre besser für mich, eine Kugel im Kopf zu haben, als weiter diesen psychischen Torturen ausgesetzt zu sein. Ich fühle mich nicht in der Situation eines verfolgten, heimatlosen Asylsuchenden, sondern in der eines Gefangenen. Ich habe mittlerweile Angst, verrückt zu werden, wenn sich in meinem Leben nicht bald etwas ändert.» (Zusammengefaßt und übersetzt von Birgit Plank)

Palästinensern wurde Teilnahme an Tagung verwehrt

Daß zu den «zwingenden Gründen» nicht die Teilnahme an Tagungen gehört, mußten vier Palästinenser aus Berlin erfahren. Sie wollten vom 25.–27. Mai 1984 an einer Tagung der Evangelischen Akademie Bad Boll teilnehmen. Jedoch verweigerte die Ausländerbehörde Berlin die Fahrt, weil keine zwingenden Gründe vorgelegen hätten. Der Verantwortliche für die Tagung, Pfarrer Horst Oberkampf, schrieb daraufhin am 28. 5. 1984 an den Leiter des Asylreferats bei der Ausländerpolizei Berlin, Oberregierungsrat Chamier, folgenden Brief:

«Sehr geehrter Herr Chamier!

Vom 25.–27. Mai 1984 fand in der Ev. Akademie Bad Boll eine Tagung zum Thema ‹Flüchtlinge aus dem Libanon – Hintergründe und Folgen eines unbarmherzigen Konfliktes› statt. Eingeladen waren Verantwortliche aus dem Asylbereich, Flüchtlinge aus dem Libanon und Interessierte. Gestatten Sie mir, wenn ich Ihnen heute, einen Tag nach Ende der Tagung, einen Brief schreibe, der mir nicht ganz leicht fällt, weil mich ein Vorgang in Ihrer Behörde sehr betroffen machte.

Wir hatten zu dieser Tagung bewußt betroffene Flüchtlinge aus dem Libanon eingeladen. Da Berlin ein Brennpunkt und Zentrum vor allem von palästinensischen Flüchtlingen ist, wollten wir auch einige palästinensische Asylbewerber aus Berlin zu dieser Tagung einladen. Die Betreuungsgruppe ‹Asyl in Heiligkreuz› Nostizstraße, Berlin 61 hat mit mir Anfang Mai Kontakte aufgenommen. Im Anschluß daran telefonierte ich mit Ihrem Kollegen, Herrn Prietz, um von ihm sein Einverständnis über die Teilnahme von vier oder fünf palästinensischen Asylbewerbern aus Berlin zu bekommen. Seine Antwort war: grundsätzlich ja; wir werden uns Zustimmung oder Ablehnung vorbehalten, wenn uns die Namen der Betroffenen vorliegen. Er betonte, daß sich Mitglieder der oben genannten Betreuungsgruppe auf dieses Telefongespräch beziehen können. Daraufhin wurden vier, fünf palästinensische Asylbewerber Ihrer Behörde namentlich genannt mit der Bitte, ihnen eine entsprechende Bescheinigung für die Teilnahme in Bad Boll auszustellen. Ergebnis war, wie mir am Wochenende mündlich mitgeteilt wurde, daß diese palästinensischen Asylbewerber keine Erlaubnis von Ihnen zur Teilnahme an der Tagung bekamen. Ihre Begründung, sehr geehrter Herr Chamier, war, wie mir mitgeteilt wurde: Asylbewerber können nur aus zwingenden Gründen ihren Aufenthaltsort verlassen – Sie verwiesen hier auf das Asylrecht –, und zwingende Gründe seien Krankheit von nahen Angehörigen oder eine eigene Erkrankung, die einen Spezialisten außerhalb erfordert. Die Teilnahme an einer Tagung in Bad Boll aber sei kein zwingender Grund.

Die ursprüngliche Bereitschaft im Grundsatz von Herrn Prietz wurde durch Ihre Stellungnahme als Vorgesetzter und Leiter des Asylreferates bei der Ausländerpolizei vom Tisch gewischt. Dies hat mich als Verantwortlichen für diese Tagung betroffen gemacht und auch erschüttert. Ich bin erschüttert darüber, daß Flüchtlinge, die über Jahre hinweg gleichsam eingesperrt und ihren Duldungsbereich nicht verlassen dürfen, an einer Tagung nicht teilnehmen können, wo es letztendlich um sie selbst und ihre Sache geht. Mich hat betroffen gemacht, daß der Buchstabe des Gesetzes aufs peinlichste erfüllt sein muß, ohne daß die vorhandenen Ermessensspielräume genutzt werden. Wer nur auf das Gesetz starrt, wird den Menschen in seiner Not vergessen. Zudem finde ich es menschenunwürdig und mit dem Grundgesetz Art. 2 und 3 nicht vereinbar, daß Asylbewerbern das Recht zur Teilnahme an einer Tagung mit der von Ihnen gegebenen Begründung nicht zugestanden wird. Wenn wir diesen von Leid, Bürgerkrieg und Angst geprägten Menschen keine Luft mehr zum Atmen und zum Leben geben, werden sie an den Bestimmungen unserer Asylgesetzgebung ersticken. Sage niemand, er hätte davon nichts gewußt ...»

Tatsächlich hätte es im Ermessen der Berliner Behörde gestanden, den vier Palästinensern die Reise nach Bad Boll zu gestatten ...

«Asylanten dürfen nicht arbeiten»
Über sechs Jahre zur Untätigkeit verdammt, dann psychosomatische Beschwerden

Ein trauriges Beispiel dafür, daß örtliche Beschränkung und Arbeitsverbot während des häufig sehr langen Asylverfahrens zu starken seelischen Störungen bei aktiven Menschen führen kann, ist Shameem A. aus Bangladesh. Er war Gründungsmitglied einer oppositionellen Gruppe gegen Mujibur Rahman, die später verboten wurde. Nach langjähriger Verfolgung durch Polizei und Militär, die sich auch auf seine Familie erstreckte, kam Shameem A. im September 1979 in die Bundesrepublik und stellte Asylantrag. Die Nachricht von der Ablehnung seines Antrags, datiert im Oktober 1980, erhielt Shameem A. im Juli 1981. Nachdem er dagegen und gegen die Ausreiseaufforderung der Stadt Stuttgart Klage erhoben hatte, wurde er im März 1983 schließlich vom Verwaltungsgericht Stuttgart anerkannt. Bis dahin hatte Shameem A. in der Gemeinschaftsunterkunft in Stuttgart gelebt und nicht gearbeitet.

Der Bundesbeauftragte für Asylangelegenheiten legte jedoch – wie in sehr vielen Verfahren – Berufung ein. Um das Berufungsverfahren zu beschleunigen, verzichteten Shameem A. und sein Anwalt auf eine mündliche Verhandlung und begründeten dies u. a. folgendermaßen:

«Wir möchten deshalb in diesem Fall inständig bitten, tatsächlich dieses Verfahren baldmöglichst zu entscheiden, selbstverständlich unter Berücksichtigung auch des Untersuchungsgrundsatzes im verwaltungsgerichtlichen Verfahren.

Grund ist nämlich, daß der Kläger und seine Ehefrau unter einem reaktiven depressiven Syndrom leiden und nun deshalb in nervenärztlicher Behandlung sind bei Herrn Dr. D., Bürgerhospital der Landeshauptstadt Stuttgart.

Aus ärztlicher Sicht ist das Problem, daß der Kläger sich in seiner jetzigen Jugend nicht so betätigen kann, wie er dies will; er fühlt sich deshalb nutzlos und fühlt sich im Kampf gegen einen anonymen Gegner. Dies wird wiederum bedingt durch die Anonymität des Asylverfahrens, verbunden mit einer unerträglichen Spannung, wodurch psychosomatische Beschwerden auftreten.

Dies alles kann, und dies hat uns der Arzt versichert, auch vom Gericht telefonisch oder auf andere Weise erfragt und verifiziert werden ...

Hinzu kommt dann noch, daß er eine allgemeine Unsicherheit in sich hat und Kontaktschwierigkeiten, dadurch bedingt, daß er nicht mit Bekannten oder Personen zusammenkommen kann aus seinem Kulturkreis, die außerhalb von Stuttgart wohnen. Dies wiederum ist bedingt durch die Praxis in Baden-Württemberg, daß die Beschränkungen während des gesamten Asylverfahrens gelten ohne Berücksichtigung der Dauer eines Asylverfahrens, die wiederum im persönlichen Fall des Klägers bedingt ist durch die Berufung des Bundesbeauftragten und nicht seine eigene Berufung.» (aus: Schriftsatz des Anwalts von Shameem A. vom 3.11.1983 an den Verwaltungsgerichtshof Baden-Württemberg)

Mit Bezug auf ein nervenärztliches Attest versuchte amnesty international im März 1984 das Erwerbsverbot für Shameem A. aufzuheben. Ohne Erfolg.

Das Gericht für das Berufungsverfahren, der 12. Senat des Verwaltungsgerichtshofes Baden-Württemberg, ließ sich dennoch Zeit. Der Anwalt berichtete am 29.5.1984 dem Diakonischen Werk:

«Auf unsere Bitten hin hatte uns der Berichterstatter des Verwaltungsgerichtshofes Baden-Württemberg angerufen und mitgeteilt, daß er zwar auf der einen Seite die psychische Problematik sehe, auf der anderen Seite die rechtliche, jedoch bei diesem komplexen Verhalten nicht ohne mündliche Verhandlung entscheiden werde; eine mündliche Verhandlung könne jedoch in absehbarer Zeit nicht stattfinden, da sich der Senat in das Land Bangladesh noch nicht eingearbeitet habe und irgendein Zeitpunkt hierfür auch noch nicht feststehe.»

Auch 1½ Jahre später, im Januar 1985, hatte sich die Situation für Shameem A. nicht wesentlich verändert, da das Gericht immer noch unkundig zu sein schien bezüglich der politischen Verhältnisse in Bangladesh. Erst als das Verfahren vom 13. Senat übernommen worden war, gab es eine – diesmal raschere – Entscheidung: Shameem A. wurde im Juli 1985 (also sechs Jahre nach seinem Antrag!) als Asylberechtigter anerkannt.

Der Hohe Flüchtlingskommissar der Vereinten Nationen (UNHCR) hat anläßlich seiner Besuchsreise in der Bundesrepublik Deutschland vom 31.10.–7.11.1983 das Erwerbsverbot für Asylbewerber als problematisch in seinen Auswirkungen auf die betroffenen Menschen bewertet:

«UNHCR hat festgestellt, daß die Versagung der Arbeitserlaubnis in vielen Fällen zu ernsthaften Schwierigkeiten führen kann, da das erzwungene Nichtstun nicht nur zu psychosomatischen Auffälligkeiten führen kann. Hinzu kommt, daß die Beschäftigungslosigkeit den Verlust beruflicher Qualifikationen nach sich ziehen kann, was eine spätere Integration erheblich beeinträchtigt.» (aus: BMI-Mitteilungen Nr. 29 vom 23. März 1984, S. 25)

Doch auch nach der zweijährigen Wartezeit ist die Arbeitserlaubnis für Asylbewerber nicht sicher. Laut Antwort des Bundesministers des Innern vom 26.7.1984 auf eine Kleine Anfrage zur Unterbringung von Asylbewerbern in Gemeinschaftsunterkünften und Arbeitsverbot für Asylbewerber wurde allerdings in 39% aller erstmaligen Anträge auf Arbeitserlaubnis die Erteilung abgelehnt:

«Im Jahre 1983 wurden insgesamt 2959 Arbeitserlaubnisse für eine erstmalige Beschäftigung an Asylbewerber erteilt. In 1898 Fällen wurde 1983 die Erteilung einer Arbeitserlaubnis abgelehnt. Überwiegend (nach Schätzungen der Bundesanstalt für Arbeit in etwa 90% der Fälle) deshalb, weil für den jeweiligen Arbeitsplatz deutsche oder diesen gleichgestellte ausländische Arbeitnehmer zur Verfügung standen. Bei etwa 10% der Ablehnungen waren die nach § 1 Abs. 2 Nr. 3 der Arbeitserlaubnisverordnung geltenden Fristen noch nicht abgelaufen.» (Bundestags-Drucksache 10/1802, S. 6)

Ansonsten ist die Statistik zur Beschäftigung von Asylbewerbern lückenhaft. Genaue Zahlen gibt es nur zur Arbeitslosigkeit:

«Nach einer Sonderuntersuchung der Bundesanstalt für Arbeit über Arbeitslose waren im September 1983 insgesamt 11514 Asylbewerber (9780 Männer und 1734 Frauen) arbeitslos.» (Antwort des Bundesministers des Innern vom 26.7.1984, Bundestags-Drucksache 10/1802, S. 6)

Kein besonderer Schutz für Ehe und Familie

Artikel 6 Grundgesetz verlangt, daß der Staat besonders die ehelichen und familiären Beziehungen schützen soll.

Gerade für Familien ist aber der Aufenthalt im Lager und auch das häufig sehr bürokratische Verteilungsverfahren besonders belastend. Familien werden auseinandergerissen durch die Quotenschlüssel, nach denen die Asylsuchenden auf die einzelnen Bundesländer verteilt werden, für Kinder entstehen Probleme beim Schulbesuch und durch ständig wechselnde Kontakte zu Freunden, eheliche Beziehungen sind unter Lagerverhältnissen harten Zerreißproben ausgesetzt.

Armut als Vorwand für Kürzung der Sozialhilfe

Hinsichtlich der Höhe der gewährten Sozialhilfe sind die Asylsuchenden häufig vom guten Willen der Behörden abhängig. Die seit 1.7.1985 geltenden Regelsätze nach § 22 Bundessozialhilfegesetz sind schon nicht hoch, wie die Tabelle aus der Neuen Zeitschrift für Verwaltungsrecht 1985, 643 zeigt (s. Tab. S. 144).

Bei Asylsuchenden können jedoch die bereits am Existenzminimum orientierten Regelsätze nochmals nach § 120 Abs. 1 BSHG «auf das zum Lebensunterhalt Unerläßliche» gekürzt werden. Zwar hat inzwischen das Bundesverwaltungsgericht in einem Urteil vom 14.3.1985 (5 C 145/83) festgestellt, daß solche Kürzungen – entgegen einer bisher weit verbreiteten Übung der Sozialämter – nicht einfach schlechthin für Asylbewerber oder Ausländer möglich seien, sondern nur in individuell begründeten Einzelfällen. Trotzdem müssen sich

Haushaltsangehörige

Land	Haushaltsvorstände und Alleinstehende (Eckregelsatz) DM	bis zur Vollendung des 7. Lebensjahres DM	vom Beginn des 8. bis zur Vollendung des 11. Lebensjahres DM	vom Beginn des 12. bis zur Vollendung des 15. Lebensjahres DM	vom Beginn des 16. bis zur Vollendung des 21. Lebensjahres DM	vom Beginn des 22. Lebensjahres an DM
1	2	3	4	5	6	7
Baden-Württemberg	390	176	254	293	351	312
Bayern[1]						
Mindestregelsätze	372	167	242	279	335	298
Bremen	383	172	249	287	345	306
Hamburg	400	180	260	300	360	320
Hessen	390	176	254	293	351	312
Niedersachsen	382	172	248	287	344	306
Nordrhein-Westfalen	379	171	246	284	341	303
Rheinland-Pfalz[1]						
Höchstbeträge	385	173	250	289	347	308
Mindestbeträge	381	171	248	286	343	305
Saarland	379	171	246	284	341	303
Schleswig-Holstein	378	170	246	284	340	302
Berlin (West)	390	176	254	293	351	312
Rechnerischer Durchschnitt rd.	384	173	250	288	346	307

Quelle: Nachrichtendienst des Deutschen Vereins für öffentliche und private Fürsorge (NDV) 1985, 245.

[1] Von der obersten Landessozialbehörde festgesetzte Mindest- bzw. Höchstsätze; die Höhe der Regelsätze wird dabei von den örtlichen Trägern der Sozialhilfe bestimmt.

Asylbewerber in verschiedenen Bundesländern immer noch mit Behörden auseinandersetzen, die ihnen pauschal «reduzierte Bedürfnisse» unterstellen wollen.

Einem türkischen Kurden wurde von der Stadt Aachen unter Hinweis auf seine Herkunft aus einem Land mit «geringerem Ernährungsbedarf» die Sozialhilfe um 20 Prozent gekürzt.

Folge des Lagerlebens: Zerrüttung der Ehe

Die angespannte Situation des Wartens im Lager auf den Ausgang des Asylverfahrens ist für viele Familien so belastend, daß die Eheleute sich trennen, weil ihre Beziehung zuviel aushalten mußte. So berichtet z. B. der Caritas-Verband Württemberg im Jahresbericht 1983 «Begegnen – Verstehen – Annehmen» aus Horb über die türkische Familie Ö.:

«... Herr Ö. ist Lehrer. Während der Militärregierung war er erwiesenermaßen in schwere politische und strafrechtliche Verfahren in der Türkei verwickelt. Die Familie, Ehepaar mit einem siebenjährigen Kind, befand sich zwischen Mai 1981 und Januar 1984 in der Sammelunterkunft Horb. Das sind zweieinhalb Jahre. Vorausgegangen war ein im März 1981 gestellter Asylantrag.

Während der gesamten Dauer des Aufenthaltes in Horb wurde der Sohn auf schulische Kenntnisse hin getrimmt. Als er sechsjährig eingeschult wurde, konnte er bereits rechnen und schreiben. Andererseits zeigte er sehr starke Verhaltensauffälligkeiten und ein aggressives Verhalten.

Von seiten des Caritas-Verbandes wurden etliche Gespräche geführt. Die Sozialarbeiter mußten trotzdem mitansehen, wie die Ehe immer mehr zerrüttete. Spannungen und Schwierigkeiten konnten auch durch intensive Beratungen nicht mehr aufgehoben werden.

Der Ehemann begann ein Verhältnis mit einem Mädchen. Der Ehefrau blieb dies im Lager natürlich nicht verborgen, sie konnte diese Situation nicht mehr ertragen. Die Belastungsprobe überforderte die Ehe, sie flüchtete vor dieser Situation kurzentschlossen illegal mit dem Kind zusammen nach Frankreich. Herr Ö. wurde in seinem Verhalten daraufhin immer aggressiver. Es kam zu Kindesmißhandlungen und Unterdrückungen anderer Lagerbewohner. Zu Beginn des Aufenthaltes in der Sammelunterkunft war Herr Ö. noch aktiv an Bildungsmaßnahmen des Caritas-Verbandes beteiligt. Er forderte beinahe wöchentlich Informationen über den Stand seines Asylverfahrens an. Mit Dauer des Aufenthaltes verlor er das entsprechende Interesse. Die Frage muß gestattet sein, ob durch ein kürzeres Asylverfahren bzw. einen um vieles kürzeren Aufenthalt die Ehe nicht heute noch bestehen könnte? Hätte darüber hinaus nicht die starke Persönlichkeitsveränderung vermieden werden können? ...»

Die durch ein Leben im Lager zwangsläufig entstehenden Konflikte werden meistens auf dem Rücken der Kinder ausgetragen. Im Jahresbericht 1983 stellten die Mitarbeiter des Caritas-Verbandes in Horb folgende Verhaltensweisen bei Kindern im Kindergarten fest:

«... Bedürfnisse werden angestaut, die im Kindergarten ausgelebt werden. Dies äußert sich in Zerstörungswut, aggressivem Verhalten und Rücksichtslosigkeit gegenüber anderen. Regeln werden hier nur eingehalten, wenn konsequent auf die Durchführung geachtet wird ...» (S. 18)

Auch in Freizeitgruppen für Schulkinder bot sich ein ähnliches Bild:

«... durch die beengten Wohnverhältnisse müssen sich die Kinder zu Hause sehr ruhig verhalten. Daraus ergibt sich, daß die Kinder einen sehr großen Bewegungsdrang haben, den sie oft nicht ausleben können. Beim Spielen können die Kinder den Bewegungsdrang nicht beherrschen, sie toben bis zur Erschöpfung und sind nicht mehr in der Lage, Spielregeln einzuhalten. Beim Basteln sind die Kinder häufig sehr schlecht zu motivieren, weil sie zu Hause keinen Platz haben, ihre Bastelarbeit unterzubringen. Die Eltern schimpfen, wenn Kinder ihre persönliche Habe mit nach Hause bringen. In einem kleinen Zimmer ist kein Platz für ‹unnötige› Sachen. Es kommt auch oft vor, daß die Kinder ihr Selbstgebasteltes nicht vor den kleineren Geschwistern in Sicherheit bringen können und dann resignieren: ‹Warum soll ich denn überhaupt noch etwas basteln, mein kleiner Bruder macht es mir doch kaputt› ...

Bei den Kindern in der Freizeitgruppe wurde mangelndes Selbstvertrauen, mangelnde Frustrationstoleranz und fehlendes Durchhaltevermögen beobachtet. Selbst bei einfacher Aufgabengestaltung haben viele Kinder so große Angst vor dem Mißerfolg, daß sie mit der Tätigkeit gar nicht beginnen wollen (‹Ich kann das doch nicht›) oder sie zerstören ihr begonnenes Werkstück (‹Das ist so blöd, die anderen können das viel besser›) oder sie verstecken ihre Arbeit, damit niemand sie sieht, weil es ja ‹so blöd geworden ist›. Auch verkraften es die Kinder nicht, bei einem Spiel der Verlierer zu sein ...»

Die Caritas-Mitarbeiter führen diese Entwicklung außer auf die Erlebnisse im Herkunftsland und während der Flucht vor allem auf die lang andauernde Lagersituation zurück, die den Aufbau freundschaftlicher Beziehungen verhindert und den Druck produziert, sich stets beweisen zu müssen. Lernschwierigkeiten in der Schule, falls die Kinder von Asylbewerbern überhaupt eine besuchen dürfen, bleiben nicht aus. Dazu wiederum der Jahresbericht 1983 des Caritas-Verbandes Württemberg:

«... neu angekommene Kinder hatten in der Schule sprachliche, soziale und vom schulischen Wissen her besonders große Schwierigkeiten. Bei einigen türkischen Kindern kam die Problematik hinzu, daß die Mütter zum Teil Analphabeten sind und den Kindern keinesfalls bei den Hausaufgaben behilflich sein können. Auch 1983 gab es noch einige Fälle, wo auch eine Mithilfe der Väter nicht in Betracht kam, da es sich um getrennte Familien handelte ...»

Vera Gaserow

Asylbewerber als Billigstarbeiter

Wenn der Begriff «Wirtschaftsasylant» kein Schimpfwort wäre – man könnte in ihm einen wahren Kern entdecken, allerdings einen ganz anderen, als gemeinhin darunter verstanden wird: «Wirtschaftsasylanten», das sind die, mit denen sich gut «wirtschaften», sprich gut verdienen läßt. Offiziell sind es nur die bösen östlichen Fluggesellschaften und die gewissenlosen Schlepper, die mit der Not der ausländischen Flüchtlinge ihr Geschäft machen. Tatsächlich verdienen jedoch längst auch deutsche Unternehmer an der Billig-Arbeitskraft Asylbewerber. Bis hin zum Hause Springer weiß man zu schätzen, daß Flüchtlinge die Löhne niedrig halten und Arbeiten übernehmen, für die kaum Deutsche zu finden sind.

Als Rosenverkäufer sind sie in Berlin für jeden sichtbar: ausländische Flüchtlinge, die im Auftrag eines Großhändlers Nacht für Nacht mit ihren Blumen durch Kneipen und Restaurants ziehen. Aber diese Männer aus Sri Lanka, Pakistan oder Indien, die mit stummen Gesten ihre Ware anbieten, um dann am Ende der Nacht mit einem Verdienst zwischen zehn und zwanzig Mark nach Hause zu gehen, sind nur ein kleiner Teil eines großen Geschäfts: des Geschäfts mit der billigen Arbeitskraft und der Rechtlosigkeit ausländischer Flüchtlinge. Wie viele Asylbewerber jeden Tag – oder eher jede Nacht – im Auftrag deutscher Arbeitgeber zu «Dumping-Löhnen» arbeiten, läßt sich nur schwer ermitteln. Viele von ihnen arbeiten hinter verschlossenen Türen und zu Zeiten, wo kaum jemand sie sieht. Und viele von ihnen arbeiten – gezwungen durch das zweijährige Arbeitsverbot – illegal.

Nicht nur dubiose Schwarzarbeitsfirmen profitieren von der Notlage der Asylbewerber, sondern auch renommierte Pizzerien, große Konzerne und Angehörige angesehener Berufsstände, wie Ärzte und Rechtsanwälte. Für das ARD-Magazin «Kontraste» haben die beiden

Journalisten Klaus Schwagrzinna und Thomas Hillebrand am Beispiel Berlin einige Fälle aus dieser gewinnträchtigen Grauzone recherchiert. Gestoßen sind sie bei ihren Recherchen zum Beispiel auf den Tamilen Aru Radjadan, der mehr als zwei Monate lang jede Nacht in einer Pizzeria am Ku'damm als Tellerwäscher für einen Stundenlohn von ein paar Mark gearbeitet hat. Als er krank wurde, auf dem Weg zum Arzt die Treppe hinunterfiel und arbeitsunfähig war, wurde er gefeuert. Arbeitsverträge, Lohnfortzahlung im Krankheitsfall oder Kündigungsschutz sind für die meisten Flüchtlinge Fremdwörter und müssen es zwangsläufig auch bleiben. Denn die, die noch unter das zweijährige Arbeitsverbot fallen und illegal arbeiten, werden sich hüten, gegen ihren Arbeitgeber zu klagen.

Die Berliner Pizza-Gastronomie ist eine der Branchen, die kaum noch ohne die Arbeitskraft der Flüchtlinge auskommen würde. Arbeitszeit: oft zwölf Stunden am Tag, Stundenlohn zwischen fünf und acht Mark, auch für Nachtarbeit. Auch andere Unternehmen, wie Verteilerfirmen von Werbeprospekten und die Zustellerdienste von Tageszeitungen, wissen die Dienste der Asylbewerber als unentbehrlich zu schätzen.

Eine schnelle Mark machen aber auch Rechtsanwälte mit den Flüchtlingen. Im Schnellverfahren bearbeiten etliche Anwälte die Asylanträge von Flüchtlingen, ohne auf den konkreten Einzelfall der politischen Verfolgung einzugehen. Vor den Verwaltungsgerichten haben solche Anträge häufig keine Chancen, genützt haben sie nur dem Anwalt selber.

Weniger ehrenrührig, sondern ganz legal sind auch für andere Branchen Asylbewerber zur Einnahmequelle geworden. Hersteller von Fertigmenüs konnten dank der Zwangsverpflegung in den Sammelunterkünften ihre Produktion von «appetitlichen» Alu-Essen ausweiten. Nicht zuletzt Bauunternehmen haben jetzt mitbekommen, daß Asylbewerber auch Arbeitsplätze schaffen können und daß in diesem Bereich noch etliche Marktlücken existieren. Für «Asylantenheime in Container-Bauweise» warb jetzt ein findiger Bauunternehmer aus Mannheim in der *FAZ*, während auf der Titelseite dieser so seriösen Zeitung noch kräftig an den ideologischen Dämmen gegen den Asylantenstrom gebaut wurde.

Austräger von Springer-Zeitungen

Wenn die Abonnenten der *Berliner Morgenpost* auf der Titelseite dieser Springer-Postille wieder Erschröckliches über die «Asylantenflut» lesen oder die Leser des *Berliner Tagesspiegel* das Neueste über die «Wirtschaftsasylantenschwemme» zum Frühstück genießen, dann ahnen nur die wenigsten, daß diese allmorgendliche Botschaft sie nur dank derer erreicht, über die sie dort in Form von «Fluten» und «Schwemmen» erfahren. Asylbewerber vor allem sind es, die für zahlreiche große Tageszeitungsverlage die morgendliche Zustellung besorgen. Im redaktionellen Teil hat man zwar alles gegen die vermeintlichen «Wirtschaftsasylanten», aus betriebwirtschaftlicher Sicht jedoch nichts dagegen, daß sich mit diesen «Wirtschaftsasylanten» gut wirtschaften läßt. Die zwei großen Berliner Abonnement-Zeitungen zum Beispiel beschäftigen für ihren frühmorgendlichen Austrägerdienst bis zu einem Drittel Ausländer. Die meisten von ihnen sind Flüchtlinge aus Sri Lanka, Bangladesh und Pakistan. Und indirekt, über den Zustelldienst des *Tagesspiegel*, der in Berlin die *taz* mitausträgt, profitiert auch die *taz* von der Billigarbeitskraft Asylbewerber. Ohne die Arbeit der ausländischen Flüchtlinge würde der Zustelldienst praktisch zusammenbrechen. Würde die Forderung der Springerblätter «Asylanten raus» in die Praxis umgesetzt, der Konzern müßte sich schleunigst nicht nur nach neuen Zeitungsausträgern umsehen, sondern vor allem Arbeitsbedingungen garantieren, die auch für Deutsche akzeptabel wären.

Fünf DM die Stunde für Nachtarbeit

L. ist politischer Flüchtling aus Sri Lanka und einer von ca. 200 ausländischen Zeitungszustellern des Springerschen Ullstein-Verlags. Wenn L. von seiner Arbeit erzählt, wird klar, warum es so schwer ist, genügend Deutsche für diesen Job zu finden und weshalb der leitende Herr in der *Morgenpost*-Vertriebsstelle seufzend erklärt: «An Zustellern haben wir immer Bedarf!»

L.s Arbeitstag ist eigentlich eine Arbeitsnacht. Zwischen 2 und 3 Uhr nachts muß er beginnen, damit, wie vorgeschrieben, auch der letzte *Morgenpost*-Abonnent seine Zeitung um 6 Uhr früh im Briefkasten hat. Tatsächlicher Arbeitsbeginn ist jedoch schon eine Stunde nach Mitternacht, denn eineinhalb Stunden braucht L., um mit zwei verschiedenen Nachtbussen von seiner Schöneberger Wohnung zu seinem Zustellbezirk im Außenbezirk Lankwitz zu kommen. Drei

Stunden braucht L. durchschnittlich für seine «Tour», und wenn er schließlich um kurz vor sieben nach Hause kommt, hat er faktisch sechs Stunden Arbeit hinter sich. Sechs Tage bzw. Nächte die Woche macht L. das, egal ob es schneit oder er am Sonntag früh endlich einmal ausschlafen möchte. Zwischen 500 und 600 DM zahlt Springer ihm dafür, brutto, versteht sich. Von den gut 20 DM, die L. in dieser Nacht verdient hat, gehen noch 4,40 DM für die Busfahrt ab.

Bezahlt wird diese Nachtarbeit für Deutsche und Ausländer gleich schlecht, und zwar nicht nach Stunden, sondern nach verteilten Exemplaren. Mit Nacht- und Sonntagszuschlägen bekommt jeder Zusteller um die 15 Pfennig pro Zeitungsexemplar, egal, ob er für jede Zeitung vier Treppen hoch laufen muß oder ob er sie in einem Hochhaus reihenweise in die Briefkästen stecken kann. Wer eine «gute Tour» mit schnell zustellbaren Zeitungen bekommt, kann bis 6 Uhr früh noch eine zweite «dranhängen» und kommt dann sogar manchmal auf über 600 DM.

M. zum Beispiel, ein tamilischer Landsmann von L., hat Pech gehabt. Er muß bei seiner Tour jede Nacht rund 12 Kilometer mit dem Fahrrad zurücklegen. 7,50 DM zahlt Springer ihm monatlich an Zuschuß für sein Fahrrad, das er sich selber kaufen mußte. Einen Arbeitsvertrag haben die meisten Asylbewerber nur einmal in Form eines «Antrittsformulares» gesehen und dann nicht wieder. In den meisten Fällen wurde dieses Formular vom Verlag einbehalten. Offiziell arbeiten die Zeitungszusteller weniger als zwanzig Stunden die Woche. Das spart nicht etwa Schuhsohlen, denn faktisch arbeiten viele länger, sondern den Verlagen die kostspieligen Beiträge zur Arbeitslosenversicherung. Wenn L. nach vierjähriger ununterbrochener Arbeit für Springer entlassen wird, bekommt er keinerlei Unterstützung aus der Arbeitslosenkasse in Nürnberg.

Zweitverdiener Sozialamt

Den deutschen Zeitungszustellern, den vielen Hausfrauen, Rentnern oder Studenten geht es in dieser Beziehung nicht besser. Aber im Gegensatz zu ihren deutschen Arbeitskollegen sehen die asylsuchenden Zeitungszusteller für ihre nächtelange Arbeit in der Regel keine müde Mark. Da sie alle Sozialhilfeempfänger sind und der Sozialhilfesatz über ihrem Verdienst liegt, zahlen sie mit dem Geld nun einen Teil ihrer Sozialhilfe zurück.

Gegen die Sozialhilfe aufgerechnet werden dabei nicht nur die Durchschnittslöhne von rund 500 bis 600 DM, sondern auch die zusätzlichen Leistungen. Da sie als Asylbewerber sowieso nicht aus Berlin herausdürfen, lassen sich fast alle ausländischen Zeitungszusteller den Urlaubsanspruch in Geld ausbezahlen. Doch die rund 400 DM kassiert das Sozialamt ab. Zeitungszusteller haben bei Springer einen Anspruch auf 120 DM für Winterbekleidung. Tamilische Asylbewerber berichten jedoch, daß Springer die Sozialämter von dieser Geldleistung benachrichtigt. Resultat: keine Winterbekleidung vom Sozialamt, teilweise nicht einmal mehr für die Angehörigen des ausländischen Austrägers. Nicht nur Springer und andere Zeitungsverlage profitieren so von dieser Billig-Arbeit, auch die Sozialämter sparen so eine Menge Geld.

Warum aber machen Asylbewerber diese, wie sie selber sagen, «sehr schwere Arbeit», wenn sie dabei nicht mehr verdienen als sie sonst vom Sozialamt bekommen würden? Die Antwort ist einfach: Eine solche Arbeit ist der einzige Weg, um aus den Sammelunterkünften herauszukommen, um eine eigene Wohnung nehmen, um selber kochen zu können. Wenn sie nicht arbeiten, so berichten L. und M. von ihren Erfahrungen, würde das Sozialamt nie den Mietzuschuß für eine eigene Wohnung bewilligen. Umgekehrt müßten sie auch mit einer Rückverlegung in eine Sammelunterkunft und sogar einer Kürzung der Sozialhilfe rechnen, wenn sie die einmal gefundene Arbeit wieder «schmeißen» würden. Denn nach dem Bundessozialhilfegesetz ist jeder Hilfeempfänger verpflichtet, durch den Einsatz seiner Arbeitskraft zum eigenen Lebensunterhalt beizutragen. Und daß sie das können, haben die Zeitungszusteller ja unter Beweis gestellt.

«Wir werden doch verrückt hier»

Was das für ein Gefühl ist, jeden Morgen mit der eigenen Arbeit die eigene Diffamierung tausendfach in bundesdeutsche Haushalte zu tragen? L. und M. zucken hilflos die Achseln: «Was soll man machen?» Liebend gern würden viele von ihnen eine andere Arbeit annehmen und sogar mehr arbeiten. Aber nachdem sie als Asylbewerber schon zwei Jahre auf eine Arbeitserlaubnis warten mußten, gewährt ihnen das Arbeitsamt nur eine Erlaubnis für zwei bis drei Stunden pro Tag. – Maßgeschneidert für den Zeitungsträgerdienst. Und so machen sie das, was möglich ist und immer noch besser ist als gar nichts. «Wir müssen doch irgendwas tun, sonst werden wir verrückt hier», meint L. «Zu Hause haben wir doch auch gearbeitet.»

(taz, 6. 8. 86)

Ariane Gottberg

«Freiwillig bliebe ich keine Minute länger hier ...»

«Schlafen, aufwachen, essen», sagt George, «schlafen, aufwachen, essen. Jeden Morgen stehe ich gegen 10 Uhr auf, warte auf die Dusche, räume ein paar Sachen weg. Manchmal lese ich ein bißchen. Und dann kommt die Langeweile.» George schaut oft lange aus dem Fenster. Sein Blick fällt auf den Hof: ein Schotterweg, Buchen, der Westtrakt des massiven roten Klinkerbaus, in dem George vorher untergebracht war und wo er es nicht lange ausgehalten hatte. Früher sollten sich in dieser Anstalt Jugendliche bessern. Ab und zu kommt jemand an Georges Fenster vorüber. Ein Landsmann aus Ghana, der Pakistani aus dem zweiten Stock, der Inder von nebenan. Mit manchen grüßt sich George. Aber mehr als ein «Hallo» ist selten drin.

George kam erst vor drei Monaten in die Asylbewerber-Sammelunterkunft am Knabeweg in Osdorf. Mit seinen 24 Jahren ist er viel zu jung, um andauernd zu schlafen, wie das die anderen tun. «Ich bin nie müde», sagt George. Bevor er die Flucht ins Ausland ergriff, studierte George in Accra an der Universität. Nach Unruhen dort mußte er fliehen. Inzwischen wurde auf dem Campus sein Zimmer verwüstet. Die Nachricht kam per Post.

«Zuerst war ich einfach nur froh, einen sicheren Ort zum Leben zu haben», empfand er im ersten Monat seines Exil-Daseins. «Ich war überrascht, daß man uns hier Geld gab zum Leben. Ich war davon ausgegangen, daß man an jedem Ort der Welt für seinen Lebensunterhalt selbst sorgen muß.» Nach und nach fühlte sich George weniger wohl.

Das Nichtstun bedrückt Männer und Frauen aller Nationalitäten, die gezwungen sind, in den bundesdeutschen Flüchtlingslagern zu leben. Manche sind durch ihre Flucht aus der Heimat dem Tod entronnen, aber in der Bundesrepublik ist ihnen nicht mehr gestattet als das blanke Überleben – bis zum Ende des Asylverfahrens.

Am Anfang bekam George ein Kopfkissen und einmalig 50 Mark für Töpfe, Pfannen und Geschirr. Er lebt vom gekürzten Sozialhilfesatz – 288 Mark im Monat – wie die meisten politischen Flüchtlinge in Hamburg. Sie bezahlen von diesem Betrag ihre Lebensmittel, die Fahrkarten, das Porto für die Briefe nach Hause, Waschmittel und Seife. «Wir sind alle Zauberer geworden, mit dem Geld auszukommen», meint George.

Das komplizierte Asylverfahren zwingt politische Flüchtlinge dazu, sich einen Rechtsanwalt zu nehmen. Ein verantwortungsbewußter Anwalt, der der Sache der Asylbewerber gerecht werden will, verlangt für die mühevolle Arbeit bis zum Ende des Verfahrens an die 2000 Mark.

«Um zu sparen, kochen mein Freund und ich gemeinsam», sagt George. In seinem Kühlschrank steht ein Gemüseeintopf, «der reicht für vier Tage». Das Kochen, das Einkaufen und Planen ist die einzige Beschäftigung, der Asylbewerber in Hamburg nachgehen dürfen. In anderen Bundesländern bleibt ihnen nicht einmal das. Dort gibt es Mahlzeiten aus der Fernküche.

Doch die Küchen in Hamburgs Asylbewerber-Sammelunterkünften lassen oft zu wünschen übrig. Tische, Stühle und Schränke fehlen. Bis zu 24 Menschen müssen sich vier einzeln angeschlossene Kochplatten teilen. Oft stapelt sich der Müll.

In der Unterkunft am Osdorfer Knabeweg für 180 Asylbewerber werden die Zustände chaotischer, je höher man hinaufsteigt. Verdreckte Duschen und Toiletten gehören hier zum Lager-Alltag. Besonders dort, wo viele verschiedene Nationalitäten aufeinandertreffen, klappt die «Selbsthilfe» auf den Fluren nicht.

Bis zu sechs Männer hausen hier in einem Raum, der durch Schränke unterteilt wird. Da türmen sich Kartons und Klamotten, Gläser und Gabeln. Bei den Tamilen aus Sri Lanka ebenso wie bei den anderen.

«Seit Wochen haben wir hier den Hausmeister über das Ungeziefer informiert», erklärt einer der Männer in gebrochenem Englisch. Er zeigt auf eine verendete Kakerlake im Schrankbord, das – entgegen der allgemeinen Freudlosigkeit – von bunten Glühbirnen beleuchtet ist.

Putz bröckelt von den Wänden der alten Flure im Knabeweg. Und im Lager Wetternstraße in Harburg – mit seinen 220 Plätzen das größte in Hamburg – haben die Zimmer seit Jahren keinen Farbanstrich bekommen. Dunkle Flecken der Feuchtigkeit breiten sich aus in den finsteren kleinen Räumen.

In einem Teil der Flachbaracken bietet die Arbeiterwohlfahrt

Kurse an – für manche Flüchtlinge ein Lichtblick in der Wetternstraße. Am Freitagnachmittag jedoch ist alles verriegelt und verrammelt. Die Werkstätten bleiben verschlossen, die Mitarbeiter sind nach Hause gegangen.

«Hast du mal versucht, mit einem Bekleidungsgutschein einzukaufen?» fragt George. «Die Leute gucken dich hier so kalt an, als sei politisches Asyl ein Verbrechen.» George ist gekränkt, wenn er auf Menschen trifft, die vorgeben, nicht englisch zu sprechen. «Manche wollen nur nicht. Obwohl sie sehen, daß da ein Mensch in Not ist. Das würde euch in Afrika niemals passieren.»

Die Kochplatte stellt sich nach 10 Minuten ab

Die warme Maisonne lockt die halbe Stadt ins Grüne, ans Wasser, auf die Straßen. Nicht so die Flüchtlinge in den Sammelunterkünften. Viele Vorhänge bleiben den ganzen Tag lang zugezogen. «Irgendwann setzt das bei jedem ein, früher oder später», erklären Sozialarbeiter. Sie alle wollen namentlich nicht genannt werden, weil sie Schwierigkeiten mit der Behörde befürchten. «Besonders bei denjenigen Flüchtlingen, die echt verfolgt waren, die gefoltert wurden. Diejenigen, die hier schon kaputt ankamen, die psychisch nicht stabil sind, die gehen hier vor die Hunde. Irgendwann kommen sie nicht mehr aus ihren Zimmern heraus, nicht mehr aus dem Bett. Und sie frieren den ganzen Tag.»

Bis zum vorigen Herbst gab es im Knabeweg Deutschunterricht. Weil die Behörde die Lehrerin nicht mehr bezahlt, müssen die Asylbewerber, wenn sie jetzt die Sprache des Gastlandes lernen wollen, in die City fahren. George hat das bislang gemacht. Aber inzwischen hat er nachgerechnet: «Das Fahrgeld muß ich sparen.» George wird den begonnenen Kurs abbrechen. Kostenlose Fahrscheine gibt es für Asylbewerber nur, wenn sie entweder die Ausländerbehörde oder den Erkennungsdienst ansteuern.

Polizeirazzien oft mitten in der Nacht. Unregelmäßige Razzien der Ausländerpolizei sind in jedem Lager bekannt. Manchmal kommen die Polizisten im großen Stil, um nach Rauschgift zu suchen. Dann bringen sie Hunde mit und passen auf, daß niemand durchs Fenster entwischt. Wenn einer vor Angst wegrennt, kann er in jedem Fall für eine Nacht im Gefängnis landen.

Zu zweit kommen die Polizisten, wenn sie jemanden suchen, den sie abschieben wollen. Wenn sie ihn nicht finden, werden sie wütend, und manchmal treten sie Fenster und Türen ein. Oft kommen sie mitten in der Nacht. Dann ist kein Sozialarbeiter in seinem Büro, kein Anwalt in seiner Praxis, kein Richter im Amt, der die Abschiebung verhindern könnte.

Der Asylbewerber muß dann in Handschellen seine Koffer packen. Wenn er Glück hat, hilft ihm dabei ein Bettnachbar. Wenn nicht, dann bleibt die Hälfte seiner Sachen liegen.

Anthonyi A. aus Ghana mußte erleben, wie man seinen Freund Ansah Godfred verhaftete, als der ihn in der Wetternstraße besuchte. Ansah Godfred hatte in Schwarzenbek politisches Asyl beantragt und durfte deshalb seinen Bezirk nicht verlassen. Der «illegale» Besuch bei Anthonyi hatte für ihn verheerende Folgen: Die Ausländerpolizei setzte ihn in ein Abschiebeflugzeug nach Ghana, ohne nach dem Stand seines Asylverfahrens zu fragen – sein Flugticket war auf den Namen eines anderen ausgestellt. Sein Paß lag in Schwarzenbek ...

Die Freie und Hansestadt Hamburg verfährt dabei ebenso wider den Geist dieser Konvention wie die anderen Bundesländer. Dennoch fürchten alle politischen Flüchtlinge hier die «Umverteilung» in eines der benachbarten Bundesländer. Weil das eben abermals Trennung bedeutet, erneute Entwurzelung. Das niedrige Taschengeld von 10,50 Mark in der Woche und die «Gemeinschaftsverpflegung», die dort ausgegeben werden, schrecken zusätzlich.

George hat sich jetzt, gemeinsam mit seinem Freund, einen Kassettenrecorder gekauft. «Du brauchst hier einfach Musik, um dich lebendig zu fühlen.» Die Texte auf dem einen Band bedeuten, «daß alle Menschen gleich sind, egal welche Hautfarbe sie haben».

Die Musik tröstet George und macht ihn vergessen, daß die Kochplatte hier so eingerichtet ist, daß sie sich nach 10 Minuten von selbst abschaltet, weil man in Hamburg Menschen aus der Dritten Welt nicht zutraut, den Herd abzudrehen. Und daß der Hausmeister mit dem Nachschlüssel plötzlich in der Tür steht, die Privatsphäre mißachtend – auch das läßt sich mit Musik besser aushalten. Wie lange noch? «Es ist schlimm für uns, hier zu sein», meint George. «Sie haben diese dumme Mentalität wegen unserer Hautfarbe. Aber ich kann nicht zurück. Freiwillig bliebe ich keine Minute länger hier.»

«Wenn jemand das hier zwei Jahre lang ausgehalten hat und schließlich und endlich als Asylbewerber anerkannt wird, dann ist der fertig», so ein Sozialarbeiter, der seit Jahren politische Flüchtlinge betreut und das schon oft erlebt hat. «Nach dem Lagerdasein ist der so gebrochen, daß er nichts mehr hinkriegt. Wir bemühen uns, für ihn eine Wohnung zu besorgen und die Arbeitserlaubnis. Wenn sein Leben hier anfangen soll, ist seine Identität längst flöten. Er kann nicht mehr.»

(aus Hamburger Rundschau 23.5.85)

Wolfgang Schuth

«... darum ist ein geringerer Ernährungsbedarf Ihres Mandanten anzunehmen...»

Was heißt hier Beratung und Betreuung?

Bis Mitte der siebziger Jahre hatte der Bund die Probleme, die sich aus dem Zustrom Asylsuchender ergaben, nahezu allein gelöst. Er bestritt die Unterbringung im Bundessammellager Zirndorf, er bestritt das Verwaltungsverfahren zur Entscheidung über die Asylgewährung usw. Die steigende Zahl Asylsuchender seit Mitte der siebziger Jahre zwang 1977 dazu, die Betroffenen schon vor der Asylentscheidung auf andere Bundesländer zu verteilen (s. o.). Erst jetzt wurden andere Bundesländer im größeren Umfang gezwungen, Flüchtlinge unterzubringen. Die einen verteilten sie auf die Kommunen, entwickelten Verteilerschlüssel in Abhängigkeit von der Einwohnerzahl, die anderen bevorzugten die zentrale Unterbringung (Bayern, Baden-Württemberg, Berlin). In beiden Fällen waren die Kommunen, die Flüchtlinge aufnehmen mußten, nicht vorbereitet für die Aufnahme, und zunächst war auch die Kostenübernahme, z. B. der Sozialhilfe durch die Länder, noch nicht geregelt.

Während der Bund sozusagen über die Asylgewährung entscheidet, die Dauer des Anerkennungsverfahrens im wesentlichen mitbestimmt, müssen Kommunen und Länder die Flüchtlinge aufnehmen und die sozialen Lasten tragen. Es ist deshalb nur folgerichtig, daß gerade von den Kommunen und den Ländern in der Folge Anstrengungen unternommen wurden, den Zuzug Asylsuchender zu stoppen. So gehen Gesetzesinitiativen zur Änderung des Asylverfahrens seit 1978 regelmäßig vom Bundesrat aus.

In der Diskussion ist dabei das Wort «Mißbrauch» allgegenwärtig. Den Asylsuchenden wird unterstellt, das Asylrecht zu mißbrauchen und unsere Sozialleistungen auszunutzen. Diffamierend wurde das Wort vom Schmarotzer geprägt. Die Politik, die daraus folgt, hat

Herr Dr. Frey als Vorsitzender des Bayerischen Landkreisverbandes beschrieben.

Weil das Anerkennungsverfahren nicht wesentlich beschleunigt wurde, sollte eine Politik der *sozialen Abschreckung* (Anreizminderung) helfen, die Zahlen der Asylsuchenden zu senken.

Dieser Politik liegt die Vorstellung zugrunde, daß allein der Wohlstand in der Bundesrepublik Menschen zur Flucht animiert. Die bewußte Verschlechterung der Lebensbedingungen muß deshalb zwangsläufig zum Rückgang der Flüchtlingszahlen führen. Daß tatsächlich die weit überwiegende Mehrzahl der Flüchtlinge, Mißbrauchsfälle ausgenommen, die Situation nicht nach der Entwicklung in der Bundesrepublik beurteilen, sondern ihre Flucht in der Regel aus menschenrechtsverletzenden Regimen erfolgt, läßt den Gedanken der Abschreckung durch Sozialpolitik banal erscheinen. Personen, die planen, das Asylrecht zu mißbrauchen, haben hingegen diese Maßnahmen eingeplant und sind in der Lage, jederzeit die Bundesrepublik zu verlassen. Die Abschreckungspolitik wendet sich zudem an Personen, die gar nicht in der Bundesrepublik leben. Gemeint sind die, die erst kommen wollen und mit generalpräventiven Maßnahmen von ihrer Flucht, zumindest in die Bundesrepublik, abgehalten werden sollen. Dabei ist der Geltungsbereich und damit der Wirkungsbereich der Gesetze, BSHG, AFG usw., auf die Bundesrepublik begrenzt. Diejenigen, die es betreffen soll, können durch diese Maßnahmen nicht erreicht werden, und die, die in der Bundesrepublik sind, haben keinerlei Möglichkeiten, über diese Maßnahmen mit zu entscheiden, zu agieren oder zu reagieren. Mit der Ausnahme der Mala-fide-Flüchtlinge, denen unter anderem die Rückkehr offensteht. Die, die gute Gründe für die Flucht haben, müssen zwangsläufig zum Klienten der Sozialadministration werden. Eine solche Behandlung ausschließlich zum Zwecke der Abschreckung anderer mißachtet den sozialen Wert und Achtungsanspruch der Menschen (Art. 1 I GG). Das Differenzierungsziel der Abschreckung ist folglich selbst unzulässig und verstößt gegen Art. 3 I GG (vergl. hierzu ausführlicher Prof. Stolleis, Gutachten für UNHCR, S. 16, Zuleg ZAR, 1983, S. 192, Bethäuser, InfAuslR, 1982, S. 78).

«Der Staat hat die Menschenwürde nicht nur zu achten und zu schützen durch Abwehr von Eingriffen in diese. Er betrachtet es vielmehr als seine vorzügliche Aufgabe, die Würde des Menschen auch zu verwirklichen durch Gesetze, die Sozialleistungen und Hilfen vorsehen, um jedem Menschen ein menschenwürdiges Leben zu ermöglichen.» (Flamm, S. 42)

Soziale Beratung und Betreuung ist deshalb schon auf Grund dieser

Sozialpolitik notwendig, nicht nur, weil ausländische Flüchtlinge in der Regel nicht unsere Sprache verstehen, nicht über ihre Rechte und Pflichten Bescheid wissen, sie Probleme haben, in einer anderen Kultur zu leben, sie Verfolgung erlitten haben, allein die Art und Weise, wie wir sie aufnehmen und behandeln, macht sie zum Klienten sozialer Dienste. Verschärfungen ergeben sich regional unterschiedlich, wenn sie auch dem Geist der Abschreckung entspringen, wenn etwa für den Anschluß eines Telefons 1000 DM Kaution verlangt werden, wie in Göttingen, oder das Sozialamt die Flüchtlinge drängt, ihre Telefone abzumelden, da sie in einem Haus untergebracht seien, das der Kommune gehört und diese den Telefonanschluß in dem Parterre nicht, im 1. Stock wohl aber erlaubt; wenn für Lagerinsassen wie in Zirndorf ein Badeverbot in öffentlichen Einrichtungen ausgesprochen wird. Die Wirkungen, die diese Art aufgezwungener Lebensführung ausländischer Flüchtlinge auf die deutsche Bevölkerung hat, drücken sich aus in Bürgerinitiativen gegen die Errichtung von Wohnheimen für Asylsuchende, in Klagen von deutschen Mitbewohnern über Mietminderungen mit der Begründung, es leben Asylsuchende im Haus, usw.

Die «sozialpolitischen» Abschreckungsmaßnahmen im einzelnen

Die soziale Beratung und Betreuung leidet darunter, daß sie mithelfen soll, Menschen entgegen ihrer eigenen Überzeugung und der allgemeinen Lebenserfahrung in einer Wartestellung bis zur Asylentscheidung zu halten. Niemand bezweifelt, daß auch das Asylverfahren mißbraucht werden kann. Erfahrungen lehren eher, daß Mißbrauch, gerade bei langen Asylverfahren, möglich und interessant wird. Eingliederungsmaßnahmen (Sprachkurse und die nachrangige Vermittlung auf dem Arbeitsmarkt) haben dagegen keine Sogwirkung. Der aktuelle Zustrom von Flüchtlingen beweist dies ebenfalls. Unruhen und politische Verfolgung sowie für die Bundesrepublik nachteilige Absprachen auf europäischer Ebene führen zu den aktuellen Problemen.

Unterbringung und Verteilung

Fraktionsvorsitzende der CSU im Bayerischen Landtag Gustl Lang:
«Die Unterbringung derartiger Ausländer in umzäunten und bewachten Barackenlagern halte ich nach wie vor aus sicherheitsrecht-

lichen und ausländerpolitischen Gesichtspunkten für eine geeignete Möglichkeit, den ungehinderten und unkontrollierten Zuzug von Wirtschaftsasylanten zu steuern ... Dies hat nichts mit bewußter Ausländerfeindlichkeit oder gar mit einer Gefahr für die Liberalität unseres Landes zu tun.» (Lang, G., Brief an Otto Deutsch vom 19.9.78)

«Die Arbeiterwohlfahrt hat sich in der Vergangenheit mehrfach gegen die zwangsweise Unterbringung von Asylsuchenden in Sammelunterkünften für die Dauer des Asylverfahrens ausgesprochen. Sammelunterkünfte erscheinen akzeptabel für eine kurze Dauer, bis über die Verteilung entschieden ist.» (Stellungnahme AW vor Innenausschuß am 3.2.86)

«Fachleute» streiten sich über die Frage, ob es besser ist, Großlager einzurichten oder die Vereinzelung der Flüchtlinge auf dem flachen Land zu betreiben. Beide Formen der Verteilung und Unterbringung haben eklatante Mängel und begünstigen/verursachen psychische Krankheiten, wie eine Reihe von Studien und viele Praxisberichte aufzeigen. Dabei ist die Unterbringung in kleineren Wohneinheiten und Wohnungen durchaus möglich, sofern sie gewollt ist. Aber auch dann ist zu beobachten, daß z. T. sorglos offensichtlich rivalisierende Gruppen auf ungeschickte Weise zusammen untergebracht werden, so daß Probleme zwangsläufig auftreten müssen.

Obschon Flüchtlinge für die Dauer des Asylverfahrens in Wohnheimen leben müssen, gibt es keine verbindlichen Standards für diese Unterbringung. Bei Kritik lautet die Behördenantwort häufig, daß die Unterbringung nur vorübergehend sei. Hilfsweise könnten doch Standards, wie sie für die Obdachlosen bestehen oder bestanden, angelegt werden. Wobei der Aufenthalt von Flüchtlingen in der Regel länger, sehr viel länger ist.

Warum, so ist zu fragen, nehmen die Kommunen und Länder es hin, daß die Sammelunterkünfte häufig wesentlich teurer sind? So führt die Praktizierung der Sachleistungen zu Mehraufwendungen gegenüber der Barleistung. Berechnungsbeispiele für eine Großunterkunft in Hamburg gibt die Bürgerschaftsdrucksache 9/4445 (vom 13.04.1985, S. 8). Der Verpflegungsanteil am Regelsatz betrug damals 6,28 DM, die Verpflegung durch das Unternehmen (Sachleistung) betrug 13,05 DM. Der Innenminister des Landes Baden-Württemberg führte aus (Antwort auf Drucksache 9/2132 mit Schreiben vom 29. Oktober 1985): «Auf das gesamte Jahr umgerechnet, liegt der Aufwand für die entsprechend § 120 Abs. 2 BSHG gewährte Gemeinschaftsverpflegung für Asylbewerber in den Sammelunterkünften und daher theoretisch um rund 4 Mio. DM höher als bei unterstellter Selbstverpflegung, die jedoch nur begrenzt möglich wäre. Insbesondere darf nicht übersehen werden, daß zur Ermöglichung einer Selbstversorgung erhebliche Mittel für bauliche Investitionen und technische Einrichtungen erforderlich wären.» In derselben Antwort heißt es an anderer Stelle: «Einrichtungen für die Selbstverpflegung sind in den Sammelunterkünften Heilbronn, Horb, Ludwigshafen, Stuttgart und Ulm teilweise entfernt worden, ..., nachdem auf Gemeinschaftsverpflegung umgestellt worden war.»

Warum, bleibt zu fragen, wird die Verwaltung und die Bevölkerung häufig nicht vorbereitet auf die Zuteilung von Asylsuchenden? So werden z. T. Flüchtlinge ohne Vorwarnung der kommunalen Verwaltung übergeben. In Bayern haben die Regierungen häufig von sich aus – mangels eines Verteilungsverfahrens – Sammelunterkünfte angemietet und ohne ausreichende Information der Bevölkerung oder der Gemeindeverwaltung mit Flüchtlingen belegt. Die deutsche Bevölkerung reagierte zwangsläufig mit Ärger, der sich allerdings als Ärger und Feindlichkeit gegenüber den Flüchtlingen ausdrückte, nicht gegenüber der Administration, die sie angreifen wollte.

Das Arbeitserlaubnisverbot

Würde dieser Beitrag sich mit der sozialen Lage der Deutschen befassen, wäre die Arbeitslosigkeit Thema Nr. 1, besonders wichtig wäre die Jugendarbeitslosigkeit und die Problematik der Langzeitarbeitslosen. Wir würden sagen, daß diese Personen nur noch schwer zu vermitteln sind und besondere Probleme haben, sich auf dem Arbeitsmarkt zu integrieren.

Das heißt, die Probleme der Arbeitslosen sind uns gut bekannt – im gesellschaftlichen und individuellen Bereich. Wir wissen, daß Probleme wie Abnehmen des Selbstwertgefühls, Konflikte innerhalb der Familie und andere quasi zwingend auftreten. Sie brauchen nicht durch extreme Fälle belegt zu werden, durch Selbstmorde und andere. Diskutieren wir dasselbe Problem im Hinblick auf Asylsuchende, geht es heute darum, die Ausdehnung des zweijährigen Arbeitsverbots zu vermeiden. Die Verlängerung auf die Dauer von fünf Jahren steht an. Ob die Arbeitsvermittlung nach einem zwei- bzw. fünfjährigen Arbeitsaufnahmeverbot überhaupt erfolgreich sein kann, ist ein weiteres Problem.

Ein Mensch, dem zwei oder fünf oder mehr Jahre die Arbeit verboten ist, hat fast alles verlernt, was er an beruflicher Qualifikation hatte. Kommt es nicht einem lebenslangen Berufsverbot gleich und oft auch einem Arbeitsverbot?

Wir verweigern den Asylsuchenden den Zugang zur Arbeit gleich in dreifacher Weise

- arbeitserlaubnisrechtlich (Wartefrist / Arbeitserlaubnisverordnung)
- ausländerrechtlich (Auflage nach § 7 AuslG)
- und im Rahmen des Vorranges deutscher und EG-Angehöriger (§ 19 AFG)

Es besteht Verständnis für die Vorrangregelung deutscher Bürger auf dem Arbeitsmarkt. Willkürlich ist dagegen jede weitere Beschränkung in arbeits- und ausländerrechtlicher Hinsicht des Zugangs zur Arbeit.

Das Arbeitsaufnahmeverbot unterstellt dabei, daß es attraktiv ist, in der Bundesrepublik zu arbeiten, und daß die Betroffenen *arbeiten wollen*. Dabei konnte schon der Eindruck entstehen, daß Arbeitswille und politische Verfolgung ein Widerspruch seien. Dies nach dem Motto, wer schon an der Grenze angibt, daß er später in der Bundesrepublik arbeiten will, kann kein seriöser Asylsuchender sein. (Arbeitsunwilligkeit hat umgekehrt noch nicht zur Asylanerkennung geführt.)

Dieser Logik folgend war eindeutig, daß das Verbot der Arbeitsaufnahme zu weniger Flüchtlingen führen mußte. Die Berichte der Bund-Länder-Kommissionen aus den Jahren 1980 und 1981 haben dies immer wieder beteuert, wie sie gleichzeitig beteuert haben, daß genau dieses Arbeitsaufnahmeverbot für Flüchtlinge aus Osteuropa keine Wirkung haben kann. Die Schäuble-Kommission hat den statistischen Beweis geliefert (Bericht der Interministeriellen Kommission «Asyl» vom 03. Juli 1985, S. 46). Das Auf und Ab der Arbeitserlaubnisversagung im Jahre 1984 (es wurde für Flüchtlinge aus Osteuropa und Afghanistan durch die 7. Verordnung zur Änderung der Arbeitserlaubnisverordnung vom 09. 07. 1984 abgeschafft) hat zu keiner Veränderung, was den Zugang von Osteuropäern angeht, geführt. Dasselbe dürfte für Afghanen gelten.

Während die Wirkungslosigkeit des Arbeitsaufnahmeverbots im Hinblick auf die Abschreckung für Osteuropäer belegt ist, fehlt bislang jeder Beweis der Wirkung für Personen, die sich in einem anderen Ausland befinden. Dabei werden die deprimierenden Folgen für die Betroffenen, die Belastungen für die Kommunen bewußt in Kauf genommen. Die deutschen Nachbarn empfinden den aufgezwungenen Lebensstil (Nichtstun) der Flüchtlinge als Provokation – das ist auch der Nährboden, auf dem der Vorwurf der «Schmarotzermentalität» aufgeht.

Schäuble führt in seinem Bericht (S. 48) weiter aus, daß die Verlängerung der Wartezeit die Kosten der Sozialhilfe steigern würde, die Neigung, illegal zu arbeiten, verstärken würde und die Kriminalität möglicherweise zunehme. «Bei einer Verlängerung der Wartezeit müßten diese Auswirkungen in Kauf genommen werden.» (vgl. Stellungnahme der Arbeiterwohlfahrt im Innenausschuß vom 3.2.86)

Sozialhilfegewährung

> «Wer nicht in der Lage ist, aus eigenen Kräften seinen Lebensunterhalt zu bestreiten oder in besonderen Lebenslagen sich selbst zu helfen und auch von anderer Seite keine ausreichende Hilfe erhält, hat ein Recht auf persönliche und wirtschaftliche Hilfe, die seinem besonderen Bedarf entspricht, ihn zur Selbsthilfe befähigt, die Teilnahme am Leben der Gemeinschaft ermöglicht und die Führung eines menschenwürdigen Lebens sichert.» (Flamm S. 101)

Das Arbeitserlaubnisverbot führt zur Sozialhilfebedürftigkeit. Konnten sich vor dem Verbot der Arbeitsaufnahme nahezu zwei Drittel selbst versorgen, stellte die im September 1981 erhobene Zusatzstatistik der Sozialhilfe fest, daß die Zuwachsraten der Hilfe zum Lebensunterhalt für Deutsche 60 % und für Ausländer 1100 % betrug.

Im Rahmen der Änderung des BSHG durch das 2. Haushaltsstrukturgesetz 1981 wurde die Beschränkung des Sozialhilfeanspruchs auf die Hilfe zum Lebensunterhalt, die soweit möglich in Sachleistungen ausgezahlt werden sollte, festgeschrieben. Geldleistungen sollten forthin auf das zum Lebensunterhalt Unerläßliche eingeschränkt werden. Diese Regelung wurde zum 01.01.1984 im Rahmen des 2. Haushaltsbegleitgesetzes 1983 nachgebessert. Die Sozialämter haben in der Folge auf Weisung der überörtlichen Träger der Sozialhilfe die Hilfe um 10 bis 30 % gekürzt. Die vielerorts vorgetragenen Bedenken gegen die Praxis, die sowohl gegen das Individualisierungsgebot als auch das Bedarfsdeckungsprinzip des BSHG verstieß, hat das Bundesverwaltungsgericht in seinem Urteil vom 14.03.1985 (5 C 145.83) bejaht. Während nun alle Bundesländer ihre Aufforderung zur pauschalen Kürzung der Sozialhilfe zurücknahmen, war Berlin damit nicht einverstanden.

Hatte das Bundesverwaltungsgericht für sich angenommen, daß die Kürzung der Sozialhilfe ihren Sinn darin habe, die öffentlichen Ausgaben zu begrenzen, da dies die Intention des Haushaltsbegleitgesetzes 1983 war, mußte der Senator für Gesundheit und Soziales in Berlin darauf hinweisen, daß hier mit dem § 120 Abs. 2 BSHG ausländerpolitische und asylrechtliche Ziele (Abschreckung) verfolgt werden (Rundschreiben vom 01.07.1985, Az. VII A). Es bleibe offen, wie das Gericht entschieden hätte, hätte es diese Intention des Gesetzgebers zur Kenntnis genommen. Die Entschließung des Bundesrates zur Eindämmung des Asylmißbrauchs vom 14. Juli 1985 (Bundesamt-Drucksache 100/85) stellt noch einmal heraus: «Für eine klare und wirksame Konzeption zur Eindämmung des Asylmißbrauchs ist es dringend notwendig, daß alle Länder der Bundesrepublik

- die Asylbewerber in der Regel in Gemeinschaftsunterkünften unterbringen und
- Sozialhilfe, soweit möglich, als Sachleistung gewähren. Soweit Geldleistungen unumgänglich sind, sollen sie in allen Ländern auf das zum Lebensunterhalt Unerläßliche gekürzt werden.»

Berlin vollzog deshalb das ohnehin politisch Gewollte unter Mißachtung der Rechtsprechung, wenn es die Sozialämter aufforderte, weiterhin pauschal zu kürzen.

«Die bisherige Praxis, im Rahmen der ‹Einschränkung auf das zum Lebensunterhalt Unerläßliche› ... die regelmäßigen Leistungen auf etwa 80 v. H. des Regelsatzes zu ermäßigen, rechtfertigt sich für Asylbewerber deshalb, weil sich der Regelsatz nach den Lebensbedürfnissen ständig in der Bundesrepublik lebender Hilfeempfänger bemißt und die generelle Vermutung angebracht ist, daß die Lebensbedürfnisse der Asylsuchenden anders, nämlich niedriger, gelagert sind. Wegen des niedrigeren Lebensstandards in den Heimatländern der Asylbewerber, aber auch, weil die Leistungen zunächst nur während des vorübergehend geduldeten Aufenthaltes zu erbringen sind, ist es gerechtfertigt, generell nur das zur Bedarfsdeckung Erforderliche zu gewähren. Eine individuelle Prüfung der Lebensbedürfnisse in jedem Einzelfall, wie die Leistungen auf das zum Lebensunterhalt Unerläßliche eingeschränkt werden, ist damit nicht notwendig.» (Rundschreiben vom 01.07.1985, Az. VII A)

Das Sozialamt der Stadt Aachen begründet seine Kürzung mit Bescheid vom 13.08.1985 wie folgt: «Vorliegend ist nicht davon auszugehen, daß Ihre Mandanten in ihrem Heimatland, der Türkei, den gleichen Lebensstandard hatten, wie ihn üblicherweise deutsche Bundesbürger oder ständig in der Bundesrepublik lebende Ausländer haben. Ausgehend von dieser Tatsache, die allein schon vor dem Hintergrund der vorgegebenen politischen Verfolgung Ihrer Mandanten und den damit verbundenen Einschränkungen berechtigt ist, ist ein geringerer Ernährungsbedarf Ihrer Mandanten anzunehmen. Dem steht auch nicht entgegen, daß zwei ihrer Mandanten Kinder unter zwei Jahren sind und die Lebensmittel in türkischen Läden in Aachen unverhältnismäßig hoch im Preis sind, denn die Möglichkeit, auf andere, billigere Lebensmittel auszuweichen, ist durchaus gegeben.»

Diese Argumentation des BSHG setzt sich tendenziell dafür ein, das Lebensniveau, das politisch Verfolgte in der Heimat hatten, bei uns fortbestehen zu lassen. Wie, so ist polemisch zu fragen, werden in Zukunft die ehemaligen Insassen sowjetischer psychiatrischer Kliniken behandelt werden?

Das Bundesverwaltungsgericht (Urteil vom 14.3.85) sieht ausdrücklich enge Grenzen für das Ermessen vor. Insbesondere darf nicht allein der Umstand, daß es sich um einen Asylsuchenden handelt, Grund für die Kürzung sein. Vielmehr ist die konkrete Prüfung der individuellen Bedarfslage an Ort und Stelle geboten. Die Betroffenen müssen schließlich ihren Lebensunterhalt in der Bundesrepublik bestreiten. Kritisch anzumerken ist ferner die pauschale Kürzung des Lebensunterhalts, die keine Rücksicht auf die Lebensalter und dementsprechend auf den unterschiedlichen Warenkorb nahm.

Die praktizierte Sonderregelung für Asylsuchende und geduldete Ausländer ist bedenklich insofern, als sie vom Aufenthaltsprinzip abgeht und die Höhe der Hilfe zum Lebensunterhalt am Rechtsstatus orientiert und somit, bezogen auf die Gruppe der Ausländer, gleiche Tatbestände ungleich behandelt. Weiterer Kritikpunkt ist die für die Betroffenen bloßstellende Form der Hilfe in Form von Wertgutscheinen sowie vielerorts die Praxis der eingeschränkten Krankenhilfeleistung. Diese im Rahmen des § 120 Abs. 2 vorgesehenen Maßnahmen sollten zwar kostendämpfend wirken (Sinn des Haushaltsbegleitgesetzes 1983), führten aber zu vermehrtem Verwaltungsaufwand und sollten nicht dazu führen, daß, wie im Falle der Stadt Hof, Kindern die Schutzimpfung verweigert wird. Die Tatsache, daß § 120 Abs. 2 unter der Prämisse der Kostendämpfung steht, müßte an sich den Gebrauch der hier vorgeschriebenen Soll- und Kann-Vorschriften einschränken.

Gutscheine als regelmäßige Form der Hilfe zum Lebensunterhalt für bestimmte Personengruppen sind ebenfalls abzulehnen.

- Die Betroffenen werden beim Einkauf als Asylsuchende identifiziert,
- die Einkaufsmöglichkeiten sind reduziert,
- wirtschaftliches Verhalten ist erschwert und auf bestimmte Läden reduziert,
- die Betroffenen fühlen sich entmündigt.

Besondere Probleme bereitet vielerorts die *Einschränkung der Krankenhilfeleistung* (§ 37 BSHG). Während ursprünglich beabsichtigt war, aufschiebbare Kosten intensiver Heilbehandlungen einzuschränken, kann bisweilen die Erlangung eines Krankenscheins zum Abenteuer werden, wenn Schwangere schließlich vor jeder regelmäßig vorgeschriebenen Untersuchung zunächst beim Sozialamt die Erlaubnis einholen müssen.

Mit der beabsichtigten Anreizminderung kann auch nicht die Praxis im Bezirk der Regierung von Oberfranken in Einklang gebracht werden, wo Kindern übliche Schutzimpfungen versagt werden. Erst nach Protesten erhalten die Kinder jetzt Schutzimpfungen gegen Diphtherie, Keuchhusten, Tetanus und Tuberkulose.

All dies hat nichts mehr mit dem elementaren Ziel der Sozialhilfe, den Klienten zur Selbsthilfe zu führen, zu tun, sondern die Sozialhilfe wird zu ausländerpolitischen Zwecken mißbraucht.

Gemeinnützige und zusätzliche Arbeit (gzA)

Sinn der Hilfe zur Arbeit ist es, durch Schaffung oder Beschaffung einer Arbeitsgelegenheit den Hilfesuchenden in die Lage zu versetzen, durch seine Arbeit den Lebensunterhalt für sich und seine Angehörigen zu verdienen:

«Art und Maß der Hilfe richten sich dementsprechend grundsätzlich danach, welche Mittel geeignet und vorhanden sind, die gegenwärtige Notlage zu beseitigen und den Hilfesuchenden zu befähigen, unabhängig von der Sozialhilfe zu leben.» (BVerwGE 29,99 [102])

So oder so ähnlich lauten die Schreiben, die ausländische Flüchtlinge bekommen, wenn sie eine gemeinnützige Arbeit verrichten sollen oder den Ladungen nicht nachgekommen sind. Abgesehen davon, daß die Betroffenen in der Regel das Fachchinesisch nicht verstehen, sind die Drohungen zunächst unverständlich, hat man ihnen doch bisher hartnäckig die Arbeitsaufnahme verweigert.

Das System der Hilfe zur Arbeit nach dem Bundessozialhilfegesetz

Die *Hilfe zur Arbeit* ist in den § 18ff geregelt. Nach § 18 Abs. 1 muß jeder Hilfesuchende seine Arbeitskraft zur Beschaffung des Lebensunterhaltes für sich und seine unterhaltsberechtigten Angehörigen einsetzen. Der Sozialhilfeträger ist verpflichtet, darauf hinzuwirken, daß sich der Hilfesuchende um Arbeit bemüht und Gelegenheit zur

Arbeit erhält (§ 18 Abs. 2). Dies gilt nicht, wenn dem Hilfeempfänger die Arbeitserlaubnis nicht erteilt werden kann, aber auch dann gilt der § 19, soweit kein Arbeitsverhältnis im Sinne des Arbeitsrechtes begründet wird. Die Grenzen der Arbeitspflicht regelt § 18 Abs. 3, so darf den Hilfeempfängern dann die Arbeit nicht zugemutet werden, wenn sie körperlich oder geistig hierzu nicht in der Lage sind. Zu denken ist vor allem an ältere Personen, Erwerbsunfähige oder Berufsunfähige, schwangere Personen. Die Arbeit darf ferner nicht zugemutet werden, wenn dadurch etwa die geordnete Erziehung der Kinder gefährdet würde oder wenn die künftige Ausübung der bisherigen überwiegenden Tätigkeit wesentlich erschwert würde.

Für Hilfesuchende, die auf dem Arbeitsmarkt keine Arbeit finden können, soll nach Möglichkeit Arbeitsgelegenheit geschaffen werden (§ 19 Abs. 1 BSHG). Schafft das Sozialamt Gelegenheit zur gzA, dann kann es dem Hilfeempfänger entweder das übliche Arbeitsentgelt oder die Hilfe zum Lebensunterhalt (HLU) zuzüglich einer angemessenen Entschädigung für den Mehraufwand gewähren (§ 19 Abs. 2 BSHG).

Beispiel 1:

«Mit dem wirtschaftlichen Wert dieser Arbeit tragen Sie im Sinne der §§ 11 und 18 BSHG selbst zu den Kosten des notwendigen Lebensunterhaltes für sich und Ihre unterhaltsberechtigten Angehörigen bei. In diesem Umfang machen Sie sich aus eigener Kraft von finanziellen Leistungen der Sozialhilfe unabhängig.

Wir weisen ausdrücklich darauf hin, daß die gesamte Hilfe zum Lebensunterhalt mit sofortiger Wirkung versagt wird, wenn Sie sich weigern, die zugewiesene zumutbare Arbeit zu leisten (§ 25 BSHG).»

Beispiel 2:

Gemeinschaftsarbeit
Sehr geehrter Herr XY

Nach den Bestimmungen des Sozialhilfegesetzes (§ 18 ff) soll der Sozialhilfeträger Arbeitsgelegenheiten gemeinnütziger und zusätzlicher Art schaffen (Gemeinschaftsarbeit). Ich bitte Sie daher, am 09. August 1984 in der Zeit von 8.00 bis 11.00 Uhr zwecks Vermittlung in Gemeinschaftsarbeit hier vorzusprechen und dieses Schreiben mitzubringen.

Gemäß § 60 ff Sozialgesetzbuch, allgemeiner Teil (SGB I), haben Sie eine sogenannte Mitwirkungspflicht. Diese Mitwirkungspflicht schließt die Verpflichtung mit ein, auf Verlangen des Sozialhilfeträgers bei diesem persönlich zu erscheinen. Sollten Sie dieser Einladung also nicht nachkommen, verletzen Sie die Mitwirkungspflicht. Gem. § 66 SGB I kann Ihnen für diesen Fall die Hilfe zum Lebensunterhalt dann ganz oder teilweise entzogen werden.

Diese Mitteilung gilt als Hinweis gem. § 66 Abs. 3 SGB I.

Es bestehen also zwei Alternativen. Für Asylsuchende, die dem Arbeitsaufnahmeverbot unterliegen, trifft aber nur die 2. Alternative zu (also die Hilfe zum Lebensunterhalt sowie eine kleine Aufwandsentschädigung), da sie ja kein Arbeitsverhältnis eingehen dürfen.

«Zusätzlich» im Sinne dieser Vorschrift ist nur die Arbeit, die sonst nicht, nicht in diesem Umfange oder nicht zu diesem Zeitpunkt verrichtet werden würde. «Gemeinnützig» bedeutet, daß durch diese Arbeiten ausschließlich und unmittelbar die Allgemeinheit gefördert wird, d. h., daß die Arbeit nicht privaten, erwerbswirtschaftlichen Zwecken dient.

Diese «Arbeitshilfe» gzA ist ein groteskes Beispiel für die Widersprüche, die zwischen der Intention des Bundessozialhilfegesetzes und der Praxis entstehen. Vor dem Hintergrund der oben dargelegten, gewollten Abschreckung von Flüchtlingen sowie der gewollten Nichtintegration auf dem Arbeitsmarkt erreicht die gzA absurde Dimensionen, wenn Flüchtlinge, denen die Arbeitsaufnahme verboten ist, jetzt mit der gegenteiligen Logik, sie seien es, die durch ihre Lebensführung bewiesen, daß sie sich nicht integrieren wollen, zur gzA gezwungen werden.

In der Praxis liest sich das für den betroffenen Asylsuchenden häufig so:

Sehr geehrter Herr XY,

zum wiederholten Male sind Sie der Arbeit ferngeblieben, obwohl Ihnen die Folgen ausdrücklich dargelegt worden sind. Ihre Arbeitsunwilligkeit gibt uns gemäß § 25 I BSHG die Möglichkeit, die bisher gewährte Sozialhilfe ab Juli 1982 einzustellen. Wer sich weigert, zumutbare Arbeit zu leisten, hat keinen Anspruch auf Hilfe zum Lebensunterhalt.

Die Arbeitsverweigerung bekundet, daß Sie nicht daran denken, sich in die Bundesrepublik zu integrieren.

Wir bieten Ihnen an, den Rückflug in Ihr Heimatland abzuwickeln. Die Antragsformalitäten können bei uns erledigt werden. Damit die Heimreise noch in diesem Monat erfolgt, wollen Sie uns unverzüglich aufsuchen.

Mit freundlichen Grüßen

(Bescheid der Verbandsgemeindeverwaltung Westerburg vom 14.06.1982)

Die Bescheide zur Heranziehung sind durchweg pauschal abgefaßt. Die Betroffenen ersehen in der Regel nicht, was sie arbeiten müssen, wer für sie zuständig ist usw. Die Rechtsprechung des Bundesverwaltungsgerichts (Urteil vom 13.10.1983 – 5 C 66.82) fordert eine hinreichende Begründung des Bescheids, die meist nicht gegeben ist.

Folgt nun der Asylsuchende der Aufforderung zur gzA (gemeinnützige, zusätzliche Arbeit) nicht, kann es ihm passieren, daß er einen Brief wie den folgenden bekommt, der ebenfalls als Formblatt bereitliegt:

Sehr geehrter Herr M.,

wie ich Ihnen schon mehrfach mitgeteilt habe, sind Sie verpflichtet, gemeinnützige und zusätzliche Tätigkeit zu leisten, und zwar in einem Umfange, der unter Zugrundelegung des Stundenlohns von 7,50 DM im Verhältnis zu den gezahlten Sozialhilfeleistungen steht. Da Sie meiner wiederholten Aufforderung zur Arbeitsleistung nicht Folge geleistet haben, ist die Zahlung der laufenden Hilfe zum Lebensunterhalt zum 15.06.1986 eingestellt worden.

Soweit Sie bereit sind, Ihrer Verpflichtung zur Ableistung gemeinnütziger und zusätzlicher Tätigkeit ab dem 18.06.1986 nachzukommen, werde ich die Zahlung der laufenden Hilfe zum Lebensunterhalt wiederaufnehmen, wobei die Auszahlung in wöchentlichen Teilbeträgen erfolgt und bei Nichteinhaltung angemessener Arbeitsleistung erneut eine Hilfeeinstellung vorgenommen wird.

Die Zahl der von Ihnen im Verhältnis zu den Sozialhilfeleistungen zu leistenden Arbeitsstunden wird neu festgesetzt, und zwar auf monatlich 56 Stunden.

Bezüglich der Arbeitsaufnahme wollen Sie sich, wie schon erwähnt, am Mittwoch, dem 18.06.1986, um 6.55 Uhr beim Bauhof im Stadtteil P. einfinden.

Durch diese Arbeitsgelegenheit wird kein Beschäftigungsverhältnis im Sinne der gesetzlichen Kranken- und Rentenversicherung und kein Arbeitsverhältnis im Sinne des Arbeitsrechtes begründet. Vorschriften über den Arbeitsschutz finden jedoch Anwendung. Rechtsmittelbelehrung:

Mit freundlichen Grüßen

i.A. XY

Andere Sozialämter stellen die Hilfe nicht gleich ganz ein, sondern kürzen zunächst um 20 Prozent. Das Ziel ist, den Asylsuchenden zur Arbeit zu zwingen. Nicht nur für den Laien stellt sich die Frage, wie es rechtlich haltbar ist, daß man Menschen auf der einen Seite verbietet, für ihren eigenen Unterhalt aufzukommen, die Arbeit untersagt, und sie auf der anderen Seite im Rahmen der Sozialhilfe zur gzA zwingen kann.

Obschon Asylsuchende, die dem Arbeitsaufnahmeverbot unterliegen, keine Arbeit leisten dürfen, die ihren Unterhalt sichert, hat das Bundesverwaltungsgericht (Urteil vom 10.02.1983, BVerwG 5 C 115.81) die zwangsweise Heranziehung zur gzA letztlich für zulässig erklärt, «weil durch sie der Arbeitsentwöhnung vorgebeugt und der Hilfebedürftige auf die Übernahme einer Erwerbstätigkeit vorbereitet werden kann, die ihn befähigt, unabhängig von Sozialhilfe zu leben». Daran schließt sich allerdings die Frage an: Ist der Betroffene tatsächlich von Arbeitsentwöhnung bedroht? Sofern man dies überhaupt im Einzelfall prüft, stellt sich ferner die Frage: Wie kann der Arbeitsentwöhnung im Hinblick auf die spätere Übernahme einer Erwerbstätigkeit entgegengewirkt werden? Würde es sich im Einzelfall nicht um einen französisch sprechenden Afrikaner, sondern um einen polnisch sprechenden Aussiedler handeln, wäre die Antwort klar. Jeder käme zu dem Schluß, daß dieser zunächst die deutsche Sprache erlernen muß, ohne die eine Integration auf dem Arbeitsmarkt letztlich nicht möglich ist. Auch andere alternative Hilfsmöglichkeiten wären denkbar. Warum aber werden sie nicht erwogen? Kann es tatsächlich stimmen, daß die Heranziehung zur gzA geradezu routinemäßig erfolgt, ohne Gedanken an ein Hilfekonzept, das tatsächlich in Richtung der vorgegebenen Ziele wirken soll.

Wie wir sehen, ist die zwangsweise Heranziehung zur gzA zwar legitimiert, unterliegt aber gleichzeitig erheblichen Auflagen, die in aller Regel von den Sozialämtern nicht erfüllt werden, weshalb die Bescheide durchweg rechtlich bedenklich sind. In dem zuletzt genannten Bescheid wird die Sozialhilfe, die im Rahmen der gzA bezahlt wird, sogar als «Stundenlohn» bezeichnet. In diesem Falle ist auf eine Entscheidung des OVG Rheinland-Pfalz hinzuweisen (Beschluß vom 01.12.1982 – 8 B 51–52). Das Gericht sagt: «Als reine Hilfeform, die darauf zielt, dem mangelnden Selbsthilfebestreben des Hilfesuchenden zu begegnen, um ihn zur Eingliederung in das normale Arbeitsleben von Sozialhilfe unabhängig zu machen, könne § 25 Abs. 1 allerdings auch dann nicht gesehen werden, wenn die Leistung gemeinnütziger und zusätzlicher Arbeit als Gegenleistung (also Lohn, Anmerkung des Verfassers) für die Gewährung der Sozialhilfe zu bewerten wäre ... Sozialhilfe ist ihrem Wesen nach Hilfe in einer gegenwärtigen Notlage (vgl. BVerwG Buchholz 436.0 § 2 Nr. 4). Sie ist ohne Rücksicht auf deren Ursachen zu gewähren – vgl. BVerwG 29,99 (104) – und soll den Hilfeempfänger soweit wie möglich befähigen, unabhängig von ihr zu leben (§ 1 Abs. 2 Satz 2 Halbsatz 1 BSHG.»

Abschließend zum Thema gzA sei der Sachverständigenausschuß der Internationalen Arbeitsorganisation (ILO) zitiert:

> Der Ausschuß hat zur Kenntnis genommen, daß nach Abschnitt 1 § 2 (es müßte eigentlich lauten § 1) Nr. 3 der Verordnung über die Arbeitserlaubnis für nichtdeutsche Arbeitnehmer in der Fassung vom 24. 09. 1981 für Personen, die einen Asylantrag stellen, normalerweise die Arbeitsaufnahme für die ersten 2 Jahre vom Zeitpunkt der Antragstellung an verboten ist. Sie nimmt zur Kenntnis, daß nach den §§ 18, 19 und 25, zuletzt geändert durch das 2. Haushaltsstrukturgesetz vom 22. 12. 1981, dieselben Personen zur Ableistung von «gemeinnützigen und zusätzlichen Arbeiten» herangezogen werden können, wobei sie keine Wahl haben, als diese durchzuführen, wenn sie ihre Ansprüche auf Sozialhilfeleistungen aufrechterhalten wollen.
>
> Der Ausschuß hat die Entscheidung des Oberverwaltungsgerichts Hamburg vom 24. 05. 1982 zur Kenntnis genommen. Hiernach ist diese Praxis – die durch frühere Gerichtsentscheidungen als unrechtens erklärt wurde – nun formell durch die gesetzliche Änderung des Bundessozialhilfegesetzes im Rahmen des 2. Haushaltsstrukturgesetzes gebilligt. Der Ausschuß hofft, daß die Regierung Maßnahmen unternehmen wird oder in Betracht nimmt, um Gesetz und Praxis mit der Konvention in Übereinstimmung zu bringen.

7. Internationale Arbeitskonferenz 1984, Bericht 3, Part 4a, S. 77)

Der Sachverständigenausschuß bringt hiermit eindeutig zum Ausdruck, daß er die deutsche Praxis als einen Verstoß gegen das «Übereinkommen über Zwangs- oder Pflichtarbeit» ansieht. Dieses Übereinkommen Nr. 29 (Ü29) wurde von der Bundesrepublik am 13. 06. 1956 ratifiziert. *(Näheres zur gzA: siehe Putz in Info also 1/84, S. 74–83, Krahmer in ZfSH 1981, S. 39ff, sowie ZfF 1982, S. 176ff, und ZfSH/SGB 1983, S. 211ff; Näheres zur Bewertung der Praxis durch die ILO: Schuth in TuP Nr. 9/84, S. 304ff, vgl. Stellungnahme der AW für Innenausschuß, vom 3. 2. 86)*

Abschließende Bemerkung

Wir verwalten das Flüchtlingsproblem. Wir machen durch unsere Sozialpolitik die Flüchtlinge – wie keine andere Gruppe – zum Objekt der Sozialverwaltung, während sonst in der Regel auf auffälliges

Verhalten reagiert wird, ist der Asylsuchende schon als solcher Klient und Adressat der Sozialverwaltung.

Die soziale Beratung und Betreuung beschäftigt sich mehr mit der Durchführung und den Folgen einer ausländerpolitisch motivierten Sozialarbeit als mit den Problemen der Betroffenen. Es gibt scheinbar einen Konflikt zwischen staatlicher und freier Wohlfahrtspflege, als ob nur dort die Widersprüche registriert werden dürften.

Sollten es ausländische Flüchtlinge tatsächlich darauf anlegen, die Sozialleistungen westlicher Staaten auszunutzen und dies sollte das Hauptmotiv für ihre Flucht sein, dann wäre es folgerichtig, daß sie in andere Länder gehen würden, die einen höheren Standard an Sozialleistungen haben, z. B. die Niederlande, wo noch dazu (Tamilen ausgenommen) eine Gemeinschaftsunterbringung im größeren Stil nicht erfolgt.

Während die Politiker bislang eine sachliche Begründung für ihr Abschreckungskonzept mit Mitteln der Sozialpolitik schuldig bleiben – eine humanitäre Begründung ist ohnehin nicht möglich –, belegen steigende Flüchtlingszahlen die irrigen Grundannahmen dieser Politik. Es bleiben aber ihre persönlichkeitszerstörenden Folgen und die Tatsache, daß sie das Klima für die Aufnahme ausländischer Flüchtlinge in der Bundesrepublik unnötig belasten.

Die Alternative zur Abschreckungspolitik ist ein zügiges Anerkennungsverfahren und ein in sich stimmiges Konzept einer humanen Flüchtlingspolitik, die außenpolitisch auf die Beseitigung von Fluchtursachen einwirkt, entwicklungspolitisch die Erstaufnahmeländer in der Dritten Welt massiv unterstützt, innenpolitisch das Verfahren für die Anerkennung von unnötigen Lasten befreit und für einen vernünftigen Lastenausgleich zwischen Kommunen, Land und Bund sorgt.

The road for a refugee
is as long
as you make it.
UNHCR
United Nations High Commissioner for Refugees

IV.

Woher sie kommen – Sri Lanka zum Beispiel

«Der Weg, den die Flüchtlinge zurücklegen müssen, ist so lang, wie du ihn machst»

Tamilen Asyl gewähren!

Ein Aufruf (aus «Vierte Welt Aktuell» 51, Februar 1986)

Stellen Sie sich vor:

Man verbietet Ihnen die Benutzung Ihres Fahrrades, obwohl Sie nur durch dieses Verkehrsmittel Ihren Arbeitsplatz erreichen können. Ihre Niederlassungs- und Reisefreiheit werden durch Notstandsgesetze ebenfalls erheblich eingeschränkt. Ebenso Ihre Berufsausübung, falls Sie z. B. im Fischereiwesen tätig sind. Soldaten dringen in Ihre Wohnung ein, zerschlagen unter dem Vorwand einer Hausdurchsuchung Ihre Möbel, rauben den Schmuck Ihrer Frau, belästigen Sie und Ihre Familie mit groben Worten, mißhandeln Sie und Ihre Familie. Ihre Frau, Schwester oder Tochter wird vergewaltigt, mißhandelt und vielleicht sogar getötet, nur weil Sie abwesend sind und den Angehörigen der Sicherheitskräfte nicht zur Festnahme und Verhören zur Verfügung stehen. Ihr minderjähriger Sohn wird bei einer Massenrazzia an Ihrem Wohnort mit Hunderten anderer junger Männer festgenommen, in ein Armeelager gebracht, dort unter Umständen monatelang festgehalten, verhört und gefoltert. Sie können ihm nicht helfen, denn es gibt keine Rechtsmittel dazu. Wenn er endlich freigelassen wird, kann es geschehen, daß er nicht zu Ihnen zurückkehren darf, weil Sie zufällig in einem Bezirk leben, in dem die Regierung Ihres Landes durch verstärkte Ansiedlung von Angehörigen einer anderen Volksgruppe die ethnische Zusammensetzung zu ändern wünscht.

Sie werden beinahe täglich Augenzeuge von Gewalttaten. Sie wissen, daß Soldaten völlig wehrlose Angehörige Ihrer Volksgruppe ohne Rücksicht auf Alter und Geschlecht niederschießen, erstechen oder sonstwie umbringen und anschließend die Leichen der Opfer verstümmeln, um eine Identifizierung zu erschweren. Sie wissen, daß die Soldaten nicht einmal vor der sinnlosen Ermordung eines jungen katholischen Geistlichen zurückschreckten. Sie wissen auch von dem

Massaker an etwa 50 Angehörigen Ihres Volkes, die wahllos in ein Gemeindezentrum gesperrt und von Soldaten in die Luft gesprengt wurden. Sie wissen, daß andere Soldaten Schulkinder in Reihe antreten ließen und sie dann erschossen. Natürlich haben Sie ständig Angst, daß Sie und Ihre Familie ebenfalls Opfer solcher Gewaltakte werden könnten. Die Armee oder aggressive Wehrbauern der anderen Volksgruppe vertreiben Sie schließlich von Ihrem Wohnort. Angeblich wird der Boden vom Staat beansprucht. Oder die Armee will eines ihrer zahlreichen Lager erweitern oder eine Landebahn für Flugzeuge bauen. Ohne jegliche Entschädigung für den Verlust Ihres Hauses und Ihres Hausrats begeben Sie sich in ein Notaufnahmelager und freuen sich noch darüber, denn die meisten Ihrer Landsleute irren in derselben Lage ohne solche Hilfe obdachlos durch die Wälder. Aber die Luftwaffe Ihres Landes greift das Flüchtlingslager mit Helikoptern an, so wie sie auch Siedlungen und Dörfer bombardiert hat.

Sie fragen sich, warum Ihnen das alles geschieht, und müssen feststellen, daß Sie bzw. Ihre Familie, Ihre Freundin oder Nachbarn sich einzig auf Grund ihrer Volkszugehörigkeit in ständiger Lebensgefahr befinden. Eine solche Situation nennt man entsprechend der Genfer Flüchtlingskonvention von 1951 Gruppenverfolgung. Ihre oben geschilderten Bestandteile bilden den Alltag der tamilischen Bevölkerung in der Nord- und Ostprovinz Sri Lankas.

Die Regierung Sri Lankas bestreitet jedoch, daß ihre tamilischen Staatsbürger nur auf Grund ihrer Volkszugehörigkeit verfolgt werden, und rechtfertigt die Ausschreitungen ihrer «Sicherheitskräfte» mit Terrorismusbekämpfung. Derselben Auffassung ist seit 1985 auch das Bundesamt für ausländische Flüchtlinge, das sogar eine vollständige Ausrottung der tamilischen Bevölkerung in der Nordprovinz, im Rahmen der Terrorismusbekämpfung, für zulässig hält.

Die unterzeichneten Personen/Organisationen fragen jedoch:

Lassen sich Staatsverbrechen wie Völkermord mit Terrorismusbekämpfung rechtfertigen? Rechtfertigt die Terrorismusbekämpfung des Staates wirklich, daß breite Teile der etwa 1,5 Mio. in der Nord- und Ostprovinz lebenden Tamilen willkürlicher Verfolgung ausgesetzt werden, die selbst eindeutig terroristischen Charakter besitzt? Denn die Einschüchterung von wehrlosen Menschen durch Willkür und brutale Gewalt ist Terror und fördert Terror als Gegenwehr. Seit 1984 wurden mindestens eine halbe Million Tamilen direkt oder mittelbar Opfer dieses Staatsterrors. Mindestens 3000 wurden getötet, mindestens 16000 Tamilen wurden seit August 1984 willkürlich festgenommen, viele von ihnen gefoltert, manche sogar getötet, etwa 2000 gelten als «vermißt». Mindestens 350000 Tamilen sind obdachlose Flüchtlinge inner- und außerhalb Sri Lankas. Nur ein geringer Teil von ihnen fand Aufnahme in Lagern.

Die unterzeichneten Personen/Organisationen vermögen auch nicht die vom Bundesverwaltungsgericht am 3.12.1985 geäußerte Auffassung zu teilen, daß es sich bei der Tamilenverfolgung in Sri Lanka «nur« um einen Aspekt von *Bürgerkrieg* bzw. um *Ausschreitungen einer aus der Kontrolle des Staates geratenen Armee* handelt. Vielmehr hat die lankaische Regierung die Armee des Landes ganz bewußt und zielgerecht finanziell und materiell ausgebaut und gesetzgeberisch ihre Befugnisse erheblich ausgedehnt: Der Militärhaushalt wurde von 1985 auf 1986 fast verdoppelt. Er beträgt 12% des gesamten Staatshaushalts bzw. eine achtfache Steigerung seit 1977. Anfang August 1985 beschloß die Regierung, die inzwischen auf 35000–36000 Mann geschätzte Armee bei der «Terrorismusbekämpfung» in der Nord- und Ostprovinz um eine 10000 Mann starke «Nationale Hilfstruppe» zu ergänzen. In einer am 23.11.1985 in der lankaischen Presse wiedergegebenen Rede des Präsidenten J.R. Jayewardene betonte dieser, die Armee besäße jegliche Vollmacht, den Terrorismus «auszurotten»; niemand dürfe eine Kontrolle ihrer Machtbefugnisse fordern. In einem Interview mit der indischen Zeitung *India Today* (veröffentlicht am 15.12.1985) bezeichnete der Präsident Anfang Dezember 1985 die Tamilenfrage als vorwiegend militärisches Problem, das durch Gewalt gelöst werden müsse; politische Verhandlungen mit den militanten Tamilengruppen würden nur zum Zwecke des Zeitgewinns geführt. Er sprach ferner erneut von einer «Liquidierung» des Terrorismus und drohte für den Fall einer indischen Invasion, von deren Möglichkeit der Präsident ebenso wie die Mehrheit seiner singhalesischen Landsleute wahnhaft überzeugt ist, die vorherige Vernichtung der etwa 365000 bis 500000 Tamilen an, die in und um die Hauptstadt Colombo als Minderheit unter Singhalesen leben.

Die Äußerungen des lankaischen Präsidenten erschienen uns nicht nur im höchsten Maße menschenverachtend und für die Tamilen bedrohlich, sondern enthüllen auch, daß es ein «lankaisches Staatsbürgerbewußtsein» selbst in der Regierungsspitze nicht gibt. Statt dessen herrscht ein kommunitäres, den Interessen der eigenen Volks- und Religionsgruppe ausschließlich verpflichtetes Denken. Ferner zeigen die Pogromdrohungen des Präsidenten, daß nichts von der in der Bundesrepublik und anderen westeuropäischen Staaten verschiedentlich geäußerten Vorstellung zu halten ist, der vorwiegend von Singhalesen besiedelte Süden Sri Lankas bilde eine Binnenfluchtmöglichkeit für Tamilen. Vielmehr ist zu befürchten, daß sich bei einer verstärkten Niederlassung von Tamilen in diesem Gebiet die Ängste der singhalesischen Bevölkerungsmehrheit vor einer Tamileninvasion noch verstärken und in offene Gewalt umschlagen.

Der Polizeipräsident von Berlin hat sich die Entscheidung des Bundesverwaltungsgerichts vom 3.12.1985 noch vor Ausstellung der schriftlichen Urteilsbegründung zunutze gemacht und auf der Grundlage dieses Urteils Tamilen postwendend die Abschiebung angedroht. Dem Flüchtlingsrat sind bisher achtzehn Fälle von Abschiebungsandrohungen bekannt geworden. Aber selbst der lankaischen Presse ist zu entnehmen, daß aus dem europäischen und außereuropäischen Ausland freiwillig oder unfreiwillig zurückkehrende Tamilen festgenommen, verhört und bisweilen erst nach Monaten wieder freigelassen werden. Doch selbst wenn es Tamilen gelingen sollte, bei der Einreise in Colombo solcher Gefahr zu entgehen, bringt die Unsicherheit des Reiseverkehrs von dort in den Norden oder Osten erneute Gefahr. Immer wieder werden tamilische Fahrgäste in der Bahn oder Privatbussen von Singhalesen angehalten, ausgeraubt, mißhandelt, vergewaltigt oder sogar getötet. Die Reisenden müssen ferner inzwischen zehn Kontrollpunkte der Sicherheitskräfte passieren, wo jeweils eine genaue Gepäck- und Ausweiskontrolle vorgenommen wird und die Fahrgäste in aller Regel durch Drohungen und Beschimpfungen eingeschüchtert werden. Selbst wenn ein aus dem Ausland zurückkehrender Tamile auch diese Hürde genommen hat, droht ihm am Zielort immer noch die Festnahme oder eine der anfangs geschilderten zahlreichen Verfolgungsarten. Auch in der südasiatischen Region finden Familen keine Aufnahme. Die Botschaften Pakistans und Bangladeshs in Bonn haben 1985 bereits entsprechende Auskünfte erteilt. Indien, das offiziell den Visumzwang für lankaischen Staatsbürger eingeführt hat, verhält sich indifferent. Bei 150000 tamilischen Flüchtlingen, die als «boat people» ohne Visum auf dem Seeweg in den südindischen Bundesstaat Tamil Nadu einreisten, besitzt Indien wohl kaum Interesse an einer weiteren Erhöhung der Flüchtlingszahlen, zudem die starke Präsenz von lankaischen Tamilen in Tamil Nadu zu fortgesetzten außenpolitischen Querelen zwischen Indien und Sri Lanka führt, das Indien die Beherberung tamilischer Untergrundkämpfer vorwirft.

Tamilen sind mithin in Sri Lanka auf das höchste gefährdet und finden keine Aufnahme in den Nachbarstaaten.

Erstunterzeichner:

Flüchtlingsrat Berlin/Gesellschaft für bedrohte Völker/Pax Christi, Berlin/terre des Hommes, Berlin

Sri Lanka

Ein Bericht von amnesty international

Zehntausende von Tamilen haben seit Mitte 1983 Sri Lanka verlassen und im Ausland – zumeist in Indien, aber auch in der Bundesrepublik Deutschland – Zuflucht vor Menschenrechtsverletzungen und Verfolgung gesucht. «An erster Stelle der heute in der Bundesrepublik Deutschland Asylsuchenden stehen Tamilen aus Sri Lanka. Bislang beantragten 8063 Angehörige dieser ehtnischen Minderheit bei uns Asyl», berichtete *Der Spiegel* in seiner Ausgabe vom 1. April 1985. «Im ersten Halbjahr 1985» sind laut Tageszeitung *Die Welt* (20. Juli 1985) «12270 Tamilen nach West-Berlin oder ins übrige Bundesgebiet eingereist, von denen 4137 einen Asylantrag stellten.» Hintergrund dieser Massenflucht ist die Zuspitzung des Konflikts zwischen der singhalesischen Bevölkerungsmehrheit Sri Lankas und der ethnischen Minderheit der Tamilen.

Dieser Konflikt ist gekennzeichnet von gewalttätigen Aktionen tamilischer Extremistengruppen einerseits und antitamilischen Ausschreitungen, die zeitweilig das Ausmaß von Pogromen angenommen haben, andererseits.

Hunderte von Tamilen sind seit Mitte 1983 durch die Sicherheitskräfte oder unter deren Mitwirken extralegal getötet worden oder «verschwanden», nachdem sie verhaftet worden sind. Zahlreiche Tamilen wurden inhaftiert und in der Haft gefoltert. amnesty international hat inzwischen mehrere Berichte über die Menschenrechtssituation in Sri Lanka veröffentlicht. Ihre Erkenntnisse haben die Organisation veranlaßt, an alle Regierungen zu appellieren, Angehörige der tamilischen Minderheit bis auf weiteres nicht nach Sri Lanka abzuschieben, wenn sie Asyl suchen oder auf andere Weise zum Ausdruck gebracht haben, daß sie nicht in ihr Heimatland zurückkehren wollen.

Auch die zuständigen Behörden und Gerichte in der Bundesrepublik bestreiten kaum mehr, daß Tamilen verfolgt werden. Anträge tamilischer Flüchtlinge auf Asyl gibt das Bundesamt für die Anerkennung ausländischer Flüchtlinge zu rund 90% statt, doch werden die Entscheidungen fast ausnahmslos vom Bundesbeauftragten für Asylangelegenheiten angefochten. Der Bundesbeauftragte beruft sich auf das Bundesverwaltungsgericht, das die Gruppenverfolgung der Tamilen nur für die von Singhalesen mehrheitlich bewohnten Gebiete bejaht hat, und verweist auf eine angeblich bestehende inländische Fluchtalternative im mehrheitlich von Tamilen bewohnten Norden Sri Lankas. Darüber hinaus vertritt er die Auffassung, daß die Fluchtgründe der Tamilen nicht asylrelevant seien, weil sie aus der Bürgerkriegssituation in Sri Lanka resultierten, nicht aus politischer Verfolgung.

Mittlerweile ist Tamilen der Fluchtweg in die Bundesrepublik Deutschland oder nach West-Berlin praktisch völlig abgeschnitten. Seit Einführung des Visumszwanges im Jahre 1980 konnten Tamilen nur noch über den Ost-Berliner Flughafen Schönefeld nach West-Berlin und in die Bundesrepublik gelangen, da die bundesdeutsche Botschaft in Sri Lanka nur sehr restriktiv Sichtvermerke für die Einreise in die Bundesrepublik erteilt. Tausende von Flüchtlingen haben diesen Fluchtweg genutzt.

In einer Pressemitteilung vom 25. Februar 1985 beklagte der Berliner Innensenator Lummer, daß sich «der bereits seit Mitte 1984 anhaltende verstärkte Zustrom von Asylbewerbern mit einem großen Anteil von Tamilen und Ghanaern in beängstigender Weise fortgesetzt» habe, und forderte «durchgreifende Maßnahmen» gegen «die nicht abreißende Flut von Asylbewerbern aus aller Herren Länder».

Seit Juli 1985 lassen die DDR-Behörden auf Betreiben der Bundesregierung eine Beförderung von Staatsangehörigen aus Sri Lanka nach Ost-Berlin nur zu, wenn sie ein Visum für ein westeuropäisches Land vorweisen können. In Berlin-Schönefeld ist seit Einführung dieser Kontrolle «kein einziger Tamile mit einem eingestempelten Sichtvermerk mehr angekommen», berichtete die *Stuttgarter Zeitung* am 15. August. Verfolgte Tamilen sind damit von der Asylsuche in der Bundesrepublik Deutschland ausgeschlossen.

Auf den folgenden Seiten werden die Gründe für die Flucht von Tamilen aus Sri Lanka und amnesty internationals Position zur Asylfrage und zu deren Handhabung durch die bundesdeutschen Behörden und Gerichte ausführlicher dargestellt.

Hintergrundinformationen

Der Inselstaat Ceylon liegt nahe der Südspitze Indiens. Er erlangte 1948 seine Unabhängigkeit und nennt sich heute «Democratic Socialist Republic of Sri Lanka». Bevor der Staat unabhängig wurde, gab es dort eine 450 Jahre währende Kolonialherrschaft der Portugiesen, Niederländer und zuletzt der Briten, die den tiefgreifendsten Einfluß auf die soziale, wirtschaftliche und politische Struktur des Landes ausübten. Die Hauptgruppen des gegenwärtigen Konflikts sind die singhalesische Bevölkerungsmehrheit und die tamilische Bevölkerungsminderheit, die sich durch Herkunft, Sprache und Religion unterscheiden: 74 % der Bevölkerung stellen die Singhalesen, die dem Buddhismus angehören, 18,2 % die hinduistischen Tamilen.

Vor der Kolonialherrschaft existierten auf Ceylon verschiedene singhalesische und tamilische Königreiche, und es fanden immer wieder kriegerische Auseinandersetzungen zwischen ihnen statt. Die heutigen Unruhen zwischen den beiden ethnischen Gruppen sind unter anderem eine Folge der sozialen und wirtschaftlichen Entwicklung des Landes unter der britischen Kolonialherrschaft. Die Briten holten Tamilen aus Südindien (die sogenannten Indien-Tamilen) als Arbeitskräfte für die von ihnen geschaffenen Teeplantagen ins Land, und sie förderten insbesondere die alteingesessenen Ceylon-Tamilen, denen sie in der Verwaltung und in der Plantagenwirtschaft die besseren Stellen zukommen ließen. Bei Erlangung der Unabhängigkeit ging die Regierungsgewalt an die singhalesische Bevölkerungsmehrheit über, deren Nationalismus sich zunehmend gegen die tamilische Bevölkerung richtete.

Situation der Tamilen

Durch eine Reihe von gesetzlichen Verordnungen und Maßnahmen wurden die Tamilen von diesem Zeitpunkt an im politischen, wirtschaftlichen und kulturellen Leben zurückgedrängt. Ein 1964 mit Indien vereinbartes Repatriierungsprogramm, das auf fünfzehn Jahre angelegt war und für einen Teil der Indien-Tamilen die Repatriierung nach Südindien, für einen anderen Teil die Zuerkennung der srilankischen Staatsbürgerschaft vorsah, klärte den Status dieser Bevölkerungsgruppe nicht abschließend. Der Britische Flüchtlingsrat schreibt zur Situation heute: «Von den 825 000 Indien-Tamilen, die heute in Sri Lanka leben, sind nur 150 000 Staatsbürger Sri Lankas ... Die Staatsbürgerschaft der übrigen (ungefähr 675 000) ist ungeklärt – viele sind staatenlos, viele sind britische Bürger oder Bürger der britischen Überseebesitzungen und können als solche weder im Parlament noch in Lokalregierungen vertreten sein» (Tamils in Sri Lanka, British Refugee Council, May 1984). 1956 wurde Singhalesisch zur alleinigen Amtssprache erklärt, wodurch der tamilischen Bevölkerung der Zugang zum öffentlichen Dienst erschwert wurde. In seinem Missionsbericht für die Internationale Juristenkommission (Sri Lanka: Amounting Tragedy of Errors, March 1984) beschreibt der Autor Paul Sieghart die heutige Situation der Indien-Tamilen wie folgt: Die Mehrheit der Indien-Tamilen arbeitet nach wie vor auf den Teeplantagen und leistet durch ihre Arbeit «einen riesigen Beitrag zum Nationaleinkommen. Dennoch werden sie weiterhin miserabel bezahlt, leben in armseligen Wohnverhältnissen, und ihre Nahrungsmittel- und Gesundheitsversorgung sowie Bildungsmöglichkeiten sind erbärmlich schlecht.»

Auf die Beschneidung ihrer Minderheitenrechte reagierten die Tamilen zunächst mit gewaltfreien Protestaktionen nach dem Vorbild Mahatma Ghandis. Eine dreimonatige «Ungehorsamskampagne» zum Beispiel legte 1961 in den überwiegend von Tamilen bewohnten Landesteilen den Regierungs- und Verwaltungsapparat nahezu vollständig lahm. Die Regierung antwortete mit der Entsendung von Truppen und erklärte die Jaffna-Halbinsel zum Notstandsgebiet. Die Notverordnungen blieben zwei Jahre in Kraft.

Anfang der siebziger Jahre gründeten die Tamilen die Tamilische Vereinigte Front (Tamil United Front – TUF), die sich 1976 zu der bisher einflußreichsten politischen Organisation der Tamilen, der Tamilischen Vereinigten Befreiungsfront (Tamil United Liberation Front – TULF), umformierte. Im gleichen Zeitraum bildeten sich auch die ersten militanten Gruppierungen, darunter vor allem die Tamil Tigers (oder LITTE-Liberation Tigers for Tamil Ealam), die mit Waffengewalt für einen eigenen Tamilen-Staat (Tamil Ealam) kämpften und zwischen 1976 und 1978 verstärkt mit spektakulären Aktionen und Angriffen gegen die singhalesische Polizei und Armee in Erscheinung traten. 1978 wurden die Tamil Tigers und andere militante Gruppen von der Regierung verboten.

Verfassung und Recht

1977 fanden in Sri Lanka allgemeine Wahlen statt, aus denen die Vereinigte Nationalpartei (UNP – United National Party) unter Junius Richard Jayewardene als Sieger hervorging. Die TULF kandidierte zu den Wahlen mit einem Programm zur Errichtung eines separaten Tamilen-Staates, erhielt die überwiegende Mehrheit der Stimmen der tamilischen Bevölkerung und wurde stärkste Oppositionspartei in Colombo.

Nach ihrem Antritt gab die UNP-Regierung dem Land 1978 ohne Volksentscheid eine neue Verfassung, die Ministerpräsident Jayewardene zum Staatspräsidenten machte und ihn mit umfassenderen Exekutivvollmachten ausstattete. Die neue Verfassung enthält Bestimmungen über Minderheitenrechte – sie erkennt insbesondere sowohl Tamil als auch Singhalesisch (das Amtssprache bleibt) als Landessprache an – und erstmals ein ausdrückliches Verbot der Folter (die zuvor nur durch Gesetze verboten war), erlaubt aber auch «im Interesse der nationalen Sicherheit» die Einschränkung vieler Grundrechte. Eingeschränkt werden können z. B. das Recht auf freie Meinungsäußerung, auf Versammlungs- und Vereinigungsfreiheit sowie auf Freizügigkeit, der Grundsatz der Unschuldsvermutung und der Gleichheit vor dem Gesetz, das Verbot der rückwirkenden Anwendung von Strafgesetzen und das Recht, nicht willkürlich verhaftet und inhaftiert zu werden.

Im Juli 1979 führte die Regierung Notstandsrecht ein, und das Gesetz vor Vorbeugung gegen den Terrorismus (PTA-Prevention of Terrorism Act) trat in Kraft. Nach diesem Gesetz können Verdächtige ohne Angabe von Gründen festgenommen und bis zu achtzehn Monaten ohne Anklage oder Gerichtsverfahren in incomunicado-Haft gehalten werden. Die Angehörigen müssen nicht über den Haftort informiert werden; weder sie noch Rechtsanwälte erhalten Zugang zu den Häftlingen, die nach einer 1982 vorgenommenen Änderung des PTA im Widerspruch zu Verfassungsbestimmungen an jedem beliebigen Ort untergebracht werden dürfen.

amnesty international hat die Bestimmungen und die Anwendungen dieses Gesetzes immer wieder kritisiert, da die langanhaltende Haft ohne Kontakt zur Außenwelt Folterungen und Mißhandlungen Vorschub leistet.

Anlaß zu besonderer Besorgnis sah amnesty international im Erlaß der Notverordnung 15 A im Juni 1983. Sie ermächtigte die Polizei, mit Genehmigung des Verteidigungsministers Leichen zu beschlagnahmen und zu bestatten. Die bis dahin auch bei Todesfällen von der Hand der Sicherheitskräfte erforderliche amtliche Leichenschau wurde hinfällig, und die Polizei selbst konnte bestimmen, ob jemand am Begräbnis teilnehmen durfte und wer. amnesty international äußerte gegenüber der Regierung die Befürchtung, daß diese Sonderbefugnisse mißbraucht werden könnten, um extralegale Hinrichtungen zu vertuschen. Die Organisation begrüßte es, daß die Notverordnung 15 A im Juni 1984 aufgehoben wurde. Die neue Notverordnung 55 B-G sieht zwar gerichtliche Untersuchungen vor, doch bedauert amnesty international, daß die Durchführungsbestimmungen die gesetzlichen Schutzgarantien, die ordentliche gerichtliche Untersuchungsverfahren bieten würden, immer noch stark einschränken. So wird die Erstuntersuchung von den Sicherheitskräften durchgeführt, nicht von unabhängigen Richtern; die Polizei darf «im Interesse der nationalen Sicherheit» nach wie vor Leichen ohne amtliche Leichenschau bestatten, und eine solche Leichenschau findet offenbar auch nur dann statt, wenn die Polizei sie fordert. amnesty international sieht auch in der neuen Bewegung die Gefahr, daß extralegale Hinrichtungen vertuscht werden und die Möglichkeit dazu wiederum solchen ungesetzlichen und willkürlichen Tötungen Vorschub leistet.

Das PTA und die anderen Notverordnungen, die die Regierung in ihrer Amtszeit erlassen hat, stellen das Land faktisch unter Ausnahmerecht.

Auf die im Sommer 1983 eskalierende Gewalttätigkeit im Lande reagierte die Regierung mit einer Verfassungsänderung, die das Eintreten für einen Separatstaat auf srilankischem Gebiet in jeder, auch friedlicher Form verbietet. Artikel 157 A lautet:

«(1) Niemand darf direkt oder indirekt, innerhalb oder außerhalb Sri Lankas die Errichtung eines Separatstaates auf srilankischem Staatsgebiet unterstützen, verfechten, fördern, finanzieren, befürworten oder verteidigen. (2) Keine politische Partei oder andere Vereinigung oder Organisation darf als eines ihrer Ziele oder Zwecke die Errichtung eines Separatstaates auf srilankischem Staatsgebiet haben.» (Übersetzung: Verwaltungsgericht Wiesbaden)

Das sechste Änderungsgesetz bedroht jeden, der diesem Artikel zuwiderhandelt, mit bis zu siebenjährigem Verlust der Rechtsfähigkeit und der bürgerlichen Ehrenrechte (in diesem Gesetz definiert als «Recht auf Erhalt eines Passes, auf Teilnahme an allen öffentlichen Examen, auf Besitz von Immobilien, auf Ausübung jeden Gewerbes und jeden Berufes, wofür nach geschriebenem Recht eine Lizenz, eine Eintragung oder andere Genehmigung erforderlich ist»), ferner mit Einziehung eines Teils des Eigentums und ggf. mit Verlust des politischen Amtes oder der Anstellung im öffentlichen Dienst. Alle Abgeordneten, Beamte, Richter und sonstige öffentliche Bedienstete mußten einen Eid ablegen, daß sie sich in keiner Form für einen Separatstaat in Sri Lanka einsetzen werden.

Dieser Zwangseid hatte zur Folge, daß die größte Oppositionspartei in Colombo, die TULF, die ja mit einem Programm zur Errichtung eines unabhängigen Tamilen-Staats angetreten war, alle Parlamentssitze und regionalen wie lokalen Mandate verlor, denn ihre Mandatsträger verweigerten den Eid.

Sri Lankas internationale Menschenrechtsverpflichtungen

Sri Lanka ist seit dem 11. Juni 1980 Mitglied des Internationalen Pakts über wirtschaftliche, soziale und kulturelle Rechte und des Internationalen Pakts über bürgerliche und politische Rechte. Am 18. Februar 1982 ist das Land auch an den Internationalen Abkommen zur Beseitigung jeder Form von Rassendiskriminierung und über die Unterdrückung und Bestrafung des Verbrechens der Apartheid beigetreten.

Das Ausnahmerecht, das in Sri Lanka auch in Zeiten des nichterklärten Notstands in Gestalt von Notverordnungen und insbesondere des Anti-Terrorismus-Gesetzes (PTA) gilt und eine Reihe der im Internationalen Pakt über bürgerliche und politische Rechte verbrieften Rechte außer Kraft setzt, verletzt Artikel 4 dieses Pakts, der lautet:

«(1) Im Falle eines öffentlichen Notstandes, der das Leben der Nation bedroht und der amtlich verkündet ist, können die Vertragsstaaten Maßnahmen ergreifen, die ihre Verpflichtungen aus diesem Pakt in dem Umfang, den die Lage unbedingt erfordert, außer Kraft setzen, vorausgesetzt, daß diese Maßnahmen ihren sonstigen völkerrechtlichen Verpflichtungen nicht zuwiderlaufen und keine Diskriminierung allein wegen der Rasse, der Hautfarbe, des Geschlechts, der Sprache, der Religion oder der sozialen Herkunft enthalten.

(3) Jeder Vertragsstaat, der das Recht, Verpflichtungen außer Kraft zu setzen, ausübt, hat den übrigen Vertragsstaaten durch Vermittlung des Generalsekretärs der Vereinten Nationen unverzüglich mitzuteilen, welche Bestimmungen er außer Kraft gesetzt hat und welche Gründe ihn dazu veranlaßt haben. Auf demselben Weg ist durch eine weitere Mitteilung der Zeitpunkt anzugeben, in dem eine solche Maßnahme endet.»

Nach Artikel 4 Absatz 2 sind bestimmte Rechte notstandsfest, dürfen also auch unter den vorgenannten Bedingungen nicht außer Kraft gesetzt werden, so u. a. das Recht auf Leben, das Verbot der Folter, das Verbot der rückwirkenden Anwendung von Strafgesetzen und das Recht auf Rechtsfähigkeit. Während der Einschränkung der beiden letztgenannten Rechte im Widerspruch zum Pakt bereits durch Verfassungsbestimmungen der Weg bereitet ist (s. o.), werden das Recht auf Leben und das Verbot der Folter, wie die nachfolgenden Seiten zeigen, von den srilankischen Sicherheitskräften täglich verletzt.

Menschenrechtssituation in Sri Lanka

Die antitamilischen Ausschreitungen vom Sommer 1983

«Der Vorfall, der die Bürgerunruhen im Juli und August vergangenen Jahres auslöste – die Tötung von 13 Soldaten am 23. Juli –, und die nachfolgenden Tötungen und kommunalen Gewalttätigkeiten sollten ... im Licht der vorausgegangenen Geschichte der rassischen und politischen Spannungen zwischen der singhalesischen und der tamilischen Bevölkerung Sri Lankas gesehen werden und *nicht* als isolierte Ereignisse», schreibt der Britische Flüchtlingsrat in seiner Dokumentation «Tamils in Sri Lanka» (Mai 1984). Diese Einschränkung vorausgeschickt, hier ein kurzer Überblick über die Ereignisse (zitiert nach Heinz Stanek M. A., Politische Chronologie der Demokratischen Sozialistischen Republik Sri Lanka, Januar–Dezember 1983, Verwaltungsgericht Wiesbaden):

> «*23. 7.:* Tamilische Extremisten der LITTE unternehmen bei Thinnavely (Jaffna-Distrikt) mit Minen und Schnellfeuergewehren einen Angriff auf eine in einem Jeep und einem Lkw fahrende Armeestreife, töten dreizehn Soldaten und verletzen zwei weitere schwer.
>
> Dieser Anschlag wird zum Anlaß für ein einwöchiges landesweites Pogrom gegen die tamilische Minderheit. Nachdem am *24. 7.* die z. T. stark entstellten Leichen der getöteten Soldaten unter Anteilnahme von etwa 30000 erregten Menschen auf dem Kanatta-Friedhof in Colombo beigesetzt wurden, greifen in der Stadt größere Banden von Singhalesen planmäßig Tamilen und tamilisches Eigentum an, töten in den ersten 24 Stunden bereits über 100 Menschen und brennen Hunderte von Häusern und Geschäften nieder.
>
> Die Systematik der Aktionen und die Tatsache, daß sich die Mordbrenner im Besitz von Kopien des offiziellen Wählerverzeichnisses befinden und teilweise Lastwagen der Gewerkschaft JSS benutzen, deren Präsident Cyril Mathew, ein glühender singhalesischer Nationalist, Minister für Industrie und Wirtschaft in der UNP-Regierung ist, lassen vermuten, daß nun ein schon länger geplantes Unternehmen abläuft, dem bisher lediglich der entsprechende Anlaß fehlte.

25. 7.: Die gewalttätigen Ausschreitungen greifen auf weitere Städte des Landes über.

In Trincomalee ziehen 150 marodierende Marinesoldaten durch die Stadt, demolieren 175 Häuser und Geschäfte, töten eine Person und verletzen weitere zehn. Anschließend werden 130 Matrosen unter Arrest gestellt.

Insgesamt werden in den Nordprovinzen zwanzig unbewaffnete tamilische Zivilisten von Soldaten erschossen.

Die Regierung verhängt eine Ausgangssperre über Colombo und den Jaffna-Distrikt.

Im Welikada-Gefängnis (Colombo) werden 35 von 73 wegen terroristischer Handlungen verurteilte oder angeklagte Tamilen von singhalesischen Mithäftlingen ermordet ...

26. 7.: Die Ausgangssperre wird auf das ganze Land ausgedehnt.

27. 7.: Im Welikada-Gefängnis (Colombo) werden achtzehn weitere tamilische politische Häftlinge ... von singhalesischen Mitgefangenen ermordet.

28. 7.: Sicherheitskräfte erschießen auf dem Bahnhof in Colombo sieben mutmaßliche tamilische Terroristen.

Im Gefängnis von Jaffna werden drei tamilische Häftlinge von Gefängniswärtern erschossen ... Behörden geben 200 Todesfälle bekannt.

29. 7.: An diesem ‹schwarzen Freitag›, der die meisten Todesopfer verzeichnet, kündigt der Staatspräsident ein Verbot der TULF und die Aberkennung aller Bürgerrechte für Separatisten an. In einer Rundfunk- und Fernsehansprache gibt er zu, daß auch Mitglieder von Polizei und Armee an den Ausschreitungen beteiligt waren.

Allein in Colombo werden fünfzehn Tamilen von singhalesischem Mob erschlagen, 25 Plünderer von Sicherheitskräften erschossen und mehrere hundert verhaftet. In der näheren Umgebung der Stadt befinden sich bereits 35000 obdachlose tamilische Flüchtlinge in Notaufnahmelagern ...

2. 8.: Nach amtlichen Angaben gibt es bisher 295 Tote, 1438 Brandstiftungen, 76 Plünderungen und 300 Eigentumsdelikte. 79000 obdachlose Tamilen leben in achtzehn Notaufnahmelagern bei Colombo. 4000 wurden bereits in den Jaffna-Distrikt verschifft. Die meisten TULF-Parlamentarier haben sich im Norden oder im südlichen Indien in Sicherheit gebracht ...

4.8.: TULF-Generalsekretär Amrithalingam beschuldigt die Armee, im Jaffna-Distrikt 51 Tamilen niedergeschossen zu haben. Außerdem hätten Sicherheitskräfte zusammen mit singhalesischen Banden 200 Häuser und Geschäfte von Tamilen in Trincomalee niedergebrannt.

5.8.: In Abwesenheit der TULF-Abgeordneten beschließt das Parlament ... die sechste Verfassungsänderung (siehe weiter oben) ...

6.8.: Die Regierung verkündet die Todesstrafe für illegalen Waffen- und Sprengstoffbesitz.

7.8.: Die Regierung gibt zu, daß nach dem Anschlag der ‹Tiger› am 23.7. wütende Soldaten zwanzig Zivilisten im Jaffna-Distrikt erschossen haben. Durch die antitamilischen Ausschreitungen sind 100000 Personen ohne Obdach und Schäden in Millionenhöhe zu verzeichnen. 18000 Häuser, 2500 Geschäfte und Büros und 100 Fabriken ... sind zerstört worden. Zur Behebung der Schäden erläßt die Regierung ein Notstandsgesetz ...(das) u. a. auch Übernahme des betroffenen Besitzes in Staatseigentum (ermöglicht) ...

8.8.: Die sechste Verfassungsänderung tritt in Kraft. Auf Grund der Ausnahmezustandsbestimmungen ordnet der Präsident die Errichtung vierzehn zusätzlicher Obergerichte an, die – ohne Jury – die Fälle der 1500 während der Ausschreitungen Inhaftierten verhandeln sollen ...

10.8.: Nach Angaben eines Regierungssprechers sind 385 Personen ums Leben gekommen.

Die endgültigen Zahlen vom Februar 1984 sprechen von 471 Toten, 8077 Brandstiftungen, 3835 Plünderungen und 3769 weiteren Straftaten ...»

Soweit der Auszug aus der Dokumentation des Verwaltungsgerichts Wiesbaden.

Im Verlauf dieser Geschehnisse hat sich amnesty international wiederholt an die srilankische Regierung gewandt, ihre Besorgnis über die Menschenrechtsverletzungen geäußert und unabhängige Untersuchungen der berichteten Tötungen sowie Abhilfemaßnahmen gefordert. Im Juli 1984 gab die Organisation einen ausführlichen Bericht über die damalige Menschenrechtssituation in Sri Lanka heraus (Current Human Rights Concerns and Evidence of Extrajudicial Killings by the Security Forces, July 1983–April 1984). In diesem Bericht hielt sie der srilankischen Regierung u. a. vor, außer in einem Fall keine Untersuchungen der Tötungen durch die Sicherheitskräfte durchgeführt zu haben.

Seit der Veröffentlichung dieses Berichts im Juli 1984 hat amnesty international weitere Nachrichten über willkürliche Festnahmen und Inhaftierungen, über Folter und – am häufigsten – über extralegale Tötungen erhalten. Seit Mitte November 1984, als tamilische Extremisten im Norden ihre Gewaltanschläge im Kampf um einen eigenen Staat für die tamilische Minderheit verstärkten, haben diese Berichte zugenommen. Dutzende von Angehörigen der Sicherheitskräfte wurden getötet. Am 19. November 1984 zum Beispiel erklärten sich Angehörige tamilischer Extremistengruppen verantwortlich für die Tötung des Armee-Befehlshabers der nördlichen Region; am 20. November wurden bei einem Angriff tamilischer Extremistengruppen auf die Polizeistation Chavakachcheri mindestens 27 Polizisten getötet; am 30. November töteten Angehörige tamilischer Extremistengruppen auf zwei Bauernhöfen im Mullaitivu-Distrikt, die als Rehabilitationszentren für Strafgefangene dienten, schätzungsweise 56 singhalesische Zivilisten, Männer, Frauen und Kinder.

Extralegale Hinrichtungen

amnesty international hat ausgiebiges Beweismaterial erhalten, aus dem hervorgeht, daß diesen und anderen Anschlägen tamilischer Extremistengruppen regelmäßig Vergeltungsschläge folgten, bei denen Angehörige der Sicherheitskräfte unschuldige tamilische Zivilisten töteten, darunter auch alte Männer, Frauen und Kinder. Besonders schwerwiegend und weit verbreitet sind die Berichte über extralegale Tötungen durch die Sicherheitskräfte seit dem 1. Dezember 1984. Die Vorwürfe gingen einher mit Berichten über Massenverhaftungen von «Verdächtigen», bei denen es sich in den meisten Fällen um männliche Tamilen im Alter zwischen 15 und 30 Jahren handelte. Sie sollen während ihrer Haft gefoltert und mißhandelt worden sein.

In ihrem Bericht vom Januar 1984, Sri Lanka: Reports of Recent Violations of Human Rights and Amnesty International's Opposition to Refoulement of the Tamil Community to Sri Lanka, ist die Organisation auf eine Reihe von staatlichen Morden eingegangen, die sich vor November 1984 ereigneten. Zur Schilderung der Situation sei hier deshalb nur noch der Bericht eines Auslandskorrespondenten wiedergegeben, der das Gebiet von Mannar Mitte August 1984 besuchte:

«Trotz der Dementis der Regierung ... gibt es glaubwürdige Beweise dafür, daß die Sicherheitskräfte Sri Lankas in der nördlichen Provinz Jaffna nach Anschlägen der tamilischen Guerilla wiederholt Vergeltungsschläge gegen die Zivilbevölkerung geführt haben, indem sie Häuser und Geschäfte niederbrannten und wahllos auf Zivilisten schossen.» (*International Herald Tribune*, 14. August 1984) Im Gebiet von Mannar trugen sich am 4. Dezember 1984 auch folgende Tötungen zu, die in ihrem Ausmaß beispiellos sein dürften. Als Vergeltung für die Tötung eines Soldaten bei einer Bodenminenexplosion in der Nähe von Murunkan, an der Straße von Mannar nach Madawachchiya, sollen Armeeangehörige mindestens 90 unbewaffnete Zivilisten erschossen haben. Es handelte sich fast ausnahmslos um Tamilen, Männer, Frauen und Kinder. Nach offiziellen Quellen wurden in Mannar am 4. Dezember 102 Zivilisten getötet.

Laut Meldungen vom 5. Dezember bestritt die Regierung zunächst die Behauptungen der Einwohner dieses Gebiets, daß Soldaten in wütender Raserei unbewaffnete Zivilisten getötet hatten. Die Regierung erklärte, es seien weniger Menschen als angegeben getötet worden, und bei den Getöteten habe es sich um tamilische Terroristen gehandelt. Der Verteidigungsminister wurde mit der Äußerung zitiert: «Im Kampf mit Soldaten wurden mindestens 31 separatistische Guerillakämpfer getötet», wobei er hinzufügte: «Bei einer Schießerei passiert es manchmal, daß unschuldige Umstehende getötet werden.» (*International Herald Tribune* 6. Dezember 1984). Zwei Tage später hieß es, der Verteidigungsminister habe bekanntgemacht, daß am 4. Dezember 102 Zivilisten, fast ausnahmslos Tamilen, in Mannar getötet wurden. Der Behauptung, daß es sich bei den meisten um unschuldige Zivilisten gehandelt habe, soll er nicht widersprochen haben. Der Minister wurde mit folgender Stellungnahme zitiert: «Die Regierung billigt Tötungen nicht. Wenn jemand stirbt ... müssen wir untersuchen, und wir müssen (die Täter) bestrafen, wenn es ernst zu nehmende Verdachtsmomente gibt, daß sie Leute in einer Reihe aufgestellt und getötet haben.» (*The Guardian*, London, Dezember 1984) Der Minister soll die Polizei von Mannar aufgefordert haben, die Vorfälle zu untersuchen.

Nach Informationen, die amnesty international zugingen, trugen sich in Mannar am 4. Dezember 1984 u. a. folgende Vorfälle zu:

- Armeeangehörige sollen das Postamt von Murunkan betreten haben, einen Mann, der sich als Moslem ausweisen konnte, beiseite genommen und die zehn anderen Anwesenden – vermutlich Tamilen – in einer Reihe aufgestellt und auf sie geschossen haben. Den Berichten nach waren vier Personen auf der Stelle tot, die sechs anderen trugen schwere Verletzungen davon. Sie waren offenbar in dem Glauben liegengelassen worden, daß sie tot seien.

- Auf seiner Fahrt von Murunkan nach Vavuniya stoppten Armeeangehörige Berichten zufolge einen Ceylon Transport Bus. Der singhalesische Busschaffner Kuda Dewage Jeyasena bat wiederholt, den Fahrgästen nichts anzutun. Er wurde als erster erschossen, danach die sechzehn männlichen Fahrgäste und der Busfahrer, ein Moslem.
- Im Dorf Uthavayankulam wurden Berichten zufolge sechzehn Bauern in ihren Häusern von Angehörigen der Sicherheitskräfte erschossen. Den Berichten nach mußten sich die Bauern mit dem Gesicht nach unten auf den Boden legen, dann wurden sie durch Kopfschüsse getötet. Unter den Opfern waren auch zwei singhalesische Frauen: die fünfundsiebzigjährige A. R. Baby Nona und die fünfundvierzigjährige Hemawathi Banda.
- In dem Dorf Parappankandal sollen Armeeangehörige aus einem Jeep heraus wahllos auf Dorfbewohner geschossen und dabei zwölf Zivilisten getötet haben. Unter den Toten ist eine junge Mutter, John Baptist, die gerade ihr Baby stillte, als die Schüsse fielen. Das Kind überlebte; ihm wurden drei Zehen abgetrennt.

Bis Januar 1985 lagen amnesty international die Namen und Altersangaben von 76 Männern und Frauen vor – darunter viele ältere Personen –, die als Opfer der extralegalen Tötungen durch die Sicherheitskräfte identifiziert wurden.

Willkürliche Festnahmen und Inhaftierungen

Auf Grundlage des Anti-Terrorismus-Gesetzes (PTA) inhaftierte Personen können bis zu achtzehn Monaten ohne Anklage oder Gerichtsverfahren in incomunicado-Haft gehalten werden, ohne Kontakt zu einem Anwalt oder Familienangehörigen zu erhalten.

Nach den Bestimmungen des PTA werden weiterhin viele Angehörige der tamilischen Minderheit festgenommen, die unter dem Verdacht stehen, an den Aktivitäten tamilischer Extremistengruppen beteiligt zu sein oder Kenntnis von ihnen zu haben. Die genaue Zahl der nach diesem Gesetz inhaftierten Personen ist nicht bekannt, beläuft sich aber vermutlich auf mehrere hundert. Insbesondere nach der Zunahme der gewalttätigen Aktionen tamilischer Extremistengruppen Mitte November 1984 wurden Hunderte von Personen festgenommen. Nach einem Bericht des *Daily Telegraph* (London) vom 18. Dezember 1984 hatte die Regierung zum Beispiel bekanntgegeben, daß in der ersten Dezemberwoche 1984 725 Personen inhaftiert wurden, die sie als «Terrorismus-Verdächtige» bezeichnete. In derselben Zeitungsmeldung bezifferte der Sekretär des Bürgerausschusses von Jaffna die Zahl der Verhaftungen seit November auf 1200; es soll sich vornehmlich um Männer zwischen 18 und 30 Jahren gehandelt haben.

amnesty international hat Beschwerden erhalten, denen zufolge die Angehörigen festgenommener Personen wochen-, manchmal sogar monatelang über den Aufenthaltsort der Inhaftierten im unklaren gelassen werden und daß es nach Anschlägen auf Angehörige der Sicherheitskräfte zu zahllosen Festnahmen unschuldiger Personen komme. Insbesondere Personen zwischen 16 und 30 Jahren liefen Gefahr, auf der Grundlage des Anti-Terrorismus-Gesetzes festgenommen zu werden. In einer Verlautbarung, die die *Sun* (Colombo) am 27. August 1984 veröffentlichte, hat der srilankische Verteidigungsminister die Möglichkeit solcher Verhaftungen eingestanden:

«Unter den Personen, die im Zusammenhang mit den Vorfällen in Point Pedro und Valvettitturai in Gewahrsam genommen wurden, könnten sich durchaus Unschuldige befinden. Doch die wahren Schuldigen können erst nach einer Untersuchung herausgefunden werden.»

Die Äußerungen des Verteidigungsministers beziehen sich auf die Verhaftung mehrerer hundert junger Männer – Angehörige der tamilischen Minderheit aus einer bestimmten Altersgruppe – Anfang August 1984 in den beiden genannten Orten. Die überwiegende Mehrzahl der Inhaftierten wurde mehrere Wochen nach der Festnahme freigelassen, nachdem sich keine Beweise für eine Verwicklung in Straftaten gefunden hatten. Der willkürliche Charakter dieser Festnahmen wird aus der folgenden Schilderung der Ereignisse deutlich.

Am 4. August 1984 wurden in der Nähe von Point Pedro mehrere Marineangehörige – Berichten zufolge von Angehörigen tamilischer Extremistengruppen – getötet. Eine Stunde später kamen Armeeangehörige in die Stadt Valvettitturai und begannen, Fußgänger und an Bushaltestellen Wartende festzunehmen. Am Nachmittag des 4. August sollen Soldaten die Bewohner der Stadt über Lautsprecher aufgefordert haben, ihre Söhne im Alter zwischen 18 und 25 Jahren zu einem bestimmten Platz der Stadt zu bringen. Sie sollten ihre Ausweise mitbringen, man würde sie verhören und unverzüglich wieder freilassen. Die mehr als 400 jungen Männer, die sich dort versammelten, wurden jedoch festgenommen. Die Streitkräfte aus Valvettitturai und dem nahegelegenen Point Pedro sollen an jenem Tag insgesamt 500 junge Männer zunächst in das Armeelager Palaly und dann in das Lager Boosa in der Nähe von Galle im Süden Sri Lankas gebracht haben. Am 21. August wurde die Zahl der aus dieser Gruppe noch Inhaftierten offiziell mit 350 angegeben. Ende Oktober sollen nach Angaben des Verteidigungsministers im Boosa Camp noch 65 «Terrorismus-Verdächtige» inhaftiert gewesen sein.

Die Freilassungen bis Ende Oktober waren erfolgt, nachdem die Mütter der Inhaftierten und der Bürgerausschuß von Valvettitturai mehrfach bei der Regierung vorstellig geworden waren.

Mißhandlungen und Folter

Als die gegenwärtige Regierung im Jahr 1977 ihr Amt antrat, verbot sie per Verfassung jede Form von Folter sowie grausame, unmenschliche oder erniedrigende Behandlung. Sie hat auch stets dementiert, daß sie Folter zulasse, zum Beispiel in einem Brief an amnesty international am 30. Juli 1984: «Die Regierung von Sri Lanka weist die Behauptung, daß sie die Anwendung von Folter, zu welchem Zweck auch immer, erlaube oder gutheiße, kategorisch zurück.» 1982 hat sie bei den Vereinten Nationen eine Einseitige Erklärung gegen die Folter hinterlegt.

Und dennoch ist in großem Ausmaß aus zahlreichen Quellen über Folterungen berichtet worden, amnesty international hat entsprechende detaillierte Berichte von früheren Häftlingen oder Augenzeugen erhalten, von den Familienangehörigen der Opfer und von Rechtsanwälten. Hinzu kommen die Ergebnisse medizinischer Untersuchungen an ehemaligen Gefangenen, die mit den jeweiligen Folterberichten übereinstimmten. Außerdem sind solche Berichte auch in der internationalen Presse wiedergegeben worden. Im Januar 1985 berichtete die Londoner *Times*, daß das Krankenhauspersonal von Jaffna «viele von Soldaten zusammengeschlagene Opfer» gesehen habe. «Immer wieder gehen junge Männer aus Verhören und Kurzzeithaft mit mehrfachen Knochenbrüchen hervor, die von Schlägen mit sandgefüllten Kunststoffrohren herrühren. Bei einigen sind die Fersen gebrochen, nachdem sie an den Füßen aufgehängt und geschlagen worden sind. Ein Arzt erklärte, ‹Ich habe fünf solcher Fälle pro Woche. Bedenken Sie aber, daß sich zahlreiche Opfer aus Angst, oder weil sie nicht reisen können, gar nicht erst behandeln lassen›.»

Besonders bedroht sind junge Männer im Alter von 17 bis 25 Jahren, die Angehörigen der tamilischen Minderheit sind und nach dem Anti-Terrorismus-Gesetz (PTA) inhaftiert werden. Aber auch tamilische Frauen sollen gefoltert worden sein.

Darüber hinaus sind amnesty international auch Berichte über Folterungen an singhalesischen Gefangenen zugegangen, die oppositionellen Parteien angehören. Dies gilt vor allem für Mitglieder der Volksbefreiungsfront (JVP) und der Freiheitspartei Sri Lankas (SLFP). Von singhalesischen Straftatverdächtigen wird regelmäßig berichtet, daß sie Folterungen unterliegen. Am 28. März 1985 starb W. A. Dayaratne nach seinem Verhör in der Polizeistation von Wallawe. Der junge Mann war unter dem Verdacht, einen Diebstahl begangen zu haben, festgenommen worden. Eine gerichtliche Untersuchung des Vorfalls kam zu dem Ergebnis, daß das Opfer infolge von tätlichen Angriffen durch die Polizei zu Tode kam.

Gefoltert wird in Kasernen und Polizeistationen – seltener in Gefängnissen –, um «Geständnisse» zu erpressen oder an Informationen zu kommen. Folterer sind vor allem in der Armee Sri Lankas und in der Polizei, auch bei der Strafuntersuchungsabteilung (CID), zu finden sowie unter Angehörigen der erst kürzlich aufgestellten Sondereinheit der Polizei, die in der Ostprovinz des Landes operiert.

Wiederholt haben ehemalige Gefangene über Folterungen in folgenden Armeelagern im Norden Sri Lankas berichtet: Vavuniya, Palaly, Panagoda, Elephant Pass, Point Pedro, Keerimalai, Thallady und Gurunagar. Ähnliche Angaben existieren über die vor kurzem eingerichteten Lager der Sondereinheiten der Polizei in Kaladi und Kaluwanchchikudi in der Ostprovinz sowie über das Boosa-Lager und das Tangalle-Gefängnis im Süden.

Ein junger Mann, der im August 1984 wegen angeblichen Besitzes «subversiver Literatur» festgenommen worden war, legte über seine Haft im Armeelager von Panagoda folgende eidesstattliche Erklärung ab:

«... Man brachte mich in einen dunklen Raum, zog mich nackt aus und legte mich auf den Fußboden. Sie fesselten mir Hände und Füße und bohrten in verschiedene Stellen meines Körpers lange Nägel. Sie schlugen mich mit Maschinengewehren und Eisenstöcken auf die Kniegelenke, auf das Genick, ins Gesicht, auf die Füße, auf fast alle Körperteile ... Mit Ketten an den Beinen gefesselt, wurde ich in einen tiefen Brunnen hinuntergelassen und wieder herausgezogen.»

In einigen Fällen sind auf Wunsch von amnesty international medizinische Untersuchungen durchgeführt worden, zum Beispiel bei einem jungen Mann, der Ende Dezember 1983 im Lager Kallady in der Nähe von Batticaloa inhaftiert war. Er gab an, mehrere Stunden lang mit Gewehrkolben, Eisenstangen und Plastikrohren geschlagen worden zu sein, während man ihn über Vorfälle verhörte, die tamilischen Oppositionsgruppen zugeschrieben wurden.

«Sie banden ein Seil um meine Arme. Die Arme wurden vor der

Brust an den Ellbogen zusammengebunden, und in dieser Lage wurde ich aufgehängt. Die Fußzehen konnten gerade den Boden berühren, aber dann stellten sie brennende Kohlen darunter, so daß ich gezwungen war, die Beine anzuziehen, um Verbrennungen zu vermeiden. Dadurch hing mein ganzes Gewicht an meinen Armen. Sie schlugen mich auf die Fußsohlen. In die mit Gewalt offen gehaltenen Augen sowie in die Nase, Ohren und auf die Genitalien schütteten sie einen Brei aus Chillipulver und Wasser. Immer, wenn ich der Tränen wegen die Augen öffnete, schütteten sie mehr hinein. Das dauerte Stunden. Mit der Zeit spürte ich, wie die Arme erstarben ...»

Die zehn Monate danach durchgeführte medizinische Untersuchung kam zu folgendem Ergebnis: «Die zurückgebliebenen Narben bezeugen die berichteten Folterungen, und die zahlreichen, kaum noch sichtbaren Wunden auf seinem Rücken sind typisch für diese Art von Schlägen. Die Narben über den Ellbogen stimmen mit Hautabschürfungen überein, wie sie durch eine enge Fesselung mit Stricken entstehen. Nervenlähmungen des linken Arms wurden ebenfalls konstatiert. Die schwerere Verletzung der Nerven des linken Armes erklärt sich aus der Position des Arms, wie sie beschrieben wurde ... Das Opfer hat Glück gehabt, daß diese Verletzung nicht zu einer dauernden Behinderung geführt hat.»

Folgende Foltermethoden sind amnesty international aus Sri Lanka wiederholt berichtet worden:

- stundenlanges Aufhängen mit dem Kopf nach unten, während der Gefangene geschlagen wird, manchmal eine ganze Nacht lang, und manchmal wird dabei der Kopf in einen Sack mit brennendem Chilli gesteckt, was zu Erstickungsängsten führt;
- Schläge, oft über lange Zeit hinweg, insbesondere auf die Fußsohlen, während das Opfer auf einer Bank ausgestreckt liegt oder an den Knien aufgehängt ist; Schläge mit Stöcken, Stangen und sandgefüllten Plastikrohren auf die Genitalien und andere Körperteile;
- das Einführen von Chillipulver in Nase, Mund und Augen und in die Genitalien;
- Elektroschocks;
- Die Folterung mit Nadeln, die unter Zeh- und Fingernägel und in die Fersen getrieben werden;
- das Einführen von Eisenstangen in den Anus;
- Verbrennungen mit Zigaretten;
- Scheinhinrichtungen oder Hinrichtungsandrohungen.

In allen Berichten über Folter und Mißhandlungen befanden sich die Gefangenen in incomunicado-Haft (ohne Kontakt zur Außenwelt). Daher hat amnesty international zum wiederholten Male die

Regierung in Sri Lankas darauf aufmerksam gemacht, daß bestimmte rechtliche Bestimmungen Folter begünstigen, insbesondere das seit 1979 gültige Anti-Terrorismus-Gesetz (siehe «Hintergrundinformationen»).

Auf Grundlage des Anti-Terrorismus-Gesetzes inhaftiert war auch K. Navarathnarajah. Er starb am 10. April 1983 im Armeelager Gurunagar. Eine Obduktion seiner Leiche bescheinigt 25 äußere und zehn innere Verletzungen, und der Untersuchungsrichter sprach von Mord. Offensichtlich ist aber keine Anstrengung unternommen worden, die Verantwortlichen vor Gericht zu bringen. amnesty international selbst kennt keinen einzigen Fall, in dem die Folter oder gar der Tod eines nach diesem Gesetz inhaftierten politischen Gefangenen zur strafrechtlichen Verfolgung von Polizisten oder anderen Angehörigen von Sicherheitskräften geführt hätte.

Nach Kenntnis von amnesty international sind gerichtliche Untersuchungen in nur ganz wenigen Fällen durchgeführt worden. Einer dieser wenigen Fälle war der Tod eines jungen Tamilen, Kamalarajah, der am 2. Dezember 1984 in das Armeelager Gurunagar eingewiesen wurde und Berichten zufolge in den ersten Tagen seiner Haft schwer geschlagen worden ist. Zeugenaussagen zufolge ist er am 10. Dezember infolge dieser Schläge gestorben.

Am 26. August 1985 hat Sri Lanka gegenüber der Menschenrechtskommission der Vereinten Nationen erklärt, daß das Oberste Gericht 63 entsprechende Untersuchungen durchführe. In Wirklichkeit ist zumindest in der Presse des Landes über keine einzige Untersuchung berichtet worden. Nach Angaben der Regierung «hat es in keinem dieser Fälle Material für die Feststellung gegeben, daß irgendein Mitglied der Sicherheitskräfte eine ungesetzliche Handlung begangen hätte». Aus dem Material allerdings, das der UN-Menschenrechtskommission zur Verfügung gestellt wurde, ging nicht hervor, wie die Untersuchung geführt wurden, welche Beweise dem Gericht vorlagen und wie die Ergebnisse zustande kamen. Auch der jeweilige Wortlaut der Untersuchungsergebnisse des Obersten Gerichts blieb unbekannt.

Bei der gerichtlichen Untersuchung der Erschießung von 32 Tamilen im Lager von Vavuniya am 2. Dezember 1984 sollen nur Aussagen der Polizei und eines Sanitätsoffiziers vorgelegt worden sein. Familienangehörige waren bei den Verhandlungen nicht zugelassen.

Aktualisierte Stellungnahme von amnesty international zur Abschiebung von Tamilen nach Sri Lanka

24. Mai 1985

Seit mehr als einem Jahr fordert amnesty international die Regierungen auf, Angehörige der tamilischen Minderheit nicht nach Sri Lanka abzuschieben, wenn sie Asyl suchen oder auf andere Weise zum Ausdruck gebracht haben, daß sie nicht in ihr Heimatland zurückkehren wollen. amnesty international erhebt diese Forderung auf Grund der Befürchtung, daß Tamilen im Falle ihrer Rückkehr nach Sri Lanka folgenden Gefahren ausgesetzt wären:

- Willkürlicher Tötung durch Angehörige der Sicherheitskräfte als Vergeltungsmaßnahme für Tötungen von Leuten aus ihren eigenen Reihen oder von Angehörigen der singhalesischen Volksgruppe;
- Willkürlicher Verhaftung und möglicher Langzeitinhaftierung ohne Verbindung zur Außenwelt; besonders gefährdet sind dabei junge Männer, deren Angehörige oft Wochen oder Monate nach der Verhaftung über ihren Verbleib im unklaren gelassen werden;
- Mißhandlungen und Folterungen nach der Verhaftung.

Berichte über extralegale Tötungen in Sri Lanka seit 1984 sind in den Berichten von amnesty international

- Reports of Recent Violations of Human Rights and Amnesty International's Opposition to Refoulement of the Tamil Community to Sri Lanka
- Sri Lanka, Allegations of Extrajudicial Killings by Army Personnel: Details of Some Cases Reported During December 1984 and January 1985

beschrieben worden.

Zum gegenwärtigen Zeitpunkt unterstreicht amnesty international ihre ablehnende Haltung gegenüber Abschiebungen von Tamilen nach Sri Lanka, die gegen den Willen der Betroffenen erfolgen, zumindest solange, wie sich die gegenwärtige Situation in Sri Lanka nicht bessert. amnesty international erneuert eindringlich ihren Appell an die Regierungen der Länder, in denen Tamilen bereits Schutz vor Verfolgung gesucht haben oder noch suchen wollen, diese Personen nicht gegen ihren Willen nach Sri Lanka zurückzuschicken. amnesty international erhebt diesen Appell vor dem Hintergrund der Berichte, die die Organisation in den letzten Wochen (Frühjahr 1985) erhalten hat über

- erneute und weitverbreitete extralegale Tötungen von Angehörigen der tamilischen Minderheit durch Angehörige der Sicherheitskräfte Sri Lankas;

- weitverbreitete Verhaftungen und Inhaftierungen von Tamilen in vielen Teilen Sri Lankas;
- das «Verschwinden» von Tamilen, die von Angehörigen der Sicherheitskräfte verhaftet worden sein sollen. Offizielle Stellen streiten ihre Verhaftung ab, aber die Angehörigen drücken ihre Befürchtung aus, daß sie in der Haft umgebracht worden sein könnten;
- die weitverbreitete Praxis der Folterung von Inhaftierten.

amnesty international hat auch einige Berichte darüber erhalten, daß Personen, die aus den Ländern, in denen sie Asyl gesucht haben, zurückgeschickt wurden, nach ihrer Rückkehr in Sri Lanka verhaftet worden sind und sich ohne Einleitung eines Verfahrens noch in Haft befinden.

Die jüngsten Berichte, die den Vorwurf der extralegalen Tötungen von Tamilen durch Angehörige der Sicherheitskräfte enthalten, sind noch nicht vollständig dokumentiert; es sind auch noch keine umfassenden Einzelheiten über die Vorfälle aus unabhängigen Quellen zu erhalten. Diese Vorfälle werden gegenwärtig noch von amnesty international untersucht; die Organisation geht jedoch davon aus, daß sich extralegale Tötungen mit hinreichender Wahrscheinlichkeit wie folgt ereignet haben dürften:

- Ungefähr 75 Zivilisten, die meisten von ihnen junge Männer, aber auch Frauen und Kinder, sollen am 9.5.1985 von Sicherheitskräften in Valvettiturai und in der Umgebung dieser im Norden liegenden Stadt umgebracht worden sein. Die Tötungen sollen als Vergeltung für die Ermordung eines Armeemajors am gleichen Tage in Karaveddi, für die tamilische Extremisten verantwortlich gemacht wurden, erfolgt sein. Diese Berichte über extralegale Tötungen sind von der Regierung als unwahr zurückgewiesen worden.
- Am 15.5.1985, am Tag nach der Erschießung von 146 singhalesischen Zivilisten in Anuradhapura, die man einer Gruppe von tamilischen Extremisten zuschrieb, wurden 48 tamilische Passagiere einer Fähre von Delft nach Nainativu von nicht identifizierten Männern getötet. Die *Tamil United Liberation Front* (TULF), die bis zu ihrem Verbot im Jahre 1983 die größte Oppositionspartei Sri Lankas war, hat Angehörige der Marine beschuldigt, diesen Überfall als Vergeltung für die Tötung der 146 Singhalesen vom Vortag verübt zu haben. Das Ministerium für Nationale Sicherheit hat jegliche Verwicklung staatlicher Kräfte in die Tötung der Fährenpassagiere abgestritten, zugleich aber verkündet, daß die Vorfälle «untersucht» würden.
- Mehr als 60 tamilische Zivilisten sollen von Spezialeinheiten der Polizei in der Ostprovinz nach iher Verhaftung am 16., 17. und

18.5.1985 ermordet worden sein. amnesty international hat Berichte erhalten, die besagen, daß es sich bei den Opfern um junge Tamilen handelt, die in verschiedenen Orten verhaftet worden waren. Vier sollen aus Illupadchchenai, 23 aus Natpaddimunai und 19 aus Thambiluvil stammen. Später sollen sie in der Nähe von Akkairapattu und Thambiluvil, Orten im Süden der Ostprovinz etwa 150 Meilen östlich von Colombo, erschossen worden sein. Den Berichten nach sollen Angehörige der Spezialeinheit der Polizei dabei beobachtet worden sein, wie sie die Leichen begruben. Das Verteidigungsministerium hat diese Anschuldigungen zurückgewiesen.

- Mindestens fünf tamilische Flüchtlinge sollen in einem Armeelager bei Anuradhapura am 17.5.1985 von einem Soldaten der srilankischen Armee als Vergeltung für den am 14.5.1985 erfolgten Mord an 146 singhalesischen Zivilisten getötet worden sein. Die Regierung hat die fünf Fälle nicht bestritten. Der kommandierende Major soll den Soldaten nach dem Vorfall erschossen haben.
- Während die Behauptungen über extralegale Tötungen in der Vergangenheit hauptsächlich die Nordprovinzen betrafen, belegen die jüngsten Berichte über solche Vorkommnisse, besonders über die, die sich in der Ostprovinz und im Flüchtlingslager von Anuradhapura in der Nordzentralprovinz ereignet haben sollen, daß die extralegalen Tötungen durch Angehörige der Sicherheitskräfte in Sri Lanka weder nach einem gleichbleibenden Schema erfolgen, noch die Orte, an denen sie stattfinden, vorhersehbar sind.

Auch angesichts der Berichte, daß nach Sri Lanka abgeschobene Tamilen verhaftet worden sein sollen, erneuert amnesty international ihren eindringlichen Appell an die Regierungen, Tamilen bis auf weiteres nicht nach Sri Lanka abzuschieben.

Berichte, die amnesty international erhalten hat, besagen, daß Tamilen, die nach Sri Lanka abgeschoben worden sind, in Sri Lanka ohne Einleitung eines Verfahrens in Haft gehalten werden. In einem Fall ist ein Asylbewerber, der aus der Schweiz nach Sri Lanka abgeschoben wurde, am 3.10.1983 verhaftet und ohne Einleitung eines Verfahrens über zwölf Monate in Haft gehalten worden. Er soll am 14.12.1984 freigelassen worden sein. In einem anderen Fall, der sich erst kürzlich ereignet hat, sind zwei junge Tamilen am 25.2.1985 von Frankreich nach Sri Lanka abgeschoben worden. Sie wurden bei ihrer Ankunft in Colombo verhaftet und wegen angeblicher Verbindung zu «terroristischen Gruppen» verhört. (*The Island*, Colombo,

26.2.1985) Sie wurden dann in den Gewahrsam des *Criminal Investigation Department* überstellt. amnesty international hat bisher keine Informationen darüber erhalten, ob die beiden sich noch in Haft befinden oder ob sie freigelassen worden sind.

Deutsche Behörden und Gerichte zur Menschenrechtssituation in Sri Lanka

Nach den massiven Menschenrechtsverletzungen an Tamilen und den pogromartigen anti-tamilischen Ausschreitungen in Sri Lanka haben Tausende von Tamilen in der Bundesrepublik Deutschland Schutz gesucht. Im Mittelpunkt der Diskussion um die Anerkennung dieser Flüchtlinge standen bei den zuständigen deutschen Behörden und Gerichten die Fragen:

- Kann von einer Kollektivverfolgung der Angehörigen der tamilischen Minderheit gesprochen werden?
- Haben verfolgte Tamilen eine inländische Fluchtalternative?
- Handelt es sich bei den Übergriffen gegen Tamilen überhaupt um eine politische Verfolgung auf Grund der Zugehörigkeit zu einer bestimmten Volksgruppe oder um die Begleitumstände eines Bürgerkriegs?

Die meisten Entscheider beim Bundesamt für die Anerkennung ausländischer Flüchtlinge und die Mehrzahl der Gerichte sind inzwischen der Auffassung, daß die Tamilen auf Grund ihrer ethnischen Herkunft verfolgt werden, daß die Übergriffe gegen sie vom srilankischen Staat nicht wirksam unterbunden werden und daß jeder Tamile, der in sein Heimatland zurückgeschickt würde, Gefahr liefe, dort Opfer von Inhaftierung, Folter, «Verschwindenlassen» und politischem Mord zu werden, und daß eine Rückkehr nach Sri Lanka für sie daher nicht zumutbar ist.

Diese Einschätzung wird auch durch einen *Bericht der deutschen Botschaft in Colombo* gestützt, wie aus einer Bekanntmachung des Innenministers des Landes Nordrhein-Westfalen vom 11.12.1984 (AZ.IC4/43.44-S17) hervorgeht. Der Bericht:

«1. Im Zuge der Eskalation von Gewalt und Repression finden Massenverhaftungen meist jüngerer Tamilen statt. Dabei kommt es wegen rücksichtslosen Schußwaffengebrauchs durch die Sicherheitskräfte zu Todesfällen. Diese Verhaftungen erfolgen jetzt auch im Süd- und Mittelteil der Insel, also auch im Raum Colombo einschl. Flughafenbereich. Der Personenverkehr wird streng kontrolliert. Verdächtig erscheinende Personen werden sofort festgenommen und zu Verhören abgeführt. Als verdächtig gelten jetzt auch Tamilen, die aus dem Ausland nach Sri Lanka zurückkehren. Bei ihnen wird allgemein vermutet, daß sie Kurierdienste für Eelamisten-Organisationen im Ausland leisten, möglicherweise selbst im Ausland als Guerillakämpfer ausgebildet worden sind und jetzt in Sri Lanka subversiv tätig werden.

2. Tamilische Rückkehrer aus dem Ausland müssen daher mit Schwierigkeiten rechnen. Darüber sollten auch diejenigen Tamilen unterrichtet werden, die eine freiwillige Rückkehr in ihre Heimat erwägen und dazu von dem Angebot der kostenlosen Beförderung Gebrauch machen.»

Mittlerweile wird die überwiegende Mehrheit der tamilischen Asylbewerber als asylberechtigt anerkannt. (Eine Ausname bilden jene Asylbewerber, deren Folgeanträge als unbeachtlich abgelehnt werden; siehe weiter unten.) Zum Bedauern von amnesty international heißt dies jedoch nicht, daß sie einen sicheren Verfolgungsschutz in der Bundesrepublik gefunden haben. Es ist bisher kaum zu rechtskräftigen Anerkennungen von tamilischen Flüchtlingen als Asylberechtigte gekommen, weil der *Bundesbeauftragte für Asylangelegenheiten* – der als Vertreter der Regierung gegen Entscheidungen in Asylverfahren Rechtsmittel einlegen kann – gegen positive Entscheidungen bei Tamilen in den allermeisten Fällen gerichtlich vorgegangen ist.

Er vertritt die Auffassung, daß im Sommer 1983 keine dem srilankischen Staat zuzurechnende Gruppenverfolgung vorgelegen habe. Dem Staat müsse für seine Reaktion auf die Ausschreitungen der singhalesischen Bevölkerung eine gewisse zeitliche Verzögerung zugebilligt werden. Der Staat habe, nachdem er von den Ausschreitungen überrascht worden sei, mit einer ihm zuzugestehenden Verzögerung die notwendigen Gegenmaßnahmen zum Schutz der tamilischen Minderheit ergriffen.

Der Bundesbeauftragte greift auch das Argument der Vorinstanzen an, daß die Regierung die Kontrolle über die Sicherheitskräfte im Norden weitgehend verloren habe und daß sie sich diese Übergriffe zurechnen lassen müsse. Er vertritt die Auffassung, daß der den Terrorismus praktizierende Teil der tamilischen Bevölkerung, der latent von den übrigen Tamilen wegen der gleichen politischen Zielsetzung unterstützt werde, «besonders bei den Sicherheitskräften bewußt starken Unwillen gegen alle Tamilen hervorgerufen» habe. In einer derartigen Sondersituation müßten dem Staat gewisse Schwierigkeiten mit seinen Sicherheitsbehörden und dadurch hervorgerufene zeitliche Verzögerungen in der Schutzgewährung für die bedrohte Bevölkerungsminderheit zugebilligt werden.

Der Bundesbeauftragte verneint ferner bei Tamilen die Gefahr einer asylrelevanten Verfolgung, da in Sri Lanka Bürgerkrieg herrsche. Im Rahmen eines Bürgerkriegskonflikts könne es eine asylrelevante Verfolgung nicht geben. Im modernen Bürgerkrieg gebe es keine Nichtbeteiligten oder rein zufällig betroffenen Personen mehr. Eine asylrelevante Verfolgung setze aber einen Mißbrauch staatlicher Gewalt voraus. Ein solcher Mißbrauch komme nur dann in Betracht, wenn der Staat das Geschehen noch zumindsest weitgehend durch seine Sicherheitskräfte kontrolliere. Im Bürgerkrieg aber sei ihm diese Kontrolle gerade entglitten. Deshalb komme ein Mißbrauch staatlicher Gewalt mangels Möglichkeit zu ihrer Entfaltung gar nicht in Frage.

Den Ausführungen des Bundesbeauftragten für Asylangelegenheiten sei der Beschluß des *Verwaltungsgerichtshofs für das Land Baden-Württemberg* gegenübergestellt (Beschluß vom 12.3.1985, AZ: A12S514/84). Das Gericht geht vom Vorliegen einer Gruppenverfolgung im Juli und August 1983 und der beachtlichen Wahrscheinlichkeit der Wiederholung aus. Eine inländische Fluchtalternative gebe es nicht. In Betracht käme allenfalls der Norden Sri Lankas. Hier würde es jedoch wiederholt zu zahllosen Vergeltungsaktionen der Sicherheitskräfte gegen unbeteiligte tamilische Zivilisten kommen. Diese Übergriffe hätten mit einer unparteiischen Erfüllung des Ordnungsauftrages nichts zu tun. Bei diesen Übergriffen handele es sich um politische Verfolgung. Das Verhalten von Angehörigen der tamilischen Befreiungsbewegung biete der srilankischen Armee einen willkommenen Anlaß, gegen unbeteiligte Tamilen Sanktionen aus politischen Gründen zu ergreifen. Mit den Ausschreitungen wolle die Armee die Tamilen wegen ihrer Rasse und ihrer Zugehörigkeit zu einer bestimmten sozialen Gruppe treffen. Der Staat sei unfähig, die tamilische Zivilbevölkerung vor diesen Übergriffen zu schützen. Die Regierung habe die Kontrolle über die Sicherheitskräfte im Norden des Landes weitgehend verloren. Auf die Herausforderung der Separatisten hätten die Sicherheitskräfte in den meisten Fällen nicht mit einer wirksamen Terrorismusbekämpfung, sondern mit Vergeltungsmaßnahmen gegen unbeteiligte Zivilisten geantwortet. Daher stellten diese Übergriffe eine Gruppenverfolgung dar.

Selbst wenn eine mittelbare staatliche Gruppenverfolgung für den Norden Sri Lankas verneint werden sollte, könnte es keinen Tamilen zugemutet werden, sich dorthin zu begeben. Ihm würde mit beachtlicher Wahrscheinlichkeit individuelle mittelbare staatliche Verfolgung drohen. Auf Grund der Übergriffe staatlicher Funktionsträger in zahlreichen Einzelfällen würde das Schicksal eines Tamilen von zeitlichen und örtlichen Zufälligkeiten abhängen, insbesondere von der unkontrollierten Willkür Armeeangehöriger. Einem solch ungewissen Schicksal dürfe nach den humanitären Grundsätzen des Asylrechts niemand ausgesetzt werden.

Nach Ansicht des *Oberverwaltungsgerichts für das Land Nordrhein-Westfalen* (Beschluß vom 15.2.1985, AZ: 19A10163/64) entfällt die politische Verfolgung auch nicht deshalb, weil der Tamilen-Konflikt bürgerkriegsähnliche Züge trage. Die aus Bürgerkriegen und ähnlichen Konflikten erwachsende Verfolgungsbetroffenheit sei immer dann asylrechtlich bedeutsam, wenn die Betroffenheit zumindest auch auf politisch motivierte Verfolgungshandlungen von Einzelpersonen oder Gruppen beruhe, die staatliche Gewalt ausübten. Der Staat müsse seine an den Auseinandersetzungen beteiligten Bürger vor menschenrechtswidrigen Übergriffen seiner eigenen Funktionsträger wirksam schützen. Auf absehbare Zeit sei mit einer Beruhigung der innenpolitischen Verhältnisse in Sri Lanka nicht zu rechnen. Somit müsse ein Tamile, der zum Kreis der gefährdeten Personen gehöre, bei einer Rückkehr mit asylrelevanten Übergriffen rechnen.

Demgegenüber hat das *Bundesverwaltungsgericht* am 3. Dezember 1985 in Revisionsverfahren, die der Bundesbeauftragte für Asylangelegenheiten angestrengt hatte, zur Lage in Sri Lanka wie folgt entschieden (AZ 9C33.85 u. a.):

«Richtig ist zwar, daß sich ... der Einsatz und die Maßnahmen der Sicherheitskräfte im Norden des Landes ‹gezielt gegen die Angehörigen der tamilischen Bevölkerung› richten. Damit ist aber unter den hier gegebenen Verhältnissen nicht auch festgestellt, daß die tamilische Bevölkerung dort aus rassischen und damit aus politischen Gründen im Sinne des Asylrechts verfolgt wird. Bei zutreffender rechtlicher Betrachtung ergibt sich vielmehr, daß sich der Einsatz der srilankischen Sicherheitskräfte gegen den tamilischen Bürgerkriegsgegner und seine separatistischen Bestrebungen richtet, nicht aber gegen die Tamilien aus rassischen Gründen. Die staatlichen Maßnahmen dienen – anders ausgedrückt – nicht der Verfolgung der Tamilien um ihrer ehtnischen personalen Merkmale willen, sondern gelten ihnen deshalb, weil sie selbst oder ihre militanten Kampforganisationen in ihrem Namen die Staatsgewalt aktiv bekämpfen und in den Ausmaßen eines Bürgerkriegs die staatliche Einheit mit gewaltsamen Aktionen in Frage stellen. Aus diesem Grunde kann dem Berufungsgericht auch nicht in der Ansicht gefolgt werden, daß in der von ihm festgestellten separatistischen Bürgerkriegssituation unterschieden werden könne zwischen den ‹kämpfenden Bürgerkriegsparteien› und der ‹tamilischen Zivilbevölkerung› und daß jedenfalls die gegen die Zivilbevölkerung gerichteten Maßnahmen der srilankischen Sicherheitskräfte als rassisch und damit politisch motiviert anzusehen seien.» Auch die besonders brutalen Vergeltungsmaßnahmen der singhalesischen Sicherheitskräfte gegen die tamilische Zivilbevölkerung seien zwar in besonderem Maße verabscheuungswürdig, könnten aber allein wegen ihrer Schwere einen Asylantrag nicht begründen, stellt das Bundesverwaltungsgericht fest. «Danach ergibt sich, daß die Auseinandersetzungen im Norden Sri Lankas in einer für die asylrechtliche Betrachtung ausschlaggebenden Weise durch die Bürgerkriegssituation geprägt sind und nicht die Züge einer politischen Verfolgung aus rassischen oder anderen asylerheblichen Gründen tragen.»

Eine recht drastische Entsprechung findet diese Auffassung in einer Entscheidung des *Bundesamtes für die Anerkennung ausländischer Flüchtlinge*, das am 2.9.1985 das Asylbegehren eines jungen Tamilen ablehnte (AZ 431 – /7184 – 84). Das Bundesamt verneinte, daß der Betreffende auf Grund seiner ehtnischen Herkunft und Zugehörigkeit zu einer bestimmten Altersgruppe in Sri Lanka gefährdet sei, u. a. mit folgender Begründung: «...selbst wenn das Militär auf Grund seiner Stärke und Ausrüstung in der Lage sein sollte, nicht nur jugendliche Tamilien, sondern die gesamte tamilische Bevölkerung im Norden zu disziplinieren, niederzuhalten oder schlimmstenfalls sogar zu vernichten – mit oder ohne Billigung der Staatsführung –, darf nicht verkannt werden, daß in der den Aktionen zugrunde liegenden Terrorismusbekämpfung ein legitimes Ziel liegt.»

amnesty international ist der Auffassung, daß die srilankische Regierung die Bürger ihres Landes auch und gerade in Krisenzeiten vor Übergriffen und Menschenrechtsverletzungen ihrer eigenen Polizei- und Sicherheitskräfte schützen muß. Auch der Umstand, daß der Staat in einer Bürgerkriegssituation zum parteiischen Gegner wird, enthebt ihn nicht der Verpflichtung, fundamentale Menschenrechte wie z. B. das Recht auf Leben und auf Schutz vor Folter und grausamer, unmenschlicher oder erniedrigender Behandlung zu achten. Diese sind vielmehr durch internationale Menschenrechtsinstrumente ausdrücklich für notstandsfest erklärt, dürfen also auch in Ausnahmesituationen nicht außer Kraft gesetzt werden. amnesty international hat die Regierung Sri Lankas mehrfach aufgefordert, berichtete Übergriffe zu untersuchen, die Verantwortlichen zur Rechenschaft zu ziehen und wirksame Abhilfemaßnahmen gegen weitere Menschenrechtsverletzungen zu treffen. Wie aus dem vorangestellten Abschnitt über die Menschenrechtssituation in Sri Lanka hervorgeht, ist dies nicht in befriedigendem Maße geschehen, und die Berichte über willkürliche Inhaftierungen, Mißhandlungen und Folter, «Verschwindenlassen» und politischen Mord durch die Sicherheitskräfte reißen nicht ab.

- Die Organisation erhält daher ihre Forderung aufrecht, daß tamilische Flüchtlinge einen sicheren Verfolgungsschutz im Ausland finden müssen, der in der Bundesrepublik Deutschland durch die Gewährung politischen Asyls gegeben wäre.

Durch das Einlegen von Rechtsmitteln durch den Bundesbeauftragten für Asylangelegenheiten gegen positive Entscheidungen in Asylbegehren von Tamilen ist es zu einer erheblichen zeitlichen Verzögerung dieser Verfahren gekommen. Da die Anerkennung auf Grund der Rechtsmittel des Bundesbeauftragten für Asylangelegenheiten keine Rechtskraft erlangen, bleiben die betroffenen tamilischen Flüchtlinge in den meisten Fällen denselben Einschränkungen unterworfen, die für Asylbewerber gelten.

Neben der Unsicherheit und den psychischen Belastungen, die diese Situation für die betroffenen Flüchtlinge bedeutet, hat diese Verzögerung inzwischen auch praktische Folgen, die in zahlreichen Einzelfällen schon im Vorfeld einer endgültigen Entscheidung zur Gefährdung eines Schutzes vor Verfolgung zu führen drohen.

So haben eine Reihe tamilischer Flüchtlinge, durch die unsicheren Aussichten ihrer Verfahren entmutigt, versucht, in andere Länder weiterzureisen. Um ihre Pässe wiederzuerhalten, haben sie ihre Asylanträge zurückziehen müssen. Scheiterte die Einreise in ein Drittland (auf Grund des in der Bundesrepublik möglichen «anderweitigen Schutzes»), blieb ihnen bei der Rückkehr in die Bundesrepublik nur die Möglichkeit einer erneuten Asylantragstellung. Da sie zumeist keine neuen Fluchtgründe vorzubringen hatten, wurden ihre Zweit-Anträge als «unbeachtliche Folgeanträge» gar nicht erst zur inhaltlichen Prüfung ans Bundesamt weitergeleitet. Ihnen droht damit unter Umständen die Ausweisung, ohne daß sie eine Überprüfung ihrer Furcht vor Verfolgung erwirken konnten.

Angesichts der Situation in Sri Lanka werden gegenwärtig zwar unabhängig von der Frage der Anerkennung als Asylberechtigte tamilische Asylbewerber nicht nach Sri Lanka zurückgeschoben. amnesty international sieht jedoch mit Sorge die Tatsache, daß diese momentane Regelung in Berlin zur Zeit umgangen wird. Dies geschieht zum Beispiel, wenn die oben beschriebene Situation eintritt:

Das Land Berlin ist dazu übergegangen, Flüchtlinge aus Sri Lanka, deren Folgeanträge als unbeachtlich beschieden worden sind, in ein Land abzuschieben, in das sie ohne Visum für einen Zeitraum von drei Monaten einreisen können (Pakistan, Bangladesh). In einigen Fällen sind die Asylbewerber sogar mit Flugtickets ausgestattet worden, die auf den Zielflughafen Colombo in Sri Lanka ausgestellt waren. Eine Zusicherung der Behörden der jeweiligen Länder, daß den dorthin abgeschobenen Asylbewerbern Schutz vor der Abschiebung ins Verfolgerland gewährt wird, hat das Land Berlin nicht eingeholt.*

Wie unsicher die Lage der ins Drittland abgeschobenen Asylbewerber ist, ist auch daraus zu erkennen, daß die pakistanische Botschaft zum Beispiel in einem Schreiben vom 14. 6. 1985 erklärt hat, daß Pakistan nicht bereit sei, über die große Zahl von afghanischen Flüchtlingen hinaus noch weitere Flüchtlinge aufzunehmen. Angesichts der guten Beziehungen zwischen Pakistan und Sri Lanka kann eine Gefahr der weiteren Abschiebung von tamilischen Flüchtlingen nach Sri Lanka nicht ausgeschlossen werden.

Die Botschaft Bangladeshs hat in einem Schreiben vom 28. 10. 1985 an amnesty international erklärt, daß Bangladesh nicht in der Lage sei, tamilische Flüchtlinge, die aus der Bundesrepublik Deutschland abgeschoben worden sind, aufzunehmen. Sollte der Berliner Senat dennoch die Abschiebung von Tamilen nach Bangladesh betreiben, so fände eine solche Praxis nach Ansicht der Botschaft keine Grundlage im internationalen Recht.

- amnesty international sieht die Vorgehensweise des Landes Berlin gegenüber Tamilen hinsichtlich des Grundsatzes des Abschiebungsverbots von politischen Flüchtlingen als zumindest grob fahrlässig an. amnesty international fordert, daß Abschiebungen von Tamilen in Drittstaaten ohne vorherige Einholung einer Garantie, daß die Flüchtlinge im Drittstaat Schutz vor Verfolgung finden und nicht ins Verfolgerland abgeschoben werden, eingestellt werden.

In der letzten Zeit haben nun kaum mehr tamilische Flüchtlinge in die Bundesrepublik einreisen können, seitdem die DDR-Behörden keine Fluggäste aus Sri Lanka mehr nach Ost-Berlin befördern lassen, wenn sie nicht über ein gültiges Einreisevisum in die Bundesrepublik verfügen. Bislang war der Großteil der tamilischen Flüchtlinge über den Ost-Berliner Flughafen Schönefeld nach West-Berlin und in die Bundesrepublik gekommen.

- amnesty international hat an die Bundesrepublik appelliert, ihre restriktive Praxis der Visumserteilung aufzugeben und es den von politischer Verfolgung, Haft, Folter und extralegaler Tötung bedrohten Tamilen damit zu ermöglichen, das in der Verfassung garantierte Grundrecht auf Asyl in Anspruch zu nehmen.

* Nach dem Urteil des Bundesverwaltungsgerichts vom 3. Dezember 1985 hat das Land Berlin sogar erste Ausweisungsverfügungen gegen Tamilen nach Sri Lanka erlassen.

ALI SADRZADEH

Iran: Sie fliehen vor dem Krieg

«Wir wollen einfach ein Gefühl der Sicherheit haben, nicht befürchten müssen, jederzeit von den Revolutionsgardisten abgeholt zu werden.» Solche und ähnliche Äußerungen hört man oft von den iranischen Asylsuchenden, die in diesen Tagen in die Bundesrepublik kommen. Viele von ihnen können den hiesigen Behörden glaubwürdig versichern, daß sie einer unmittelbaren Lebensbedrohung buchstäblich in letzter Minute entkommen konnten.

Die Frauen unter ihnen berichten über Formen staatlicher Diskriminierungen, die in ihrer Menschenverachtung selbst der Verfassung der Islamischen Republik Iran Hohn sprechen. Die Angst davor, in die Kriegsereignisse verwickelt zu werden, ist bei den meisten der iranischen Asylbewerber das Motiv für ihre Flucht aus der Heimat. Viele Jugendliche unter ihnen haben sich dazu entschlossen, um einem bevorstehenden Fronteinsatz aus dem Weg zu gehen. Betrachtet man die derzeitige Kriegspolitik Irans, so ist diese Angst kaum verwunderlich. Offensichtlich will Teheran alles daransetzen, um eine militärische Wende im Krieg mit dem Nachbarland Irak schon in diesem Jahr herbeizuführen.

Seit Wochen wird in Iran eine Mobilisierung für den Krieg betrieben, wie sie selbst für iranische Verhältnisse beispiellos ist. Armee, Revolutionsgarden, Gendarmerie und Polizei sind angewiesen worden, Soldaten selbst zu werben und buchstäblich von der Straße aufzulesen. Alle Ministerien des Landes müssen jederzeit in der Lage sein, 20 Prozent ihrer Bediensteten für den Einsatz an der Front bereitzuhalten. Beinahe jeder Beamte muß sich einer militärischen Ausbildung unterziehen. Parallel dazu sind drakonische Strafen gegen mögliche Kriegsgegner angeordnet worden.

Diese Maßnahmen sollen offenbar einem Ziel dienen: Den vor sechs Jahren von Irak angezettelten Krieg bald siegreich beenden zu können und damit auch das irakische Regime des Saddam Hussein zu stürzen.

Der Rückgang des Erdölpreises hat dem Land wirtschaftliche Probleme bereitet, die einen langanhaltenden Verschleißkrieg nicht mehr erlauben. Mit 7,5 Milliarden Dollar jährlich betragen die Erdöleinnahmen Irans jetzt nicht einmal die Hälfte des Vorjahres. Und diese Summe wird fast vollständig vom Krieg verschlungen. Andererseits braucht Iran Geld, um viele Nahrungsmittel und Güter des täglichen Lebens einführen zu können.

In dieser Situation hört man seit Wochen Äußerungen von maßgeblichen Politikern Irans, die auf eine Entspannung der Situation kaum hoffen lassen. «In den letzten sechs Jahren haben wir nur zwei Prozent unserer menschlichen und wirtschaftlichen Kapazität für den Krieg verwendet», erklärte kürzlich der Chef der iranischen Revolutionsgarden, Recai, und es gelte nun, mindestens 90 Prozent der Möglichkeiten dafür einzusetzen, den Krieg rasch zu beenden. Wieder einmal forderte der Revolutionsführer Ayatollah Ruhollah Khomeny an diesem Wochenende die Armee und die Revolutionsgarden auf, so schnell wie möglich für den Sieg zu sorgen.

Da eine öffentliche Äußerung oder Aktivität gegen den Krieg mit der Todesstrafe bestraft wird, bleibt vielen Kriegsgegnern kein anderer Weg, als ihrer Heimat den Rücken zu kehren. Die meisten iranischen Asylsuchenden stammen aus der Ober- und Mittelschicht, die eine hohe Bestechungssumme zahlen, um in Sicherheit gelangen zu können. Häufig setzen sie sich über die Türkei und Pakistan ins westliche Ausland ab.

Annähernd zwei Millionen Iraner haben seit dem Sturz des Schahs das Land verlassen und um Asyl nachgesucht. In der Bundesrepublik leben zur Zeit etwa 60000 Iraner, die jedoch nicht alle einen Asylstatus haben. Sollte die derzeitige Kriegspolitik der Regierenden in Teheran fortgesetzt werden, so muß man befürchten, daß noch mehr Iraner ins Ausland flüchten. Ihr Weg ist keineswegs ungefährlich, denn die Todesstrafe droht auch denjenigen, die illegal über die Grenze zu entkommen versuchen.

Wenn sie endlich das rettende Ufer erreicht haben, denken viele iranische Flüchtlinge zunächst einmal wenig an die Schwierigkeiten, die ein Asylantendasein in der Bundesrepublik mit sich bringt.

(Frankfurter Rundschau 22. 7. 86)

Bleibt wo Ihr seid und rührt Euch nicht – zwei Warnungen

Die Satire

Sehr geehrte Ausländer!

Die Regierung der Bundesrepublik Deutschland wendet sich mit diesem Faltblatt an alle im Ausland lebenden Menschen, um sie über die Bundesrepublik Deutschland zu informieren. Immer wieder mußten wir in den letzten Monaten feststellen, daß Bürger der verschiedensten Länder mit abenteuerlichen Vorstellungen, die Verhältnisse in der Bundesrepublik Deutschland betreffend, unser Land betraten, um hier ihren ersten Wohnsitz anzumelden.

So sehr uns das Vertrauen ehrt, das unserem Land und der Schaffenskraft unseres Volkes in Ihren Ländern entgegengebracht wird, so sehr uns das Zutrauen freut, das sie der Bundesregierung und allen Deutschen angedeihen lassen, so besorgt sind wir jedoch über das verzerrte Bild, das außerhalb der deutschen Grenzen von unserem Land existiert.

Uns nicht wohlgesonnene Kreise haben dafür gesorgt, daß die Bundesrepublik Ihnen als blühendes, reiches, freies und landschaftlich reizvolles Land erscheint. Damit Sie nicht Opfer dieser kommunistischen Destabilisierungsbemühungen werden und vorschnell Ihre schöne Heimat verlassen, möchten wir Sie mit einigen wichtigen Informationen versorgen.

Schon rein klimatisch gesehen wird Ihnen Deutschland immer fremd bleiben. In Ihren Ländern ist es stets schön warm, bei uns jedoch regnet es ständig. Das kann zu schwerwiegenden Erkrankungen und sogar zum Tod führen, ein Schicksal, dem ja gerade die politisch Aktiven unter ihnen entgehen wollen.

Sie leben daheim in frischer Luft unter gesunden Bäumen, bei uns jedoch sind die Bäume krank, und die Luft ist schlecht. Die Lebensmittel sind voller Gift, im Wein ist Frostschutz, im Fleisch Cadmium, in der Milch Blei und Quecksilber in der Kartoffel.

Sie leben in Steppen, Wüsten oder im Dschungel, in Deutschland jedoch gibt es diese Dinge nicht, wir haben nur Autobahnen und Städte.

Die Vergnügungen der Stadt, falls Sie die locken, bleiben Ihnen verschlossen. Da Sie bei uns nicht arbeiten dürfen, haben Sie nur 300 Mark im Monat, und die brauchen Sie für Ihren Anwalt, der verhindern muß, daß Sie zu den 80 Prozent der Zugereisten gehören, denen wir leider kein Asyl gewähren können.

Der Deutsche ist ein aufgeschlossener Mensch, aber er lernt den Fremden lieber dort kennen, wo dieser hingehört. Darum ist es besser, Sie warten auf seinen Besuch in Ihrer Heimat, als ihn in Deutschland aufzusuchen. In Deutschland werden Sie keine Deutschen treffen, da sie nur mit lauter Ausländern zusammenwohnen. Auf der Straße einen Deutschen anzusprechen, ist nicht zu empfehlen. Erstens versteht er Sie nicht, und zweitens fühlt er sich durch Ihre Anwesenheit ausgenutzt.

Wie auf die Reinheit des Bieres, so achtet der Deutsche penibel auf die Reinheit des politischen Asyls, und die wird durch die Scharen der Eingedrungenen grob verletzt. Wenn der Deutsche so empfindlich auf die ungeladen einströmenden Gäste reagiert, so hat das nichts mit christlicher Hartherzigkeit zu tun, sondern erfolgt ausschließlich aus Fürsorge mit den Ausländern. Sie haben doch am meisten darunter zu leiden, wenn sie infolge ihrer zunehmenden Anzahl weniger zuvorkommend behandelt werden.

Darum sollten Sie, sofern Ihnen menschliche Solidarität und Nächstenliebe am Herzen liegen, in Ihrer Heimat bleiben.

Hochachtungsvoll! Der Minister für Auswärtige

Cordt Schnibben

(aus Die Zeit 29. August 1986)

Die Wirklichkeit

Warnung vor falschen Hoffnungen

Der stellvertretende Sprecher der Bundesregierung, Norbert Schäfer, erklärte am 15. August 1986:

In großer Zahl verlassen heute Menschen aus politischen, religiösen und wirtschaftlichen Gründen ihre Heimat. Häufig sind es Bürgerkrieg und Verfolgungen, vielfach aber auch schon die Hoffnung auf ein besseres Leben, was die Menschen dazu bewegt, ihrem Land den Rücken zuzukehren.

Zunehmend wenden sich diese Flüchtlinge in Richtung Bundesrepublik Deutschland. Viele werden zu diesem Schritt ermuntert durch falsche Versprechungen von zweifelhaften Organisationen, durch verlockende Angebote von Fluggesellschaften, und auch durch eine nicht immer realistische, oft irreführende Berichterstattung in manchen Medien über die Möglichkeiten, in der Bundesrepublik Deutschland Aufnahme und Arbeit zu finden.

Die Wirklichkeit sieht anders aus. Die Bundesrepublik Deutschland ist schon heute eines der am dichtesten bevölkerten Länder der Erde. Die Bundesrepublik Deutschland ist kein Einwanderungsland. 2 Mill. Deutsche suchen Arbeit. Noch stärker ist die (über 4 Mill. zählende) Gruppe der bei uns lebenden Ausländer, die von der Arbeitslosigkeit betroffen ist. Strukturveränderungen in unserer Wirtschaft führen dazu, daß wir nicht in der Lage sind, viele Hunderttausende Flüchtlinge hier aufzunehmen und ihnen Arbeit und Brot zu geben.

Das Grundgesetz der Bundesrepublik Deutschland gewährt all denen Asylrecht, die politisch verfolgt sind. Ob eine politische Verfolgung im Sinne des Grundgesetzes vorliegt, wird in jedem Einzelfall durch ein gerichtlich nachprüfbares Verfahren festgestellt.

Die Erfahrung zeigt aber: Der weitaus überwiegenden Mehrheit derjenigen, die in die Bundesrepublik Deutschland einreisen und Asyl beantragen, kann das Asylrecht nicht gewährt werden, da die rechtlichen Voraussetzungen fehlen. Vor allem diejenigen, die in erster Linie aus wirtschaftlichen Gründen ihre Heimat verlassen, erhalten kein Asyl. Ihr Ziel, hier Arbeit zu finden, erreichen sie nicht, da Asylbewerbern für Jahre die Aufnahme einer Arbeit versagt wird. Von den einströmenden Flüchtlingen wird nur ein sehr kleiner Teil als asylberechtigt anerkannt. Alle anderen werden sobald wie möglich in ihre Heimatländer abgeschoben. Sie verlieren auf diese Weise alles, was sie in ihre Reise investiert haben.

Die Bundesregierung warnt vor verantwortungslosen Organisationen, die zumeist aus Gewinnstreben diese Schwierigkeiten bewußt verschweigen und ein irreführendes Bild von den Aufnahmemöglichkeiten in der Bundesrepublik Deutschland verbreiten. Das Ergebnis ist dann häufig: Menschen, die in der Hoffnung auf ein besseres Leben ihr Hab und Gut verkauft haben, die ihr Geld möglicherweise an unseriöse Schlepperorganisationen ausgegeben haben, stehen jetzt vor dem Ruin.

Die Bundesregierung appelliert daher nicht zuletzt an die ausländischen Medien, sich nicht an der Verbreitung irreführender Nachrichten zu beteiligen und keine falschen Hoffnungen zu wecken.

Wir Deutschen verschließen die Augen nicht vor der vielfältigen Not in der Welt. Wir wissen aus eigener leidvoller Erfahrung, was Not bedeutet. Die Bundesregierung stellt sich seit vielen Jahren der Aufgabe, zur Linderung dieser Not weltweit beizutragen. Wir leisten Hilfe an die betroffenen Länder, unmittelbar und mittelbar. Hilfe in der Heimatregion halten wir für humaner und wirksamer. Wir leisten Hilfe im Rahmen der Europäischen Gemeinschaft, der Vereinten Nationen und der anderen internationalen Organisationen. Wir werden diese Unterstützungen auch in Zukunft tatkräftig fortsetzen.

V.

Warnungen vor dem Fremdenhaß

Die Evangelische Kirche in Deutschland

Flüchtlinge und Asylsuchende in unserem Land

Der Rat der Evangelischen Kirche in Deutschland (EKD) hat Ende Juli in einer knappen Erklärung zur derzeitigen Asyldiskussion Stellung bezogen und dabei deutlich gemacht, daß in der Frage der Aufnahme von Asylsuchenden christliche Verantwortung und Praxis unmittelbar herausgefordert sind. Für den Rat der EKD folgt aus dem christlichen Liebesgebot nicht nur der Appell an Christen, Kirchengemeinden und diakonische Einrichtungen, die Asylbewerber und Flüchtlinge aufzunehmen, sondern auch die Verteidigung des im Grundgesetz verankerten Rechts auf Asyl.

In diesen Tagen hat das Kirchenamt der EKD eine umfangreiche Ausarbeitung «Flüchtlinge und Asylsuchende in unserem Land» veröffentlicht, in der die Evangelische Kirche in Deutschland ihre Position biblisch-theologisch begründet, die rechtlichen und politischen Zusammenhänge diskutiert und konkrete Folgerungen für Kirche und Öffentlichkeit zieht. Der Text wurde von einer Ad-hoc-Arbeitsgruppe der «Kommission der EKD für Ausländerfragen und ethnische Minderheiten» erarbeitet, der Rat der EKD und die Geschäftsführung des Diakonischen Werkes haben ihm zugestimmt.

Ausgehend von der nüchternden Einschätzung, daß die Kirche bei dem Bemühen, ihren Beitrag zur Lösung der anstehenden Probleme zu leisten, «auch in ihren eigenen Reihen auf Widerstand und Abwehr stößt» und deshalb gut daran tut, «in ihren Äußerungen zu diesen Fragen selbstkritisch zu bleiben», richtet sich die EKD in erster Linie an ihre eigenen Mitglieder in den Gemeinden. «Sie bedürfen der Orientierung und der Ermutigung zur spontanen christlichen Liebe...Christliche und kirchliche Initiativgruppen, die sich für Asylsuchende und Flüchtlinge einsetzen und dabei oft unter erheblichen Druck geraten, brauchen Bestärkung und Unterstützung.»

Die Motive des christlichen Engagements für Asylsuchende und ihre theologischen Begründungen werden deutlich herausgearbeitet:

– Gott ist der Schöpfer und Vater aller Menschen. Daraus ergibt sich die Verpflichtung, «die anvertraute Erde, deren Besitzer Gott bleibt, gemeinsam zu verwalten und ihre Güter und Früchte, ihre Ressourcen und Möglichkeiten mit allen zu teilen. So liegt in der Aufnahme des Fremden immer auch ein Moment des Teilens: der Teilnahme an der Last seiner Not und des Anteilgebens an dem, was wir besitzen.» Die Solidarität des gemeinsamen Menschseins verbietet nationale Egoismen und Beschränkungen. «In den Menschen, die bei uns Schutz und Lebensmöglichkeit suchen, begegnen uns die ungelösten Entwicklungs-, Friedens- und Menschenrechtsprobleme der einen Menschheit.»

– Die Versöhnung, die Gott durch den Kreuzestod Jesu Christi gestiftet hat, ist ohne Bedingung, aber sie bleibt nicht ohne Konsequenz: «Die Annahme durch Gott kann und soll dazu führen, daß wir unsererseits die Menschen, mit denen wir leben, annehmen.» Das gilt auch für die Beziehungen zwischen der einheimischen Bevölkerung und den ausländischen Flüchtlingen.

– In der Gemeinschaft einer christlichen Gemeinde können Flüchtlinge «aus ihrer Isolierung herausgeholt werden und über alle schmerzlich erfahrenen Grenzen hinweg eine neue Gemeinschaft finden». Doch gilt das Liebesgebot nicht nur den christlichen Schwestern und Brüdern, sondern allen Bedürftigen «und ist gerade nicht durch Hautfarbe, Volkszugehörigkeit, Kultur und Religion beschränkt. Die Lebensbedingungen, denen Ausländer und Flüchtlinge aus Regionen anderer Kultur und Religion heute bei uns ausgesetzt sind, halten vielfach dieser biblischen Norm nicht stand. Christen könnten durch ihr eigenes Beispiel das allgemeine Klima verbessern und durch ihren Einsatz an einer Veränderung der Lage arbeiten.»

Aus solchen theologischen Orientierungen ergeben sich Folgerungen für das Reden und Handeln der Kirche und ihrer Diakonie. Es entfaltet sich in zwei Richtungen, die oft nicht konfliktlos miteinander zu vereinbaren sind.

«Kirche und Diakonie haben eine wesentliche Funktion darin, daß sie Asylsuchenden und Flüchtlingen sozialen Beistand leisten. Zugleich müssen sie aber auch ihre Stimme als Anwalt für diese Gruppe erheben, die sonst kaum eine öffentliche Unterstützung findet.» Die Hilfsfunktion der kirchlichen Wohlfahrtsverbände bei der Bewältigung der menschlichen und sozialen Probleme der Flüchtlinge ist unumstritten und wird auch vom Staat unterstützt, doch ihre Anwaltsrolle bringt Kirche und Diakonie immer wieder in ein Spannungsverhältnis zu den politisch Verantwortlichen sowie zu staatlichen Behörden.

Die EKD-Studie geht den inzwischen entwickelten Möglichkeiten und Erfahrungen kirchlich-diakonischer Flüchtlingsarbeit, etwa den verschiedenen Formen und Phasen des Lebens mit Flüchtlingen in der Gemeinde, nach und vermittelt dabei eine Fülle von konkreten Anregungen. In diesen Ausführungen zur kirchlichen Praxis, die Christen und Kirchengemeinden Erfahrungen im Umgang mit Asylsuchenden nahbringen und ihnen Mut zum eigenen Engagement machen wollen, hat die EKD-Studie einen ihrer Schwerpunkte. In diesem Zusammenhang kommen auch die umstrittenen Aktionen für ein «Asyl in der Kirche» im Widerstand gegen staatliche Entscheidungen zur Sprache.

Mit den biblisch-theologischen Orientierungen ist auch im eigentlich rechtlichen und politischen Bereich die Grundlinie vorgezeichnet, auf der sich die evangelische Kirche und ihre Diakonie halten. Die Ablehnung einer Änderung des Artikels 16 GG, der politisch Verfolgten ein Asylrecht garantiert, wird ethisch, juristisch und historisch begründet. Nicht nur die geschichtliche Verwurzelung des Asylrechts in den Verfolgungserfahrungen unter der nationalsozialistischen Herrschaft, sondern auch die Absicht des Verfassungsgebers, damit «ein humanitäres Zeichen der neuen deutschen Rechtsordnung (zu) setzen», sollte das Festhalten an diesem Erbe geboten sein lassen. Hinzu kommt die Bindung der Bundesrepublik Deutschland an die Genfer Flüchtlingskonvention und andere völkerrechtliche Verpflichtungen, die abgesehen von Art. 16 GG den Flüchtlingen rechtlichen Schutz sichern. Die innere Verknüpfung des Asylrechts mit dem Verfassungsauftrag zum Schutz der Menschenwürde wird mehrfach unterstrichen.

Die politische Argumentation der EKD zielt in vier Richtungen:

– Zum einen weist sie darauf hin, daß «die weltweite Flüchtlingsproblematik vor allem in den Ländern der Dritten Welt mit den bisherigen Kriterien kaum noch erfaßt werden (kann). Neue Entwicklungen sind eingetreten, die Ursachen für die Flucht sind häufig außerordentlich komplex». Viele Flüchtlinge, deren Antrag auf politisches Asyl abgelehnt wird, haben trotzdem gute Fluchtgründe und erhalten deshalb aus humanitären Gründen eine Duldung in der Bundesrepublik. Es wäre falsch, hier von «Mißbrauch» des Asyls zu sprechen. Die EKD hält «politische und rechtliche Bemühungen (für) notwendig mit dem Ziel, den Status von Schutzsuchenden aus Bürgerkriegs- und anderen Notstandsgebieten, die nicht Asylsuchende im engeren Sinne sind, auf nationaler und internationaler Ebene zu klären und zu verbessern».

– Zum andern wendet sich die EKD gegen eine Politik der geschlossenen Grenzen. Sie «vertritt nicht die Auffassung, die Bundesrepublik Deutschland könne und solle unbegrenzt Flüchtlinge aufnehmen». Sie ist sich auch darüber im klaren, daß es Mißbrauch des Asyls aus wirtschaftlichen und sogar kriminellen Motiven gibt. Beides rechtfertigt aber nicht eine Asylpolitik, die ihren Schwerpunkt auf Abschreckung und Abwehr gelegt hat. In diesem Zusammenhang äußert die EKD «ganz erhebliche Bedenken» gegen die in den letzten Jahren verschärften Visabestimmungen sowie gegen sogenannte «flankierende Maßnahmen» während des Asylverfahrens wie zwangsweise Unterbringung in Sammelunterkünften, Arbeitsverbot usw. Nach den Erfahrungen der EKD treffen sie «vor allem diejenigen, die aus einer wirklichen Verfolgungssituation in ihrem Heimatland fliehen müssen». Die EKD stellt fest: «Eine protektionistische Asylpolitik auf einseitig nationaler Basis gefährdet nicht nur das moralische Gewicht der Bundesrepublik, sondern sie ist auch unrealistisch.»

Statt dessen setzt sich die EKD der politischen Öffentlichkeit gegenüber «für eine humane Asylpolitik» ein und macht dazu konkrete Vorschläge insbesondere zur Verbesserung der menschlichen und sozialen Lage der Asylsuchenden während des Verfahrens.

– Zum dritten plädiert die EKD dafür, regionale und internationale Lösungsansätze intensiver als bisher zu verfolgen. Dazu gehören Bemühungen, innerhalb der Europäischen Gemeinschaft «im Interesse einer humanen Asyl- und Flüchtlingspolitik sowie einer gerechten Verteilung der Lasten zu gemeinsamen Regelungen zu kommen». Die EKD setzt sich für eine «international abgestimmte Regionalisierungspolitik» ein, die dann ehrlich sei, «wenn sie die finanziellen und politischen Bedingungen für eine Aufnahme der Flüchtlinge in der Region verbindlich mitschafft».

– In der internationalen und ökumenischen Arbeit rückt schließlich viertens die Frage nach den eigentlichen Ursachen der Flüchtlingsnot und nach Mitteln, diese selbst anzugehen und zu beseitigen, immer energischer neben die nach wie vor notwendigen Anstrengungen zur Aufnahme und Versorgung der geflüchteten Menschen. Nur eine nachhaltige Veränderung dieser Ursachen könnte die Flüchtlingsprobleme sowohl in den Herkunftsländern als auch in den Aufnahmeländern an der Wurzle packen. Die EKD-Studie: «Deshalb besteht die beste Flüchtlingspolitik darin, den Frieden, die Entwicklung und den Schutz der Menschenrechte in den Entwicklungsländern und in der ganzen Welt aktiv voranzutreiben und zu unterstützen.»

Hannover, den 29. August 1986

«... kein Klima von Fremdenfeindlichkeit schaffen»

Stellungnahme des Rates der Evangelischen Kirche zur Aufnahme von Asylsuchenden

Der Rat der EKD, der unter Leitung des stellvertretenden Ratsvorsitzenden, *Bischof Dr. Hans-Gernot Jung*, Kassel, am 25./26. Juli 1986 zu seiner 9. Sitzung in Berlin zusammenkam, hat folgende Stellungnahme zur Aufnahme von Asylsuchenden beschlossen:

Die öffentliche Diskussion ist gegenwärtig wieder bestimmt von der hohen Zahl von Ausländern, die zu uns kommen und um Asyl bitten. Die Sorgen im Blick auf ihre Unterbringung und Versorgung sind verständlich und ernst zu nehmen. Doch werden auch Meinungen laut, die nicht klären, sondern verunsichern und ein Klima von Fremdenfeindlichkeit schaffen. Der Rat der EKD stellt in dieser Situation fest:

1. Verfolgte und Schutzsuchende sind hilfsbedürftige Menschen. Jesus selbst hat uns aufgegeben, ihnen unsere Zuwendung nicht zu versagen (Evangelium des Matthäus 25, 31–46). Zahlen und Organisationsprobleme dürfen uns den Blick auf den bedrängten einzelnen nicht verstellen.
2. Der Rat dankt allen, die sich für die asylsuchenden Ausländer einsetzen. Er bittet Gemeinden, einzelne Christen und Gruppen sowie die diakonischen Einrichtungen der Kirche, alle Möglichkeiten zu nutzen, um die Asylbewerber und Flüchtlinge unterzubringen, zu versorgen und sie vor Diskriminierung zu schützen. Sie sollten auch das klärende Gespräch mit denen suchen, die wenig Verständnis für Flüchtlinge haben.
3. Eine Änderung des im Grundgesetz verankerten Rechts auf Asyl lehnt der Rat ab. Er sieht im Asylrecht eine Ausprägung des obersten Gebots unserer Verfassung, die Menschenwürde zu schützen. Die Rechtslage anderer westeuropäischer Länder zeigt zudem, daß

eine Änderung des Grundgesetzes nicht die konkreten Probleme lösen würde, da sie viel eher politischer und administrativer als juristischer Art sind.

4. Dem Mißbrauch des Asyls muß gewehrt werden. Die Verfahren müssen durch angemessene personelle Ausstattung und administrative Straffung auf allen Ebenen beschleunigt werden, damit Asylbewerber, die keinen Rechtsgrund zum Verbleiben haben, unverzüglich in ihre Heimatländer zurückkehren. Alle rechtlichen und politischen Mittel sollten ausgeschöpft werden, um zu verhindern, daß Menschen aus asylfremden Gründen «eingeschleust» werden. Doch müssen die im Ausländergesetz festgelegten Möglichkeiten erhalten bleiben, auch nicht anerkannten Asylbewerbern aus humanitären Gründen Schutz vor Abschiebung und einen zeitweiligen Aufenthalt zu gewähren.
5. Eine einseitig national orientierte Asylpolitik führt nicht zum Ziel. Sie wird auch den weltweiten Flüchtlingsproblemen nicht gerecht. Die europäischen Länder dürfen nicht aus der internationalen Solidarität ausscheren, zumal bereits jetzt die Aufnahmelager in Afrika, Asien und Amerika den größten Teil der Last tragen. Die Bundesrepublik Deutschland sollte ihren Einfluß geltend machen, um internationale Lösungsansätze voranzubringen und auch zwischen den europäischen Ländern zu einer gerechten Lastenteilung zu kommen.

Hannover, den 28. 7. 1986

Die Flüchtlinge in ihrer Würde achten

Bischof Dr. Franz Kamphaus, Limburg,
anläßlich seines Besuches im Flüchtlingslager Dehrn
am 6. August 1986

Die Kirche sieht sich als Anwalt der Schwachen und damit gerade auch der Flüchtlinge. In der derzeitigen öffentlichen Diskussion steht sie als Anwalt der Flüchtlinge zuallererst auf deren Seite. Sie macht sich ihre Anliegen und Leiden zu eigen.

Die wichtigste Weise, das Evangelium zu bezeugen, ist der Respekt vor der vollen Menschenwürde des Flüchtlings, wie er sie als Mensch und Geschöpf Gottes in den Augen Gottes besitzt. Der Flüchtling hat aus unserer Sicht einen Anspruch darauf, jederzeit in seiner vollen Personenwürde gesehen und behandelt zu werden. Dies hat zu geschehen ungeachtet der Rasse, Sprache, Religion, des Geschlechts, der politischen Überzeugung oder der sozialen Stellung.

Der Flüchtling muß daher in jeder Phase seines vorübergehenden oder dauernden Aufenthalts menschenwürdig behandelt werden. Das bezieht sich auf die Möglichkeit, um Asyl nachzusuchen, auf ein faires, rechtsstaatlich abgesichertes Asylverfahren, auf die angemessene Unterbringung und Versorgung und die Entfaltung der Persönlichkeit.

Die Festlegung, wer als politischer Flüchtling anerkannt werden kann, darf nicht aus außen- oder innenpolitischen, geschweige denn aus wirtschaftlichen, nationalistischen oder rassistischen Gründen eingeschränkt werden. Daher wende ich mich auch (als Präsident der Deutschen Kommission Justitia et Pax) gegen alle Bestrebungen, das im Grundgesetz der Bundesrepublik Deutschland verankerte Grundrecht für politisch Verfolgte einzuschränken.

Eine besondere Zuwendung der Kirche gilt aber auch den Menschen, Familien und Gruppen, die geflüchtet sind, aber bei uns kein politisches Asyl erhalten konnten. Hier sollte es bei der zwischen Bund und Ländern abgestimmten Regelung bleiben, sie nicht in Länder zurückzuschicken, in denen Krieg oder Bürgerkrieg herrschen oder Diktaturen bestehen.

Die Aufnahme einer wachsenden Zahl von Asylsuchenden ist zunehmend mit Problemen verbunden und bringt auch erhebliche finanzielle Belastungen mit sich. Ich appelliere an alle Verantwortlichen, die unleugbar vorhandenen Schwierigkeiten auf der Basis unseres sozialen Rechtsstaates zu lösen.

Im Jahrhundert der Flüchtlinge ist die Aufnahme von Flüchtlingen eine der bedeutenden Aufgaben unserer Gesellschaft.

Die Bücher kosten nur noch ein Fünftel ihres früheren Preises …

Erklärung der Arbeiterwohlfahrt

(3.2.86 vor dem Innenausschuß)

Die Arbeiterwohlfahrt tritt in Erinnerung an die Verfolgung ihrer Mitgliedschaft in der jüngsten Geschichte für den Art. 16 Abs. 2 GG ein. Ihr gesellschaftspolitisches Ziel ist der soziale Rechtsstaat. Sie setzt sich für mehr Freiheit, Gerechtigkeit und Solidarität ein. Sie ist nicht bereit, soziales Unrecht hinzunehmen. Die Arbeiterwohlfahrt fordert deshalb eine dem Wesensgehalt des Grundrechts auf Asyl entsprechende Ausgestaltung der Praxis des Asylverfahrens und der sozialen Situation der Betroffenen.

Die Arbeiterwohlfahrt erkennt bislang keine Gefahr für die Bundesrepublik in der Aufnahme von Flüchtlingen auf Grund des in der Verfassung verbrieften Rechts. Nach Auffassung der Arbeiterwohlfahrt soll der Schutz des Grundrechts auf Asyl nur politisch Verfolgten zukommen. Die aktuellen Zahlen untermauern nicht die These «vom steigenden Mißbrauch», noch ist die Zunahme der Asylsuchenden als dramatisch zu bezeichnen. Die weltweiten Flüchtlingszahlen belegen, daß wir vor einem globalen Problem stehen, von dem die europäischen Länder nur marginal betroffen sind. Der Hochkommissar schätzt die Zahlen der Flüchtlinge weltweit auf siebzehn bis zwanzig Millionen.

Die Arbeiterwohlfahrt ist mit den Parlamentariern des Europarates der Auffassung, «daß die Zahl der Flüchtlinge in Europa im Vergleich zur Gesamtzahl der Ausländer in Europa nicht das restriktive Verhalten rechtfertigt, das die Aufnahmeländer in Folge des Drucks, den Teile der Öffentlichkeit unter dem Einfluß der Wirtschaftskrise und der Arbeitslosigkeit ausüben, an den Tag legen». (Bundestagsdrucksache 10/4142 vom 07.11.1985)

Es ist eine internationale Pflicht der Bundesrepublik, ihren Beitrag zur Bewältigung des Weltflüchtlingsproblems zu leisten:

– durch die Bekämpfung der Ursachen, die zur Flucht und Vertreibung führen, insbesondere durch eine konsequente Menschenrechtspolitik,

- durch Unterstützung der Aufnahmeländer, die häufig selbst zu den am ärmsten entwickelten Ländern der Welt gehören,
- durch die Aufnahme von Flüchtlingen im eigenen Land.

Die Bundesrepublik muß auch in Zukunft für Flüchtlinge offen sein und darf sich nicht im europäischen Verbund gegen Flüchtlinge verschließen.

Das Asylrecht, das allein politisch Verfolgten zukommt, schützt nicht alle Personen, die aus guten Gründen Aufnahme in der Bundesrepublik und Schutz durch Aufenthalt suchen. Dieser Schutz muß auch in Zukunft aus humanitären und außenpolitischen Gründen möglich sein. Dieser Sachverhalt, der auch weltpolitische Realitäten widerspiegelt (Bürgerkriegs- und Krisensituationen), darf nicht zur Einschränkung des Art. 16 GG führen.

Bisher ist es nicht gelungen, den administrativen Gang des Asylverfahrens auf Grundlage des bestehenden Rechts so zügig zu gestalten, wie dies wünschenswert wäre und möglich ist.

Die Arbeiterwohlfahrt betrachtet mit Sorge die großen Probleme, die den Kommunen bei der Unterbringung der Asylsuchenden auf Grund der bestehenden Gesetze bereitet werden. Bund, Länder und Kommunen sind gemeinsam zur Lösung der Probleme aufgerufen. Die Auseinandersetzung über die Verteilung der Lasten darf nicht auf dem Rücken der Asylsuchenden ausgetragen werden. Selbstverordnete kostenintensive Maßnahmen (Arbeitserlaubnisverbot, Gemeinschaftsunterbringung, Sozialhilfe als Sachleistung usw.), die eine Verminderung des Anreizes, in der Bundesrepublik einen Asylantrag zu stellen, bewirken sollen, dürfen nicht den Flüchtlingen zugeschrieben werden.

Die Arbeiterwohlfahrt spricht sich gegen bestehende und geplante Regelungen aus, die geeignet sind, die Betroffenen zu diskriminieren, wie

- die Versagung der Arbeitserlaubnis,
- die zwangsweise Unterbringung in Sammelunterkünften für die Dauer des Asylverfahrens,
- die pauschale Kürzung der Sozialhilfe auf das zum Lebensunterhalt Unerläßliche und ihre Gewährung in Sachleistungen oder Gutscheinen,
- die Einschränkung der Freizügigkeit.

Diese Maßnahmen sind kein Beitrag zur Verkürzung der Asylverfahrensdauer.

amnesty international

Gegen eine Verschärfung des Asylrechts

(6.8.86)

Mit Bestürzung hat die deutsche Sektion von amnesty international in den vergangenen Wochen die sich erneut zuspitzende Auseinandersetzung über das Asylrecht verfolgt. Nach Auffassung der Gefangenenhilfsorganisation wird die derzeitige asylpolitische Situation in unverantwortlicher Weise dramatisiert. Die von verschiedenen Seiten entwickelten Vorschläge zur Senkung der Zahl der Asylbewerber mißachten die Verpflichtungen der Bundesrepublik Deutschland zum Schutz politisch Verfolgter nach Artikel 16 Abs. 2 Grundgesetz und der Genfer Flüchtlingskonvention.

amnesty international stellt fest, daß bei der derzeitigen Diskussion die Tatsache völlig in den Hintergrund geraten ist, daß es sich bei einem Großteil der Asylbewerber um politisch Verfolgte handelt, die in der Bundesrepublik Deutschland um Schutz nachsuchen. amnesty international betont in diesem Zusammenhang erneut, daß keine Umstände es rechtfertigen, Personen, denen Inhaftierung als gewaltlose politische Gefangene, Folter oder Todesstrafe droht, in ihre Verfolgerländer zurückzuschicken.

Nach Ansicht der Organisation wird in der gegenwärtigen Diskussion eine «Notstandssituation» herbeigeredet. Damit soll ein politisches Klima geschaffen werden, in dem die gewünschten und bisher noch auf politischen Widerstand stoßenden Verschärfungen des Asylrechts durchsetzbar werden.

Wenn die derzeitige Situation als dramatisch bezeichnet wird, so stellt amnesty international fest, daß die Zahl der im ersten Halbjahr 1986 eingereisten Asylbewerber von ca. 42000 nur geringfügig über den vergleichbaren Zahlen der Vorjahre liegt. Darüber hinaus weist die Organisation auf die seit Anfang 1985 bei 4,4 Millionen stagnierende Zahl von Ausländern in der Bundesrepublik Deutschland hin: daran gemessen und im internationalen Vergleich mit anderen – zumeist wesentlich ärmeren – Flüchtlingsaufnahmeländern handelt es sich bei den politischen Flüchtlingen in der Bundesrepublik Deutschland um eine kleine Personengruppe.

Auch jene Politiker, die die von den Unionsparteien geforderte Einschränkung des Artikels 16 Grundgesetz ablehnen, berücksichtigen mit ihren Lösungsvorschlägen nicht, daß es sich bei den über Berlin einreisenden Asylbewerbern zum großen Teil um schutzsuchende politisch Verfolgte handelt. Die Forderungen nach Verhandlungen mit der DDR oder verschärften Kontrollfunktionen der Alliierten, um die Einreise von Flüchtlingen über Ost-Berlin zu unterbinden, zielen schließlich darauf, politisch verfolgten Personen den durch restriktive Visumbestimmungen ohnehin erschwerten Zugang zur Bundesrepublik Deutschland als Asylland unmöglich zu machen.

Das Schlagwort des «Mißbrauchs» des Asylrechts dient auch hier dazu, die Inanspruchnahme des Grundrechts auf Asyl zu verhindern. amnesty international betont dagegen, daß es politisch Verfolgten ermöglicht werden muß, in der Bundesrepublik Schutz zu suchen, da ansonsten der Artikel 16 Grundgesetz ad absurdum geführt wird.

Die Organisaton warnt auch vor Überlegungen, abgelehnte Asylbewerber pauschal in ihre Heimatländer zurückzuschicken, ohne Abschiebungshindernisse wie z. B. drohende Folter, Todesstrafe oder extralegale Tötung und «Verschwindenlassen» zu bedenken. Dies gilt um so mehr, als der Begriff der politisch Verfolgten in der Rechtsprechung in letzter Zeit zunehmend restriktiver ausgelegt wird. Damit ist es für politisch Verfolgte ohnehin immer schwerer geworden, Asyl zu erhalten.

amnesty international fordert die zuständigen Politiker dazu auf, sich auch in der jetzigen hektischen Diskussion ihrer Verantwortung gegenüber politisch Verfolgten bewußt zu werden und keine weitere Verschärfung des Asylrechts zuzulassen.

Der Schutz politisch Verfolgter ist ein wichtiger Beitrag im Kampf gegen Menschenrechtsverletzungen in aller Welt. amnesty international spricht sich daher entschieden dagegen aus, das verfassungsmäßig verbriefte Recht politisch Verfolgter auf Schutz durch Asylgewährung noch weiter abzubauen. Das Grundrecht auf Asyl muß vielmehr endlich verwirklicht werden.

terre des hommes

«Demontage eines Grundrechts»

Erklärung zur beabsichtigen Verschärfung der Asylgesetze

Das Kinderhilfswerk terre des hommes Deutschland e. V. verurteilt die Gesetzesinitiativen und Bestrebungen der Länder Bayern, Baden-Württemberg und Berlin zur abermaligen Verschärfung des Asylverfahrensrechts. Die Änderungsvorschläge dieser Länder – etwa das bisherige, auf zwei Jahre befristete Arbeitsverbot für Asylbewerber auf die gesamte Dauer des Asylverfahrens auszudehnen, die Asylberechtigung durch Überprüfungsverfahren zeitlich zu begrenzen und den Visumzwang zu erweitern – laufen auf eine völlige Demontage des Grundrechts auf Asyl hinaus.

Schon die Verfahrensänderungen durch die sogenannten Beschleunigungsgesetze – Arbeitsverbot für Asylsuchende, Unterbringung in Sammelunterkünften, drastische Kürzungen im Bereich der Sozialhilfe, Einschränkung der Bewegungsfreiheit u. a. – haben das ursprüngliche Ziel einer großzügigen Asylgewährung (BVerf. GE 9, 180) bereits soweit unterlaufen, daß nicht viel mehr als die Fassade eines Grundrechts übriggeblieben ist.

Entgegen den jüngsten, auf ausländerfeindliche Ressentiments abzielenden Äußerungen einiger Landespolitiker liegt die Bundesrepublik (einschließlich West-Berlins) weltweit erst etwa an fünfzigster Stelle der Aufnahmeländer von Asylsuchenden, im reichen Westeuropa mit an letzer Position (bezogen auf die Bevölkerungszahl).

Von den gegenwärtig zehn bis zwölf Millionen Flüchtlingen weltweit hat die Bundesrepublik 1984 etwa 35000 Menschen aufgenommen – das sind 0,27 Prozent der Flüchtlinge in aller Welt.

Wer vor dem Hintergrund des weltweiten Flüchtlingselends die neuen Verschärfungsmaßnahmen der drei unionsregierten Länder prüft, muß zu dem Ergebnis kommen, daß sie das Prinzip der Abschreckung von Flüchtlingen verfolgen, welches mit dem humanitären Grundanspruch des Artikel 16 Grundgesetz und dem Anliegen der Verfassungsväter nicht zu vereinbaren ist. Diese Vorschläge zielen darauf ab, nicht den *Miß*brauch, sondern den *Ge*brauch des Asylrechts zu verhindern, wie es Ende Februar die Rechtsberaterkonferenz des UN-Flüchtlingskommissariats formulierte.

Es ist beschämend, daß Menschen, die nach Verfolgung und Verlust der Heimat, nach vielfachem Leid und Entbehrungen Zuflucht in der Bundesrepublik Deutschland erhoffen, hier oft über Jahre Bevormundung, Entrechtung und Mißachtung ihrer Menschenwürde ausgesetzt sind.

Besonders die verstärkte Isolierung der Asylbewerber in der Getto-Situation oft überbelegter Sammelunterkünfte, das Arbeitsverbot, die vielfachen Einschränkungen ihrer sozialen Möglichkeiten, Rechtsunsicherheit und die völlige Ungewißheit über ihre Gegenwart und Zukunft wirken sich psychisch verheerend aus.

Dies betrifft vor allem auch die Kinder und Jugendlichen, die ihre wertvollsten Fähigkeiten unter den Bedingungen des Lebens in Sammelunterkünften, bei unzureichenden Lern- und Betreuungsangeboten kaum entfalten können.

Im Zusammenhang mit der Diskussion um den 8. Mai und das Ende der Nazi-Diktatur weisen wir darauf hin, daß kein anderer Grundrechtsartikel so unmittelbar aus den Erfahrungen des Faschismus und der politischen Verfolgung des Dritten Reiches hervorgegangen ist, wie der Artikel 16 Grundgesetz.

Dieser Artikel ist mit der politischen und humanitären Absicht in die Verfassung aufgenommen worden, die deutsche Demokratie im Gedenken an die eigene Geschichte durch die Konstituierung eines unmittelbar wirkenden Grundrechts auf Asyl zum Schutz für politische Flüchtlinge und verfolgte Minderheiten zu verpflichten.

Diese Verpflichtung muß heute – im Zeitalter der Flucht von Millionen von Menschen – ernster denn je genommen werden.

terre des hommes appelliert an die politischen Parteien und alle Verbände, sich für eine Humanisierung der gegenwärtigen Asylverfahrenspraxis und für die notwendige Verbesserung der Situation vieler Flüchtlinge in der Bundesrepublik einzusetzen. terre des hommes ruft insbesondere die Jugendlichen in der Bundesrepublik auf, sich – auch im Gedenken an den 8. Mai – dafür einzusetzen, daß unsere Gesellschaft den besonderen Härten, Entbehrungen und Opfern des Flüchtlingsdaseins mit besonderen Hilfen und der gebotenen Achtung vor dem Schicksal der asylsuchenden Menschen in der Bundesrepublik entgegenkommt. Die Jugend sollte mithelfen, die Perspektive der Verfassungsväter hinsichtlich des Artikel 16 Grundgesetz zu bewahren und das Recht auf Asyl vor allen Versuchen seiner Entwertung oder Demontage zu schützen.

HANS-JOCHEN VOGEL (SPD)

Beim Asylrecht spielt die Union mit dem Feuer

(aus einem Interview mit dem RIAS 23. 8. 86)

Frage: Mit ihren rigorosen Vorschlägen zur Änderung des Asylrechts und zur Verschärfung des Demonstrationsstrafrechtes ist es den Unionsparteien in der Sommerpause gelungen, die öffentliche Diskussion weitgehend zu bestimmen, was zugleich den Freien Demokraten Gelegenheit gab, sich als Bewahrer liberaler Rechtsstaatstraditionen zu profilieren. Wie können Sie ernsthaft gegen eine solche Doppelstrategie der Koalitionspartner konkurrieren, wo es doch bei den Sozialdemokraten auch eher konservative Gemüter und eher liberale Gemüter gibt?

Antwort: Die Hauptakteure bei der Union spielen hier mit dem Feuer. Aus wahltaktischen Gründen behandeln sie so ein Thema, bei dem schlimme Emotionen aufbrechen können und teilweise schon aufgebrochen sind. Es kommt ja nicht von ungefähr, daß beide großen Kirchen, sowohl der Rat der Evangelischen Kirche in Deutschland als auch Weihbischof Wöste als Sprecher der Bischofskonferenz, auf diesem Gebiet eindringlich gewarnt haben, diese Debatte so weiter zu führen, weil sie die Fremdenfeindlichkeit, den Fremdenhaß oder anders ausgedrückt, die Fremden- und Überfremdungsangst in irrationaler Weise fördert. Es ist eine schwere Verantwortung, die hier diejenigen, die dies in Gang gesetzt haben, aus wahlpolitischem Kalkül auf sich laden, und das ist ein Vorwurf, den ich auch ganz speziell an die Adresse des Bundeskanzlers richte.

Der nächste Punkt, das Gerede über die Grundgesetzänderung, ist eine grobe Irreführung der Bevölkerung. Herr Kohl weiß, daß er dafür noch nicht einmal die Stimmen der FDP bekommt. Er weiß, daß sogar in seinem eigenen Lager sich gewichtige Stimmen gegen die Verfassungsänderung erhoben haben. Es ist unverantwortlich, bei dieser Situation den Menschen vorzugaukeln, man könne durch eine Verfassungsänderung, für die es an jeder Grundlage fehlt, etwas bewirken. Wir haben in dieser Situation eine völlig klare Linie. Eine Verfassungsänderung, die das Asyl für politisch Verfolgte abschafft, also überhaupt eine Verfassungsänderung, ist mit uns nicht zu machen. Da steckt ja noch eine weitere Täuschung drin. Der Herr Engelhardt, von dem man ja selten etwas hört, der Justizminister, der hat recht, wenn er Herrn Kohl Unredlichkeit vorwirft. Wenn nämlich da dazugeschrieben wird, das Nähere regelt ein Gesetz, dann gilt Artikel 19 Absatz 2 des Grundgesetzes, und da heißt es: Auch dann darf der Wesensgehalt eines Grundrechtes nicht angetastet werden. Der Wesensgehalt des Asylgrundrechtes ist aber, daß politisch Verfolgte, die Gefahr für Leib und Leben befürchten müssen, bei uns bleiben können. Dies ist tatsächlich so, wie Engelhardt das gesagt hat. Dies ist ja auch nicht alltäglich, daß ein Justizminister seinem Kanzler Unredlichkeit vorwirft. Aber hier hat Herr Engelhardt, einer meiner Nachfolger im Amt als Justizminister, recht. Also: Grundgesetzänderungen mit uns nicht.

Es kommt noch ein anderer Punkt hinzu. In unserer Partei leben noch genügend alte Männer und Frauen, die überhaupt nur noch deswegen leben, weil andere Völker ihnen in den Jahren der nationalsozialistischen Gewaltherrschaft Zuflucht geboten haben. Über die Frage der Beschleunigung der Verfahren, über die Frage der besseren Ausstattung der Behörde in Zirndorf und der Gerichte, auch über die Frage, was denn mit denen geschehen soll, deren Gesuche rechtskräftig abgelehnt worden sind und die zu Hause keine menschenrechtswidrige Behandlung zu erwarten haben, wenn man sie zurückschickt, darüber sind wir immer gesprächsbereit gewesen. Die ganze Unredlichkeit dieser Kampagne wird auch daraus deutlich, daß die Bundesregierung völlig untätig war bisher. Was hat sie denn gemacht? Seit 1984 gibt es einen Initiativentwurf des Bundesrates. Die Bundesregierung hat weder auf administrativem Felde, also verwaltungsmäßig, noch gesetzgebungsmäßig irgendwas getan. Und auf diesem Hintergrund ist es – ich muß es noch einmal sagen – tief unredlich, jetzt eine solche Kampagne in Gang zu setzen. Ich habe im übrigen den Eindruck, daß diese Kampagne allmählich sich gegen ihre Urheber wendet.

Heinz Oskar Vetter MdEP
Asylberichterstatter des Europäischen Parlaments
Asylbeauftragter der Sozialistischen EP-Fraktion

Asylfragen auf internationaler Ebene anpacken

Um den starken Zustrom von Asylsuchenden zu stoppen, wollen christdemokratische Politiker, allen voran der Bundeskanzler und sein Freund Franz Josef Strauß, den Artikel 16 Absatz 2 Grundgesetz «Politisch Verfolgte genießen Asylrecht» abschaffen und/oder mit einem Gesetzesvorhaben nach dem Muster «Das Nähere regelt ein Gesetz» versehen. Ich nenne die Befürworter eines solchen Vorhabens «rechtspolitische Geisterfahrer». Nicht nur, weil sie außer acht lassen, was die Väter des Grundgesetzes – auch die der Union – mit dem Artikel bezweckten, sondern auch, weil sie in schlimmster deutsch-nationaler Manier internationales Recht mißachten, dem sich die Bundesrepublik angeschlossen hat.

Der Zugang zum Zufluchtsland kann auf Grund internationaler Konventionen und Vereinbarungen nicht verhindert werden, auch nicht durch Änderung des Artikel 16. Die Bundesrepublik hat nämlich die Genfer Flüchtlingskonvention von 1951 und das Zusatzprotokoll von 1967 unterzeichnet. Damit hat sie sich verpflichtet, den Grundsatz der Nichtzurückweisung von Asylsuchenden einzuhalten. Nach internationalem Recht gilt dieses Prinzip nicht nur für anerkannte und politische Flüchtlinge, sondern über das Grundgesetz hinaus auch für jeden, der aus rassischen und religiösen Gründen verfolgt wird und Furcht vor Verfolgung hat.

Die UNO-Generalversammlung – und somit auch die Bundesrepublik Deutschland – hat am 14. Dezember 1967 diesen Grundsatz bestätigt, daß eine Person an der Grenze nicht zurückgewiesen werden oder aus dem Territorium ausgewiesen werden darf. Das Exekutivkomitee für das Programm des Hohen Flüchtlingskommissars (EX-

COM) – Bundesrepublik Mitglied – hat in seinen Entschließungen von 1980/82 immer wieder die rückhaltlose Anerkennung des Nichtzurückweisungsprinzips betont, auch in Fällen, bei denen die Auslieferung eines Flüchtlings oder Asylsuchenden in Frage steht. Der Europarat hat dies in zahlreichen Empfehlungen (1981, 1984, 1985) ebenfalls bekräftigt. Nicht nur Artikel 16, wie immer behauptet, gewährt also dem Asylsuchenden Zutritt in die Bundesrepublik Deutschland und somit Zugang zum Asylverfahren, sondern auch internationale Empfehlungen und Konventionen. Und auch in den anderen EG-Ländern – Frankreich und Italien haben Asylrecht ebenfalls in der Verfassung – wird diesem Grundsatz in der Praxis Genüge getan.

Sämtliche geplanten Änderungen der CDU/CSU-FDP-Koalition müssen im Auge behalten, daß sie Verpflichtungen in internationalen Organisationen eingegangen sind. So besagt zum Beispiel die Empfehlung Nr. 81/16 vom 5. November 1981 zur Harmonisierung der nationalen Asylverfahren des Ministerrates des Europarates:

a) Die Entscheidung über das Asylgesuch soll von einer zentralen Behörde gefällt werden.
b) Die Grenzbehörde und alle anderen betroffenen Behörden sollen klare Anweisungen bezüglich der Behandlung des Asylgesuches haben, insbesondere soll auf die Beachtung des Nichtzurückweisungsprinzips hingewiesen werden.
c) Während der Verfahrensdauer ist es dem Asylbewerber erlaubt, in dem Zufluchtsland zu bleiben, es sei denn, der Antrag ist betrügerisch und steht in keinem Zusammenhang mit den Kriterien der Genfer Konvention.
d) Das Asylverfahren soll die Berufung mit einschließen oder zumindest eine Möglichkeit der Wiederanhörung des Antrages. Auch in dieser Zeit soll es dem Antragsteller erlaubt sein, im Zufluchtsland zu bleiben.
e) Dem Asylbewerber soll die notwendige Hilfe im Hinblick auf das Verfahren zuteil werden, und er soll über seine Rechte aufgeklärt werden. Der Kontakt zu Rechtsanwälten, Vertretern des Hohen Flüchtlingskommissars und zu Hilfsorganisationen soll ermöglicht werden.

Will die Bundesrepublik nicht von ihr selbst mitformulierten Empfehlungen gesetzliche Maßnahmen ergreifen, muß sie sich an diese international abgestimmten Verfahrensweisen halten. Wichtiger ist jedoch, darauf hinzuweisen, daß auch unsere europäischen Nachbarn gefordert sind. Sie dürfen die Bundesrepublik nicht allein das Flüchtlingsproblem bewältigen lassen. Die Bundesregierung hat es aber bisher versäumt, in der Europäischen Gemeinschaft oder im Europarat vorstellig zu werden, um Probleme zu lösen.

Die Mitgliedstaaten der Vereinten Nationen – dazu gehören auch alle westeuropäischen Länder – haben sich in zahlreichen Erklärungen (1967, 1977, 1985) bereit erklärt, einem Staat zu helfen, wenn es für ihn schwierig wird, Asyl zu gewähren. Wenn das so ist, sollen andere Staaten einzeln oder gemeinsam oder durch die UNO im Geiste der internationalen Solidarität angemessene Maßnahmen ergreifen, um die Lasten zu erleichtern.

Der Europarat hat ebenfalls in zahlreichen Erklärungen (letzte Empfehlung 1.016/1985) ausdrücklich darauf hingewiesen, daß zwischen den Staaten ein Lastenausgleich stattfinden müßte. Nicht zuletzt müssen gerade die europäischen Länder darauf einwirken, daß die Lage in den Hauptflüchtlingsherkunftsländern verbessert wird. Damit könnte man den Zugang zu den europäischen Ländern bereits im Keim ersticken. Auch müssen wir sehen, daß die Europäische Gemeinschaft nicht die Hauptlast des Flüchtlingsproblems trägt. Circa 95 Prozent der Flüchtlinge bleiben in den Nachbarländern der Flüchtlingsregionen.

Statt dessen überlassen es Zimmermann und Genscher der mittleren und höheren Beamtenebene, unbeachtet von der Öffentlichkeit polizeiliche Maßnahmen zwischen den EG-Staaten zu koordinieren, um Flüchtlinge besser zu kontrollieren. Das allerdings löst die Probleme nicht. Bundeskanzler und Bundesregierung sind vielmehr dazu aufgefordert, ohne Zeitverzug mit den Mitgliedsländern der Europäischen Gemeinschaft und des Europarats eine Lösung des angeblich so dringenden Problems der Asylbewerber zu verhandeln. Wenn die Probleme wirklich so erdrückend sind, wie sie der Bundeskanzler mediengerecht darstellen läßt, darf er nicht gemütlich seinen Urlaub am Wolfgangsee verbringen. Dann muß er umgehend die Möglichkeit der internationalen Verträge und Erklärungen nutzen, in denen in der Staatengemeinschaft ein Lastenausgleich der Asylbewerber vorgesehen ist.

Hände weg vom Asylrecht

Vor dem 8. Mai 1945 flohen mehrere hunderttausend vom Nationalsozialismus Verfolgte aus Deutschland. Viele fanden den Tod, weil ihnen niemand Asyl gewährte. Aus dieser Erfahrung heraus gibt unsere Verfassung politisch Verfolgten das Grundrecht auf Asyl.

40 Jahre danach erleben wir einen Frontalangriff auf dieses Grundrecht. Unter dem Vorwand, den "echten" Flüchtling schützen zu wollen, fordert man, den Begriff des politisch Verfolgten einzugrenzen. Durch Änderungen von Verfahrensvorschriften soll die Wahrnehmung des Asylrechts erschwert werden. Schlagworte von Asylantenflut, Asylmißbrauch und Schmarotzertum schüren irrationale Ängste in der Bevölkerung. Tatsächlich leben weniger als 90.000 anerkannte Flüchtlinge in unserem Land.

Auch die gegenwärtige Zahl der Asylgesuche ist im internationalen Vergleich nicht beunruhigend.

Die Anerkennungszahlen im Asylverfahren widerlegen den generellen Vorwurf des Asylmißbrauchs. Im übrigen haben viele abgelehnte Flüchtlinge ein Bleiberecht aus humanitären Gründen.

Die Bundesrepublik und Europa können sich nicht durch eine Politik der geschlossenen Grenzen und der verschlossenen Augen von internationalen Problemen abschotten.

Die Menschenwürde vieler Asylsuchender wird durch jahrelange Verfahren, Zwangsaufenthalte in Sammelunterkünften, Arbeitsverbot und andere Abschreckungsmaßnahmen verletzt. Das trifft besonders Familien mit Kindern.

Im Bewußtsein unserer historischen Verpflichtung gegenüber den Opfern des Nationalsozialismus rufen wir dazu auf, sich den Angriffen auf Asylrecht und Menschenrechte zu widersetzen.

Initiatoren:

amnesty international, Sektion der Bundesrepublik Deutschland e.V.; Arbeiterwohlfahrt Bundesverband e.V.; Gesellschaft für bedrohte Völker; Gustav-Heinemann-Initiative; terre des hommes Deutschland e.V.; "Wir" e.V. – Forum für besseres Verständnis zwischen Deutschen und Ausländern.

Unterstützt wird der Aufruf unter anderem von der Aktion Sühnezeichen, der Initiative Bayerischer Strafverteidiger, der Internationalen Liga für Menschenrechte sowie von zahlreichen Persönlichkeiten des öffentlichen Lebens: Pfarrer Heinrich Albertz, Heinrich Böll, Günter Grass, Helmut Gollwitzer, Friedrich Wilhelm Freiherr von Sell, Carola Stern, Klaus Schütz, von Politikern wie Exbundesinnenminister Baum, Jo Leinen, Herta Däubler-Gmelin, Ex Jusitizminister Jahn, Björn Engholm, Otto Schily, von Geistlichen, Sozialarbeitern und Juristen, wie dem Bundesverfassungsrichter a. D. Martin Hirsch sowie von zahlreichen NS-Emigranten, die am eigenen Leib Verfolgung und Asyl erfuhren, darunter Emmi und Helmut Kalbitzer, Leo Löwental, Ernst Morade, Günter Markscheffel und Martha Ollenhauer.

VI.

Hände weg vom Grundgesetz

Die Diskussion im Parlamentarischen Rat

Im Rahmen der Erarbeitung eines Grundgesetzes für die Bundesrepublik diskutierten die Mitglieder des Parlamentarischen Rates unter dem Vorsitz des SPD-Politikers Carlo Schmid über die Gestaltung des Asylrechts. Viele von ihnen waren zwischen 1933 und 1945 selbst politisch Verfolgte. Die stenografischen Berichte des Parlamentarischen Rates wurden zum ersten- und bisher einzigenmal 1949 veröffentlicht.

18. Sitzung

Sonnabend, den 4. Dezember 1948

Artikel 16

> Niemand darf willkürlich seiner Bundesangehörigkeit beraubt werden. Durch Gesetz darf der Verlust der Staatsangehörigkeit nur für die Fälle vorgesehen werden, in denen der Betroffene bereits eine andere Staatsangehörigkeit erworben hat.

Dr. von Mangoldt (CDU): Der Artikel 16 ist eine neue Bestimmug, die auf Grund einer Anregung hereingekommen ist, die aus den Menschenrechten der Vereinten Nationen entnommen wurde. Die Bestimmungen über die Menschenrechte der Vereinten Nationen sehen vor, daß niemand seiner Staatsangehörigkeit beraubt werden darf. Ich glaube, wir haben allen Grund, uns gerade dieser Frage anzunehmen, da wir die verheerende Wirkung der Ausbürgerung nach dem Ausbürgerungsgesetz von 1933 zur Genüge empfunden haben und da wir sehen, wie in einem gewissen Teil der Welt dieses System fortgeführt wird. Wir können uns auf der anderen Seite darauf berufen, daß wir uns mit diesem Satz ganz im Sinne des Völkerrechts verhalten. Es besteht nämlich ein Satz des Völkerrechts – es gibt darüber Gruppen-Abkommen, die in der Gegenwart eine bedeutende Rolle spielen –, der vorsieht, es soll nach Möglichkeit vermieden werden, daß neue Staatenlosigkeit entsteht. Wir würden uns ganz im Sinne dieses völkerrechtlichen Satzes verhalten. Es kann die Notwendigkeit bestehen, es auch nicht zu einer Doppelstaatlichkeit kommen zu lassen, und es kann der Wille bei den einzelnen bestehen, sich aus der bisherigen Staatsangehörigkeit in eine andere zu begeben. Es besteht, wenn eine andere Staatsangehörigkeit schon vorhanden ist, kein Grund, einen Staatsangehörigkeitswechsel durch das Gesetz zu verbieten oder den Verlust der Staatsangehörigkeit festzustellen und auszusprechen. Es muß darum der Satz mit «bereits» darinbleiben. Es ist Voraussetzung für den Ausspruch des Staatsangehörigkeitsverlustes, daß eine andere Staatsangehörigkeit gegeben ist.

Dr. de Chapeaurouge (CDU): Mit dem Gedanken, der in dem neuen Artikel 16 ausgedrückt werden soll, kann ich mich, nachdem wir uns in der Fraktion eingehend darüber ausgesprochen haben, einverstanden erklären. Ich halte aber die Formulierung des ersten Satzes für unglücklich und möchte für ihn folgende Fassung vorschlagen:

> Niemandem darf willkürlich seine Bundesangehörigkeit genommen werden.
>
> Das Wort «beraubt» paßt nicht gut in ein Grundgesetz hinein.

Vorsitzender *Dr. Schmid*: Ich würde vorschlagen, statt «genommen» «entzogen» zu sagen:

> Niemandem darf seine Bundesangehörigkeit entzogen werden.

Können wir nicht statt «bereits» ein anderes Wort finden?

Dr. Laforet (CSU): Man kann es einfach streichen.

Dr. Bergstraesser (SPD): Ist es nicht überflüssig?

Dr. de Chapeaurouge (CDU): Wenn man das Wort «nur» durch das Wort «erst» ersetzt, ist es wohl erledigt.

Vorsitzender *Dr. Schmid*: Ich glaube, wir können es streichen. Mit dem Perfektum ist das Vorhergehende ausgedrückt. Wir können also sagen: «. . . in denen der Betroffene eine andere Staatsangehörigkeit erworben hat.»

Dr. Strauß (CDU): Es ist besser, in Satz 1 zu sagen: Die Bundesangehörigkeit darf nicht willkürlich entzogen werden.

Vorsitzender *Dr. Schmid*: Ja, das ist noch besser.

Dr. Laforet (CSU): Es ist nichts anderes als die Vorwegnahme eines Teils des Staatsangehörigkeitsgesetzes.

Dr. Löwenthal (SPD): Der Artikel enthält insofern eine Lücke, als die früheren deutschen Staatsangehörigen, die unter Hitler auf Grund ihrer politischen und rassischen Zugehörigkeit ihrer Staatsangehörigkeit durch Ausbürgerung beraubt worden sind, bisher keinen Anspruch auf Wiedereinbürgerung haben.

Vorsitzender *Dr. Schmid*: Das hat seinen Grund darin, daß der Kontrollrat sich das Recht vorbehalten hat, die Staatsangehörigkeit zu verleihen und wiederzuverleihen.

Dr. von Mangoldt (CDU): Im Ausschuß ist eingehend darüber gesprochen worden. Wir haben gerade in den Ländern des Nordens, in Schleswig-Holstein, Vorgänge in dieser Richtung. Dort ist erwogen worden, durch eine gesetzliche Bestimmung einfach die Vorschriften über die Aberkennung aufzuheben. Es ergab sich aber bald, daß bei einer ganzen Reihe von Personen, denen die Staatsangehörigkeit entzogen worden ist, gar nicht das Bedürfnis und der Wille vorliegt, ohne weiteres die deutsche Staatsangehörigkeit wiederzuerwerben, weil sie in dem anderen Lande, dessen Staatsangehörigkeit sie erworben haben, dann nur Schwierigkeiten bekommen würden. Deshalb wird dort die Angelegenheit so gehandhabt, daß zwar die Bereitschaft erklärt worden ist, jeden aufzunehmen, daß aber die Wiederaufnahme von einem Antrag des Betreffenden abhängig ist.

Dr. Löwenthal (SPD): In diesem Sinne habe ich das auch nur verstanden. Ich möchte anregen, hier eine Bestimmung aufzunehmen, daß derjenige, der seine Wiederaufnahme beantragt, berechtigt ist, die Wiedereinbürgerung zu verlangen.

Dr. von Mangoldt (CDU): Ich beantrage, das in die Übergangsbestimmungen zu diesem Artikel aufzunehmen. Wir würden das dann im Grundsatzausschuß behandeln.

Vorsitzender *Dr. Schmid*: Ich glaube auch, daß das der richtige Weg ist.

Ich lasse über Artikel 16 in der abgeänderten Fassung abstimmen. – Artikel 16 ist angenommen.

Artikel 17

(1) Kein Deutscher darf ans Ausland ausgeliefert werden.

(2) Politisch Verfolgte genießen Asylrecht.

Dr. Fecht (CDU): Durch Absatz 2: «Politisch Verfolgte genießen Asylrecht» könnten wir genötigt werden, Faschisten, die in Italien politisch verfolgt werden, bei uns in unbegrenzter Zahl aufzunehmen. Das ließe sich auch auf andere Verhältnisse übertragen, wo es sich um Leute handelt, die nach ihren Grundsätzen undemokratisch sind. Wir wären unter Umständen genötigt, in Massen Leute aufzunehmen, die mit unserer Auffassung und mit unserem Gesetz vollständig in Widerspruch stehen.

Vorsitzender *Dr. Schmid*: Asylrecht bedeutet nicht, daß derjenige, der es in Anspruch nimmt, Freizügigkeit genießt. Gewährung von Asyl ist sehr häufig mit Stellung unter Polizeiaufsicht verbunden, wobei die Polizeiaufsicht die doppelte Funktion hat, einmal den aufnehmenden Staat zu schützen und weiter den Aufgenommenen zu schützen. Ob man das Asylrecht, wenn man es wirksam machen will, auf bestimmte Gruppen beschränken kann, weiß ich nicht. Die Asylrechtgewährung ist immer eine Frage der Generosität, und wenn man generös sein will, muß man riskieren, sich gegebenenfalls in der Person geirrt zu haben. Das ist die andere Seite davon, und darin liegt vielleicht auch die

Würde eines solchen Aktes. Wenn man eine Einschränkung vornimmt, etwa so: Asylrecht ja, aber soweit der Mann uns politisch nahesteht oder sympathisch ist, so nimmt das zuviel weg.

Dr. von Mangoldt (CDU): Im Ausschuß ist über diese Frage eingehend gesprochen worden. Ich kann nur unterstreichen, was Herr Schmid ausgeführt hat und brauche weitere Ausführungen nicht zu machen. Ich brauche hier nur darauf hinzuweisen, wenn wir irgendeine Einschränkung aufnehmen würden, wenn wir irgend etwas aufnehmen würden, um die Voraussetzungen für die Gewährung des Asylrechts festzulegen, dann müßte an der Grenze eine Prüfung durch die Grenzorgane vorgenommen werden. Dadurch würde die ganze Vorschrift völlig wertlos.

Vorsitzender *Dr. Schmid*: Dann beginnt das Spiel: Man schickt den Mann zurück oder man schickt ihn an die andere Grenze, und von dort geht es wieder weiter.

(Dr. von Mangoldt: wir haben unsere Erfahrungen aus dem Krieg.)

Dr. Fecht (CDU): Ich stelle keinen Antrag. Ich wollte nur, daß das im Protokoll klargestellt wird.

Vorsitzender *Dr. Schmid*: Es ist klar, daß dieses Asylrecht nur im Rahmen der völkerrechtlichen Bestimmungen ausgeübt werden wird, daß also der Attentatsklausel gegenüber das Asylrecht nicht gilt. Im Völkerrecht besteht Übereinstimmung darüber, daß ein Attentäter sich nicht auf das Asylrecht berufen kann, er darf also ausgeliefert werden; ja, wenn ein Auslieferungsantrag besteht, muß er ausgeliefert werden, während der «politische Verbrecher», der nicht unter die Attentatsklausel fällt, nicht ausgeliefert zu werden braucht, auch wenn ein Auslieferungsantrag besteht. Vielleicht könnte man überlegen, ob man nicht, wie die skandinavischen Staaten es getan haben, eine Bestimmung vorsehen könnte, wonach ein Gericht zu prüfen hat, ob der Einzelfall so liegt, daß ausgeliefert werden muß oder ausgeliefert werden kann. Es sollte nicht das Auswärtige Amt oder gar der Polizeiminister sein, die die letzte Entscheidung treffen. Ich möchte keinen Antrag stellen, aber den Gedanken hier erwähnen,

(Dr. Laforet: Dem einfachen Gesetzgeber muß man es überlassen.)

damit vielleicht in der zweiten Lesung oder wenn man an die gesetzgeberische Verarbeitung der Materie kommt, daran gedacht wird. Es wäre vielleicht nicht schlecht, das auch im Grundgesetz schon festzulegen.

Ich lasse über Artikel 17 abstimmen. Artikel 17 ist einstimmig angenommen.

44. Sitzung

Mittwoch, den 19. Januar 1949

Artikel 16

Die deutsche Staatsangehörigkeit darf nicht willkürlich entzogen werden. Der Verlust der Staatsangehörigkeit darf durch Gesetz nur für den Fall vorgesehen werden, daß der Betroffene bereits eine andere Staatsangehörigkeit erworben hat.

Dr. von Mangoldt (CDU): Hier sind gewisse Änderungen vorgenommen worden. Artikel 16 hatte in der Fassung der ersten Lesung noch von «Bundesangehörigkeit» gesprochen. Das Wort «Bundesangehörigkeit» ist hier durch «deutsche Staatsangehörigkeit» ersetzt worden. Der Redaktionsausschuß hatte vorgeschlagen, zu sagen «Staatsangehörigkeit». Wir haben uns klargemacht, daß man von Bundesangehörigkeit nicht reden kann, da in dem Grundgesetz auch an anderer Stelle von Staatsangehörigkeit des Bundes und der Länder gesprochen worden ist. Wir haben nicht sagen wollen «Staatsangehörigkeit des Bundes», sondern haben statt dessen gesagt «deutsche Staatsangehörigkeit». Wir glauben damit vollkommen bezeichnet zu haben, was wir sagen wollen.

Auf der anderen Seite haben wir geglaubt, nicht auf Satz 2 verzichten zu können. Satz 2 ist hier in der ersten Lesung eingehend besprochen worden. Wir haben uns damals klargemacht, das wir hier im Sinne der Entwicklung des Völkerrechts, das immer mehr darauf ausgeht, nach Möglichkeit den Status des Staatenlosen zu vermeiden, einen Schritt vorwärts machen sollten, so daß also der Verlust der Staatsangehörigkeit durch Gesetz nur für die Fälle vorgesehen werden soll, in denen die Betroffenen bereits eine andere Staatsangehörigkeit erworben haben. Insoweit geht die jetzige Fassung des Grundsatzausschusses über den Vorschlag des Redaktionsausschusses hinaus.

Dr. Seebohm (DP): Wir hatten dazu unseren Antrag Nr. 9 (PR. 12. 48–403) gestellt und gebeten, die beiden Artikel 16 und 17 zu vereinigen. Der Antrag, nach dem der Verlust der Staatsangehörigkeit nur dann eintreten darf, wenn der Betroffene eine andere Staatsangehörigkeit erworben hat, ist vom Grundsatzausschuß berücksichtigt worden und braucht daher nicht mehr gestellt zu werden.

Wenn wir diese beiden Artikel, die meiner Ansicht nach zusammengehören, nicht zusammenfassen, dann werde ich zu Artikel 17 bei Aufruf dieses Artikels noch einen Abänderungsantrag stellen. Ich halte es für besser, wenn die Materie geschlossen in einem Artikel gebracht wird. Ich würde dann vorschlagen, in Absatz 1 des Artikel 17 noch hinzuzufügen:

> Kein Deutscher darf an das Ausland ausgeliefert, des Landes verwiesen oder ausgebürgert werden.
>
> Ich halte es vor allen Dingen für wichtig, die Frage der Landesverweisung hier mit aufzunehmen.

Vorsitzender *Dr. Schmid*: Ein redaktioneller Vorschlag zum letzten Halbsatz, «daß der Betroffene bereits eine andere Staatsangehörigkeit erworben hat». Die Fassung dieses Satzes ist sprachlich nicht sehr schön. Ich würde vorschlagen:

> ... darf nur für den Fall vorgesehen werden, daß jemand eine andere Staatsangehörigkeit erworben hat.

Wagner (SPD): Ich stoße mich bei Artikel 16 an dem Wort «willkürlich». Ich möchte durch einen ganz einfachen und klaren Satz den Grundgedanken festgestellt haben, daß die deutsche Staatsangehörigkeit nicht entzogen werden darf. Wir haben die Erfahrung gemacht, daß alle faschistischen und Diktaturländer, wenn ihnen das politische Gesicht von irgend jemand nicht gepaßt hat, diesem die Staatsangehörigkeit abgesprochen haben. Ich selber, der ich meine Staatsangehörigkeit durch Herrn Hitler verloren habe, habe ein besonderes Empfinden dafür, was es bedeutet, wenn irgendeine Staatsregierung, eine Reichsregierung oder eine Bundesregierung, sich das Recht anmaßt, einem Deutschen die Staatsangehörigkeit abzusprechen. Wenn man schon von Naturrecht und naturhaften Dingen, von Rechten, die mit einem geboren sind, sprechen will, dann ist doch das Recht, dem Staat anzugehören, in den man hineingeboren ist, eines der ursprünglichsten. Deswegen glaube ich auf Grund der Erfahrungen, die wir mit dem unglaublichen Unfug der letzten Jahrzehnte gemacht haben, als den eigenen Staatsangehörigen das ureigenste Recht abgesprochen wurde, Deutsche oder etwas anderes zu sein – in unserem Fall Deutsche zu sein –, daß in dem Grundgesetz ein Riegel dagegen vorgeschoben werden müßte, durch den klaren Satz: Die deutsche Staatsangehörigkeit darf nicht entzogen werden.

Dann zum zweiten Satz, gegen den ich nicht polemisieren will. Wenn jemand eine andere Staatsangehörigkeit angenommen hat, sei es durch Heirat, sei es auf anderem Wege, dann hat er im allgemeinen damit zu erkennen gegeben, daß er auf die deutsche Staatsangehörigkeit keinen Wert mehr legt. Aber gegen den Willen eines Deutschen – ganz gleich, welche politische Überzeugung er hat, und wenn er auch der größte politische Feind ist – zu sagen: «Du bist kein Deutscher mehr, dir wird die deutsche Staatsangehörigkeit aberkannt», mit all den moralischen und rechtlichen Folgen, das ist eine Sache, mit der wir auf Grund unserer Erfahrungen aus der Nazizeit endgültig Schluß machen müssen. Ich wäre dem Herrn Kollegen Dr. von Mangoldt sehr dankbar, wenn er mir erklären wollte, warum das Wort «willkürlich» hineingekommen ist. Mein juristisches Empfinden sagt mir, daß es eher geeignet ist, die Sache abzuschwächen, als sie zu verstärken, während ich den möglichst starken Ausdruck dieses Gedankens im Gesetz haben möchte.

Dr. Heuss (FDP): Ich bin der Meinung, wir dürfen die Artikel 16 und 17 nicht zusammenfassen, sondern müssen sie getrennt halten, weil sie ganz verschiedene Sachen behandeln, die miteinander nichts zu tun haben. Artikel 17 ist etwas ganz Neuartiges.

Dr. von Mangoldt (CDU): Ich darf mich vielleicht zu den Ausführungen des Herrn Kollegen Wagner äußern. Die Vorschrift des Artikel 16 richtet sich sowohl an den Gesetzgeber wie an die Verwaltung. Man kann nun aber praktisch keinen absoluten Befehl an den Gesetzgeber geben, die Staatsangehörigkeit überhaupt nicht zu entziehen. Es gibt eine Reihe von Fällen, in denen etwas Derartiges möglich sein muß; einmal die Fälle, die Sie selbst schon angeführt haben, etwa den, daß die Frau die Staatsangehörigkeit eines Ausländers erwirbt,

(Wagner: Das haben wir in Satz 2!)

indem man also eine Deutsche durch Heirat aus der eigenen Staatsangehörigkeit entlassen werden soll. Weiter gibt es die Fälle, in denen jemand den Willen hat und dies klar bestätigt, seine Treueverpflichtung gegenüber dem eigenen Staatswesen nicht einzuhalten, indem der Betreffende etwa in fremde Dienste eintritt und in diesen fremden Diensten gegen den eigenen Staat arbeitet. Für diese Fälle würde ich eine solche Möglichkeit offenlassen, nur mit der Beschränkung, die dem Völkerrecht entspricht, daß die Staatsangehörigkeit nur dann aberkannt werden kann, wenn der Betreffende eine neue Staatsangehörigkeit erwirbt. Man soll nicht Staatenlose schaffen und soll nicht den aus dem eigenen Volk Ausgeschlossenen irgendeinem anderen Staatsvolk überlassen wollen. Das ist der Grund, der uns zu der Fassung geführt hat, die wir Ihnen vorschlagen. Es gibt noch eine Reihe anderer Fälle; es würde aber zu weit führen, sie zu erörtern.

Wagner (SPD): Ich bin froh, daß ich meine Anfrage gestellt habe. Die Antwort, die Herr Kollege Dr. von Mangoldt jetzt gibt, sagt mir nämlich, daß das Wort «willkürlich» nicht stehenbleiben darf. Ich will nicht haben, daß ein Staat eine Regierung und ein Parlament irgendeinem Deutschen aus politischen Gründen die Staatsangehörigkeit nimmt. Wenn Sie nun sagen, es könne sein, daß jemand im Dienst eines anderen Landes steht, da müsse die Möglichkeit gegeben werden, ihm die

Staatsangehörigkeit abzusprechen, so frage ich Sie: Hängt das nicht sehr von der Art der Betrachtung ab, von der ganzen politischen Atmosphäre und davon meinetwegen, daß in Deutschland an irgendeinem Tag ein neuer Nationalismus heraufzieht – wir wollen hoffen, daß das nicht eintritt, aber es könnte sein –, der schon eine Propaganda für internationale Verständigung als ein Im-Dienststehen beim Feind oder bei einem anderen Land betrachtet? Schreckt in dieser Richtung nicht die Vergangenheit? Und da will man die Möglichkeit schaffen, denen, die dem augenblicklichen Regime politisch unsympathisch sind, die Staatsangehörigkeit wieder abzusprechen! Wir müssen mit aller Energie mit diesem Unfug des möglichen Mißbrauchs, einem Deutschen das ureigene Recht, nämlich das Recht auf seine Staatsangehörigkeit, abzusprechen, Schluß machen, indem wir dieses «willkürlich» streichen und als ernsthafte Menschen erklären: Die deutsche Staatsangehörigkeit darf nicht entzogen werden.

Die anderen Möglichkeiten sind durch Satz 2 vorgesehen. Sollten sie nicht ausreichen, so müßten sie bei entsprechenden Vorschlägen entsprechend umgeformt werden, ohne daß der Grundsatz, daß die Staatsangehörigkeit an dem Deutschen haftet und durch die Maßnahme einer Regierung abgesprochen werden kann, irgendwelche Einschränkung erleidet.

Renner (KPD): Nach der Antwort des Herrn Dr. von Mangoldt verstehe ich jetzt, daß der Nachsatz in der Fassung, wie ihn der Redaktionsausschuß ausgearbeitet hatte, gestrichen worden ist. Er lautete: «jedoch nicht aus politischen Gründen entzogen werden». Herr Dr. von Mangoldt hat hier als seine Auffassung zum Ausdruck gebracht, daß die Staatsangehörigkeit aus politischen Gründen – das heißt also: einer Person, die er als Staatsfeind anspricht – entzogen werden kann. Im übrigen teile ich die Auffassung von Herrn Kollegen Wagner.

Vorsitzender *Dr. Schmid*: Ich glaube, daß es sich hier schon um eine prinzipielle Sache handelt. Ich für meinen Teil meine, daß man eine Staatsangehörigkeit – die deutsche wenigstens – überhaupt nicht entziehen soll. Es würde mir sehr leid tun, wenn die gesetzliche Bestimmung aufrechterhalten würde, daß eine Deutsche, die einen Ausländer heiratet, damit die deutsche Staatsangehörigkeit verliert. Ich glaube, wir sollten doch dem Zug entgegenwirken, der in der Gesetzgebung aller Staaten seit einigen Jahrzehnten festzustellen ist, dieser Tendenz, die darauf hinausgeht, nur noch die Einstaatlichkeit zuzulassen. Gerade wenn man europäisch denkt, wenn man über den Nationalstaat hinaus denkt, dann sollte man – ich will mich übertrieben ausdrücken – die mehrfache Staatsangehörigkeit geradezu begünstigen; jedenfalls sollte man sie nicht ausschließen. Ich glaube, man sollte den Verlust der Staatsangehörigkeit auf die Fälle beschränken, in denen einer freiwillig auf seine Staatsangehörigkeit verzichtet. Man sollte die Möglichkeit des Verlustes nicht an bestimmte formale Tatbestände knüpfen und sie auch nicht automatisch für «politische Fälle» vorsehen. Wenn einer sich gegen Volk und Staat so vergehen sollte, daß er etwa gegen dieses Volk Waffen trägt, dann braucht man ihn nicht auszubürgern; dann gibt es, wenn man seiner habhaft werden kann, die Möglichkeiten des Strafgesetzbuches.

Dr. Mangoldt (CDU): Ich glaube, daß die Bedenken, die Herr Kollege Wagner geäußert hat, zum Teil etwas zurücktreten werden, wenn er sich die Auslegung des Begriffs «willkürlich» vor Augen hält. Es bedeutet «nicht ohne sachlichen Grund». Es ist doch so, daß nicht die Behörde allein das machen kann, sondern nur der Gesetzgeber kann es machen. Wir müssen dem Gesetzgeber die Möglichkeit, gewisse Dinge zu regeln, unbedingt lassen.

Ich möchte noch etwas anderes sagen, was Sie vielleicht doch zu einigem Nachdenken veranlassen wird. Diese Bestimmung ist ja nicht so von ungefähr hergenommen. Wenn Sie in die Aufzählung der Menschenrechte der Vereinten Nationen hineinsehen, die sehr eingehend überlegt worden ist, so finden Sie dort auch diese Vorschrift. Aber gerade da findet sich nicht das absolute Verbot der Entziehung der Staatsangehörigkeit, weil man nämlich dem Gesetzgeber solche Möglichkeiten offenlassen muß.

(Wagner: Willkürlich!)

– Das hat schon seinen guten Grund. Man sollte, ohne zu wissen, wie die zukünftige Entwicklung geht, dem Gesetzgeber nicht eine Möglichkeit nehmen, die er eventuell doch haben muß.

Renner (KPD): In Artikel 17 ist das politische Asylrecht vorgesehen. Wer beansprucht dieses politische Asylrecht? Der Bürger eines anderen Staates, der nach Deutschland geflüchtet ist. Warum ist er nach Deutschland geflüchtet? Weil er in seinem Heimatstaat mit der politischen Ordnung nicht mehr zufrieden war. Er ist ein Gegner der dort bestehenden politischen Ordnung. Ob man diese politische Ordnung für richtig oder für falsch ansieht, lasse ich durchaus offen. Er verläßt jedenfalls sein Heimatland als Feind, als Gegner der dort herrschenden Staatsordnung. Diesen Leuten will man komischerweise das Asylrecht bei uns geben. Aber der Deutsche, der der Auffassung ist, daß man gegen diese bestehende Ordnung sein dürfte, und der auch gegen sie ankämpfen will, der soll diesen Schutz nicht haben. Das ist einfach ein lächerlicher Widerspruch. Wenn Sie das nicht zugeben wollen, müssen Sie die Feststellung hinnehmen, daß mit Artikel 17 Satz 2 wieder einmal etwas ganz anderes gemeint ist als das, was Sie vorgeben.

Wagner (SPD): Ich stelle den Antrag, das Wort «willkürlich» zu streichen.

Vorsitzender *Dr. Schmid*: Ich lasse abstimmen. Am weitesten geht der Antrag, die Artikel 16 und 17 zusammenzuziehen. – Mit überwiegender Mehrheit abgelehnt.

Dann ist der Antrag gestellt, in Artikel 16 das Wort «willkürlich» zu streichen. – Die Streichung ist mit 13 gegen 6 Stimmen beschlossen.

Ich hatte mir erlaubt, den Antrag zu stellen, die Worte «der Betroffene bereits» zu ersetzen durch «jemand», so daß der Satz heißt:

> ... daß jemand eine andere Staatsangehörigkeit erworben hat.

Ich lasse darüber abstimmen. – Mit 18 Stimmen angenommen.

Dann lasse ich über den ganzen Artikel 16 abstimmen. – Angenommen mit 20 Stimmen.

Artikel 17

> (1) Kein Deutscher darf ans Ausland ausgeliefert werden.
> (2) Politisch Verfolgte genießen Asylrecht.

Sollte man nicht sagen: «an das Ausland» anstatt «ans Ausland»?

(Zustimmung.)

Renner (KPD): Darf ich mir zu dem Begriff Asylrecht einige Bemerkungen erlauben. Das Asylrecht, wie es die Welt im allgemeinen kennt, beinhaltet nur das Aufenthalsrecht. Die politischen Flüchtlinge, die vom Asylrecht Gebrauch machen müssen, sind in der Regel angewiesen auf die Unterstützung aus öffentlichen Mitteln bzw. aus Mitteln, die private Organisationen aufbringen, weil das Asylrecht in den meisten mir bekannten Ländern nicht das Recht auf Arbeit einschließt. Ich bitte zu überlegen, ob es nicht berechtigt ist zu sagen:

> Politisch Verfolgte genießen Asylrecht einschließlich des Rechtes auf Arbeit.

Vorsitzender *Dr. Schmid*: Das haben wir doch schon irgendwo anders.

Renner (KPD): Namhafter volkswirtschaftlicher Schaden kann dadurch nicht entstehen. Es hat sich in den Asylländern herausgestellt, daß die aus den fremden Ländern kommenden Menschen, vor allen Dingen die Handwerker, sich sogar sehr förderlich eingeschaltet haben. Auf diese Weise sind in den Asylländern langsam ganze Industrien entstanden. Die Frage, daß die politischen Flüchtlinge den Arbeitsmarkt belasten könnten, ist meines Erachtens absolut nicht existent. Ich sehe also nicht ein, weshalb man diesen Satz nicht bringen soll. Die Praxis, die wir politischen Emigrierten hinter uns haben, läßt es wünschenswert erscheinen, diesen Zusatz einzufügen.

Vorsitzender *Dr. Schmid*: Herr

Kollege Renner, wir brauchen den Zusatz nicht. In Artikel 2 haben wir ja die Bestimmung, daß jeder das Recht auf die freie Entfaltung seiner Persönlichkeit hat.

(Renner: Nein, das bezieht sich nur auf deutsche Staatsbürger!)

– Nein, «jeder» heißt es dort ausdrücklich, also jedermann.

Dr. Seebohm (DP): Ich möchte nun unseren Antrag Nr. 9 zu Absatz 1 des Artikel 17 aufnehmen. Zunächst einmal bin ich der Auffassung, daß die Worte «an das Ausland» wegfallen können. Wie soll anders als an das Ausland ausgeliefert werden?

Ich möchte aber noch die Landesverweisung einarbeiten und deshalb folgende Fassung vorschlagen:

> Kein Deutscher darf ausgeliefert oder des Landes verwiesen werden.

Die Frage der Ausbürgerung ist ja durch Artikel 16 bereits erledigt.

Dr. von Brentano (CDU): Ich möchte hier zu Artikel 17 noch einmal den Antrag des Redaktionsausschusses aufnehmen, der lautet:

> (1) Kein Deutscher und kein politisch verfolgter Ausländer darf einer auswärtigen Regierung zur Verfolgung oder Bestrafung ausgeliefert werden.
>
> (2) Jeder Deutsche, der wegen seines Eintretens für Freiheit, Demokratie, soziale Gerechtigkeit oder Weltfrieden verfolgt wird, genießt im Bundesgebiet Asylrecht.

Wir haben diese Formulierung bewußt gesucht; denn wir waren der Meinung, daß wir trennen müssen zwischen Auslieferung und Asylrecht. Jeder politisch Verfolgte soll vor einer Auslieferung geschützt sein. Es geht mir aber zu weit – und ich glaube auch nicht, daß das der Zweck einer solchen Vorschrift sein kann –, daß wir generell dem politisch Verfolgten das absolute Asylrecht geben. Ich sehe keinen Grund dafür ein, daß etwa Ausländer, die aus ihrer Heimat nach Deutschland gekommen sind, weil sie sich in ihrer Heimat aktiv gegen die Demokratie eingesetzt haben, in Deutschland unbedingt ein Asylrecht haben sollen. Sie sollen gegen Auslieferung geschützt sein, aber es soll die Möglichkeit bestehen, sie des Landes zu verweisen. Wenn wir das Asylrecht so weit fassen, dann schaffen wir Voraussetzungen dafür, daß alle diejenigen, die sich wegen eines aktiven Einsatzes gegen die demokratische Grundordnung in ihrer eigenen Heimat nicht aufhalten können, in Deutschland ungestraft und unter Berufung auf dieses Asylrecht weiterleben und weiterarbeiten können.

Wir haben bewußt die Trennung gesucht und gefunden, indem wir sagten: Kein Deutscher und kein politisch verfolgter Ausländer darf ausgeliefert werden.

Das ist ein Grundsatz, zu dem wir uns sicherlich alle bekennen. Das unbeschränkte Aslyrecht soll den Deutschen gegeben werden, die sich wegen ihres Eintretens für die Demokratie auf dieses Asyl zurückziehen. Ein Ausländer, der wegen entgegengesetzter Bestrebungen hierher nach Deutschland kommt, kann dieses unbeschränkte Asylrecht nicht in Anspruch nehmen.

Wagner (SPD): Ich habe nicht ganz verstanden, was Herr Kollege Dr. von Brentano soeben ausgeführt hat. Der Absatz 1 des Artikel 17 behandelt doch einfach den Deutschen.

(Dr. von Brentano: Ja.)

Ein solcher Deutscher darf, ganz gleich, aus welchen Gründen immer, nicht ausgeliefert werden. Ich glaube, das ist ein elementarer Satz, der mit der staatlichen Souveränität des eigenen Landes zusammenhängt.

Absatz 2 behandelt die Menschen, die nicht Deutsche sind.

(Zuruf: Und Deutsche!)

– Wieso?

(Zuruf: Er behandelt alle!)

– Entschuldigen Sie, wie kann das sein? Ein Deutscher braucht doch in Deutschland kein politisches Asylrecht. Asylrecht ist doch das Recht, das dem Ausländer gewährt wird, der in seinem eigenen Land nicht mehr leben kann, weil er durch das politische System seiner Freiheit, seines Lebens oder seiner Güter beraubt würde.

(Zuruf: Richtig!)

Das Asylrecht setzt voraus – das gehört begrifflich überhaupt dazu –, daß es sich nicht um einen Angehörigen der eigenen Nation dreht. Deswegen sucht er ja bei uns Asyl, Zuflucht. Dieser Begriff der Zuflucht heißt doch: Er kommt aus einem anderen Land geflüchtet und sucht bei uns Schutz und Unterkunft. Das ist doch der natürliche Begriff des Asyls und der Zuflucht.

Ich glaube, man sollte da vorsichtig sein mit dem Versuch, dieses Asylrecht einzuschränken und seine Gewährung von unserer eigenen Sympathie oder Antipathie und von der politischen Gesinnung dessen abhängig zu machen, der zu uns kommt. Das wäre dann kein unbedingtes Asylrecht mehr, das wäre ein Asylrecht mit Voraussetzungen, mit Bedingungen, und eine solche Regelung wäre in meinen Augen der Beginn des Endes des Prinzips des Asylrechts überhaupt. Entweder wir gewähren Asylrecht, ein Recht, das, glaube ich, rechtshistorisch betrachtet, uralt ist, oder aber wir schaffen es ab. Ich fürchte, dieser Zwischenzustand, Herr Kollege Dr. von Brentano, wäre schon der Beginn des Abbaues. Ich glaube, in einer so unruhigen Zeit, bei unserer politischen Zerrissenheit ist es nicht angebracht, dieses Recht auch nur im geringsten irgendwie abbauen zu wollen. Ich habe etwas Erfahrung mit solchen Rechten, genauso wie Herr Kollege Renner. Wir haben ja zum Teil beinahe in der gleichen Stadt, ja beinahe im gleichen Büro unser Asylrecht gemeinsam genossen.

(Renner: Bis zu einem bestimmten Tag!)

– Das sind Dinge, die sehr empfindlich sind. Warum erheben Sie väterlich Ihren rechten Zeigefinger, Herr Kollege Renner?

(Zuruf des Abgeordneten Renner.)

– Wollen wir jetzt oder ein anderes Mal darüber sprechen?

Vorsitzender *Dr. Schmid*: Ich schlage vor, daß die Herren diese Auseinandersetzung auf eine stillere Stunde verschieben.

Wagner (SPD): Betrachten Sie zum Beispiel Frankreich, das große Land, das Menschen aller Richtungen aufgenommen hat, sowohl uns deutsche Antifaschisten als auch früher die Zaristen. Hätte Frankreich etwa sagen dürfen und sollen, es nehme als französische Demokratie die Zaristen, die Anhänger einer Blutherrschaft der Unterdrückung des russischen Volkes nicht auf, weil das ihren heiligen Prinzipien widerspreche? Ein danach aufgebautes Recht hätte man dann nicht mehr als Asylrecht anerkennen können.

Nun ein Wort zu den Ausführungen, die Herr Kollege Renner über das Recht auf Arbeit gemacht hat. Was er gesagt hat, hat seine Begründung in einer zum Teil sehr bitteren Erfahrung, die wir draußen gemacht haben. Wir waren sehr glücklich, daß wir draußen unterkamen und daß wir dadurch Hitler und seinen Henkersknechten entkommen konnten. Aber es war sehr bitter für die Tausenden, als sie draußen waren mit Asylrecht, aber ohne die Möglichkeit zu arbeiten und sich dadurch zu ernähren. Der Ausgangspunkt seiner Anregung ist also durchaus berechtigt, und ich stehe materiell ganz auf seinem Standpunkt. Aber ich glaube, das paßt in diesen Absatz 2 schon begrifflich nicht hinein. Wir wollen in diesem Grundrecht in Absatz 2 sagen: Der politisch Verfolgte kann zu uns kommen, er wird von uns beschützt, er hat Asyl.

Alles andere ist zum Teil durch die Ausführungen des Herrn Vorsitzenden geklärt. Aber selbst wenn man zweifeln wollte, daß sie juristisch völlig zutreffend sind, wäre es Sache des Bundesgesetzgebers, dafür zu sorgen, daß die Menschen, die bei uns ein Asyl gefunden haben, auch die Möglichkeit zum Leben haben. Die haben sie nur, wenn sie die Möglichkeit zur Arbeit haben, weil die Unterstützung auch bei Flüchtlingen, auch bei Leuten mit Asylrecht demoralisierend wirkt. Deshalb glaube ich, Herr Kollege Renner, daß wir durchaus die Möglichkeit haben, dieses Recht, sich zu ernähren, auf dem Gebiet der Bundesgesetzgebung anzuerkennen und den Leuten zu gewähren, die bei uns Asyl gefunden haben.

Dr. von Mangoldt (CDU): Zunächst muß ich mich einmal zu dem Antrag des Herrn Kollegen

Dr. Seebohm äußern, die Worte «ans Ausland» zu streichen. Über diese Frage ist im Grundsatzausschuß eingehend gesprochen worden. Diese Worte sind mit einer ganz bestimmten Absicht eingefügt worden. Es ist nämlich so, daß heute die strafrechtlich Verfolgten an die Ostzone überstellt werden. Wenn wir die Worte «ans Ausland» nicht einfügen, können sich hier Schwierigkeiten ergeben. Es besteht aber die Notwendigkeit, solche strafrechtlich Verfolgte auch weiter der Ostzone zu überstellen, und zwar muß das herüber und hinüber gelten. Aus diesem Grunde müssen die Worte «ans Ausland» aufrechterhalten werden.

Hinsichtlich der Auswirkungen des Antrags des Herrn Kollegen Dr. von Brentano, auf die Fassung des Redaktionsausschusses überzugehen, kann ich mich kurz fassen, nachdem Herr Kollege Wagner die notwendigen Ausführungen dazu schon gemacht hat. Ich möchte nur eines sagen. Ich glaube, daß gerade die Fassung des Redaktionsausschusses Verwirrung hereintragen wird. Sie dient nicht der Klärung der Dinge, die sie erreichen will, sondern sie verwirrt eher die Begriffe, und zwar aus folgenden Gründen. Wenn man sagt, der politisch Verfolgte genießt Asylrecht, so bedeutet das gerade, daß der politisch Verfolgte nicht ausgeliefert wird. Man sagt damit nämlich: Der strafrechtlich Verfolgte wird ausgeliefert. Nur das ist der Sinn des Asylrechts. Diese beiden Dinge werfen Sie in Ihren Absätzen durcheinander.

(Widerspruch.)

– Doch, indem Sie sagen: Der politisch verfolgte Ausländer wird nicht ausgeliefert und der Deutsche auch nicht. Zwei verschiedene Gedankenketten, die nicht zueinander gehören, werden hier in einem verbunden; denn der Begriff des politisch Verfolgten gehört eben zum Asylrecht. Das hängt unmittelbar miteinander zusammen.

Aus den Gründen, über die wir ja in der ersten Lesung hier im Hauptausschuß sehr eingehend gesprochen haben und zu denen noch die Gründe kommen, die Herr Kollege Wagner angeführt hat, sollte man diese Art des Asylrechts nicht einführen, weil man damit eine Prüfung an der Grenze veranlaßt, die das Asylrecht als solches überhaupt in Frage stellt.

Das sind die Gründe, die mich veranlassen, doch zu bitten, die Fassung des Redaktionsausschusses abzulehnen.

Dr. von Brentano (CDU): Noch ein zweites Wort in Beantwortung dessen, was Sie sagten, Herr Kollege Wagner und Herr Dr. von Mangoldt. Erstens, es ist eine grundsätzliche Frage – darüber bin ich mir klar –, ob man Asylrecht ganz generell geben soll oder nicht. Aber ich frage mich – und ich bitte Sie, daß Sie sich diese Frage auch vorlegen –, ob es richtig und notwendig ist, daß wir das Asylrecht so weit ausdehnen, daß wir etwa in Deutschland zur

Oase auch derjenigen politisch Verfolgten werden, die ihre Tätigkeit, die sie zum Abwandern aus ihrer Heimat veranlaßt hat, auch hier fortsetzen werden, nämlich den Kampf gegen die Demokratie. Ich glaube nicht, daß eine Verpflichtung besteht, das Asylrecht so weit auszudehnen. Es muß die Möglichkeit gegeben sein, zwar einen Ausländer nicht auszuliefern, aber ihn wegen seiner gesamten staatsgefährlichen Haltung des Landes zu verweisen. Diese Möglichkeit ist nicht mehr gegeben, wenn wir generell sagen: Politisch Verfolgte genießen Asylrecht.

Zu Absatz 2 des Artikel 17 in der Fassung des Redaktionsausschusses kann ich Herrn Kollegen Wagner selbstverständlich nur bestätigen, daß ein Deutscher innerhalb Deutschlands an sich keines Asylrechts bedürfte. Aber dieser Absatz 2 ist, wie Sie nachlesen können, aus einem ganz besonderen Grund geschrieben. Er spiegelt letzten Endes die ganze Tragik unserer staatsrechtlichen Situation wider, daß wir kein Deutschland haben. Deswegen haben wir mit Rücksicht auf die Lage, in der wir zur Zeit sind und von der wir nicht wissen, wann sie sich ändern wird, noch obendrein gesagt, daß ein Deutscher innerhalb des Bundesgebietes Asylrecht genießen muß. Das gilt insbesondere für die Deutschen, die heute aus der Ostzone zu uns kommen und denen wir Asylrecht im Bundesgebiet ausdrücklich geben wollen, obwohl sie nicht Bundesangehörige sind. Diese Fassung des Artikel 17 Absatz 2 hat also ihren guten Grund in der Situation, in der wir uns befinden.

Dr. Seebohm (DP): Ich muß mich grundsätzlich für das absolute Asylrecht aussprechen, trotz der Bedenken, die Herr Kollege Dr. von Brentano vorgetragen hat. Ich bin allerdings der Auffassung, daß man noch eine Bestimmung dahin aufnehmen sollte, daß diejenigen Deutschen, die wegen ihres Eintretens für die freie Demokratie, die soziale Gerechtigkeit oder den Weltfrieden verfolgt werden, auch innerhalb des jetzigen Bundesgebiets nicht ausgeliefert werden dürfen. Gerade das sollten wir hinzusetzen, wenn wir andererseits gemäß meinem Antrag die Worte «an das Ausland» streichen. Diese Streichung halte ich trotz der Ausführungen des Herrn Kollegen Dr. von Mangoldt doch für dringend notwendig. Eine Überstellung strafrechtlich Verfolgter an ein anderes Gebiet Deutschlands, das zur Zeit nicht Bundesgebiet ist, ist keine Auslieferung. Dagegen kann ich mir vorstellen, daß man mit diesem Begriff «Auslieferung» Vorgänge deckt, die sich auch innerhalb des Bundesgebiets vollziehen, nämlich dann, wenn uns später auf Grund des Besatzungsstatuts unter Umständen die Auflage gemacht wird, deutsche Menschen an die Besatzungsbehörden zu überstellen, die sie ihrerseits ausliefern.

Ich möchte das gerade hier ausdrücklich dadurch verhindert wissen, daß die Worte «an das Ausland» gestrichen werden. Wenn uns im Besatzungsstatut oder auf andere Weise ein solcher Zwang auferlegt werden sollte, dann soll das ein ausdrücklich von der Gegenseite zu verantwortender Eingriff in die menschlichen Grundrechte der Deutschen sein.

Dr. Eberhard (SPD): Nachdem Herr Kollege Dr. von Brentano nochmals auf Absatz 2 in der Fassung des Redaktionsausschusses eingegangen ist, wo für jeden Deutschen im Bundesgebiet ein Asylrecht statuiert wurde, möchte ich darauf hinweisen, daß wir in Artikel 11 allen Deutschen Freizügigkeit im ganzen Bundesgebiet gegeben haben. Dadurch scheint mir diese Notwendigkeit zu entfallen. Wenn es dort weiter geheißen hätte: «Alle Bundesangehörigen genießen Freizügigkeit», dann hätte ich auch erklärt, daß ich nicht nur Ausländer als politisch Verfolgte im Sinne des Artikel 17 Absatz 2 betrachten würde, sondern auch Deutsche, die über die Grenze ins Bundesgebiet kommen. Aber da wir ja Artikel 11 in anderer Fassung angenommen haben, scheint mir die Frage geklärt zu sein.

Renner (KPD): Ist es für Sie denn nicht etwas sehr Eigenartiges, diejenigen, die aus der Ostzone als angeblich politisch Verfolgte nach dem Westen kommen, als Personen anzusehen, die das politische Asylrecht geltend machen? Sie dürften es doch eigentlich gar nicht für notwendig erachten, daß die dann erst noch einmal mit dem Anspruch auf Asyl kommen. Die müßten Sie doch logischerweise, zumal Sie die Freizügigkeit allen Deutschen konzediert haben, ohne weiteres als vollberechtigte Deutsche ansprechen. Bei dieser Personengruppe dürfte überhaupt nicht der Gedanke an die Notwendigkeit des Asyls aufsteigen. Da geht offenbar das politische Agitationsbedürfnis so durch die Köpfe, daß man gar nicht mehr klar zu sein scheint.

Nun zur Sache selber, zur Einengung des Asylrechts. Herr Dr. von Brentano will das Asylrecht nur denen gewähren, die ihr Heimatland verlassen mußten, weil sie aufrechte Kämpfer für die Demokratie waren. Nun kenne ich kein Land in Europa, das nicht von sich behauptet, daß der Zustand in seinem Land die Demokratie schlechthin ist. Ich kenne kein solches Land. Alle Länder, auch Spanien, behaupten, demokratische Länder zu sein. Die Meinungen darüber gehen natürlich auseinander. Was der eine als Demokratie ansieht, ist dem anderen das Gegenteil. Ich lasse durchaus offen, welche Meinung richtig ist. Ich rede nur schlechthin von der Tatsache, daß jedes Land seine Regierungsform als demokratisch anspricht. Nur diejenigen, die gegen die dort existierende Staatsordnung angehen, verstoßen dann nach Auffassung der dort herrschenden Gewalt gegen die Demokratie. Sie müssen aus diesem Grund das Land verlassen. Sie sind also in jedem Fall, vom Standpunkt ihres Heimatlandes aus gesehen, als Kämpfer gegen die Demokratie in dem jeweiligen Land anzusprechen. Daß man aber im 20. Jahrundert als politisch reifer Mensch und Demokrat überhaupt den Gedanken aussprechen kann, es sei notwendig, das Asylrecht einzuengen, das geht weit über mein Begriffsvermögen hinaus. Es gehört doch hier zum guten Ton, die größten europäischen Länder geradezu als Muster von Demokratien hinzustellen; ich denke an Frankreich und England. Wie steht es damit? Frankreich war das Land, das bis zu einem gewissen Zeitpunkt – nämlich bis zu dem Zeitpunkt, als die Kräfte von Vichy an die Macht kamen – das absolute Asylrecht gewährte. Da wurden aus Deutschland Kommunisten und Antifaschisten jeder Schattierung aufgenommen. Es wurden die Kämpfer für das Zarentum, die Weißgardisten usw. aufgenommen, jeder hatte Asylrecht.

(Zuruf: Sogar Rauschning.)

– Auch Rauschning; es ist gut, daß Sie das bringen. Schließlich, wenn Hitler gekommen wäre, hätte er dort auch Asylrecht bekommen, seien Sie sicher.

Dagegen war England trotz Anerkennung des allgemeinen Asylrechts schon etwas vorsichtiger. Da durfte ein Kommunist nur unter gewissen Kautelen hineinkommen. Die USA schlossen ebenfalls bei genereller Anerkennung des Asylrechts die Kommunisten von vornherein aus.

(Zuruf: Sie sind aber trotzdem hineingekommen!)

– Das lag an anderen Dingen, das wissen Sie doch, Herr Kollege Wagner. Wir kamen überall hin und kamen auch überall wieder heraus.

(Zuruf: Aber einer ist nicht herausgekommen!)

– Einer ist nicht herausgekommen; das hatte Gründe, die nicht im Asylrecht liegen. Ich weiß wohl, wen Sie meinen. Warum ich übrigens vorhin warnend den Finger erhoben habe: Sie haben so nett wahrheitsgemäß von der Tatsache gesprochen, daß wir bis zu einem gewissen Zeitpunkt im gleichen Raum gearbeitet haben. Aber als der Trennungstag kam,

(Zuruf: Hitler-Stalin!)

da ging ich ins Gefängnis. Das war die Preisgabe des Asylrechts der deutschen Kommunistengruppe gegenüber.

Was die Frage des Asylrechts in Verbindung mit dem Arbeitsrecht betrifft, so bin ich nicht der Auffassung, daß die Formulierung «Jeder» in Artikel 2 schon genügt, um auch politisch verfolgte Ausländer darunter zu fassen.

Vorsitzender *Dr. Schmid*: Doch; «Jeder» bedeutet: jeder Mensch, ohne Rücksicht auf die Staatsangehörigkeit.

Renner (KPD): Gut; wenn in das Protokoll aufgenommen wird, daß das auch für politische Emigranten gilt, dann kann ich auf die Einbringung meines Antrags verzichten.

Ein letztes Wort. Man soll sich hüten, den Begriff «politischer Emigrant» irgendwie einzuengen. Die Praxis hat bewiesen, daß ein großer Teil der in der Nazizeit aus Deutschland geflüchteten Emigranten im Asylland von Deutschland her mit irgendeiner kriminellen Beschuldigung belastet wurde. Die Nazibehörden haben sozusagen an einem jeden von uns irgend etwas Kriminelles entdeckt. Sie haben auf Grund dieser Entdeckungen zum Beispiel einem Gewerkschaftler, der dafür gesorgt hat, daß das Geld der Gewerkschaften ins Ausland kam, daß unser ehrliches Geld nach drüben kam und nicht Hitler in den Rachen fiel, einen Prozeß wegen Unterschlagung angehängt. Das müssen Sie doch wissen. Man hat es also in den allermeisten Fällen verstanden, den Begriff politischer Emigrant mit dem Begriff krimineller Flüchtling zu vermengen. Deswegen muß man jede Einengung des Begriffs politischer Emigrant vermeiden. Man muß schlechthin von politischer Emigration und politischem Asylrecht sprechen, sonst gerät man in des Teufels Küche.

Vorsitzender *Dr. Schmid*: Es liegt eine Reihe von Abänderungsanträgen vor. Am weitesten geht nach meinem Dafürhalten der Antrag des Herrn Dr. von Brentano, der Fassung des Redaktionsausschusses den Vorzug zu geben, und zwar in beiden Absätzen. Ich lasse darüber abstimmen. – Für den Antrag Dr. von Brentano sind 3 Stimmen; er ist also mit überwiegender Mehrheit abgelehnt.

Dann der Antrag Dr. Seebohm, Absatz 1 wie folgt zu fassen:

> Kein Deutscher darf ausgeliefert oder des Landes verwiesen werden.

Ich lasse darüber abstimmen. – Abgelehnt mit 10 gegen 5 Stimmen.

Renner (KPD): Ich habe dafür gestimmt, nachdem ich klugerweise an die Erklärung General Clays über den US-Sektor in Berlin erinnert habe. Deshalb habe ich für diesen Antrag gestimmt.

Vorsitzender *Dr. Schmid*: Ich lasse nun über Artikel 17 abstimmen in der jetzt festgestellten Fassung des Grundsatzausschusses. – Artikel 17 in dieser Fassung ist mit 19 Stimmen angenommen.

47. Sitzung

Dienstag, den 8. Februar 1949

Artikel 16

Dr. von Brentano (CDU): Zu Artikel 16 schlägt der Fünferausschuß die Fassung des Hauptausschusses in zweiter Lesung vor.

Zinn (SPD): Ich habe Bedenken. Meine Bedenken sind zweierlei Art. Einmal heißt es in der Fassung des Hauptausschusses «durch Gesetz». Es muß meines Erachtens heißen: «auf Grund eines Gesetzes».

Zweitens scheint mir der Sinn dieses Artikels doch nur der zu sein zu verhüten, daß jemand staatenlos wird. Sie können aber nicht ausschließen, daß jemand auf Antrag staatenlos wird. Sie können niemandem das Recht nehmen, eine Staatsangehörigkeit aufzugeben, wenn er es will, und gleichzeitig staatenlos zu werden. Der Redaktionsausschuß hat zwei Varianten vorgeschlagen. Wenn das, was ich soeben sagte, gewollt ist, käme die Variante I in Frage, die als zweiter Absatz gefaßt ist und den Wortlaut hat:

> Der Verlust der Staatsangehörigkeit darf nur auf Grund eines Gesetzes und gegen den Willen des Betroffenen nur dann eintreten, wenn der Betroffene dadurch nicht staatenlos wird.

Ich glaube, das ist auch von dem Antragsteller, von dem die ursprüngliche Fassung des Hauptausschusses stammt, beabsichtigt gewesen.

Dr. von Mangoldt (CDU): Wir stellen zu diesem Artikel 16 folgende beiden Anträge (PR. 2. 49–583 a).

Erstens beantragen wir, in dem ersten Satz wieder das Wort «willkürlich» einzuschalten. Was jetzt da steht, ist ein Widerspruch. In Satz 1 steht: «Die deutsche Staatsangehörigkeit darf nicht entzogen werden.» Nach dem, was in Satz 2 steht, darf sie doch entzogen werden. Das ist also ein glatter Widerspruch.

(Zinn: Nein!)

Ich darf das näher ausführen, weil es bezweifelt wird. In Satz 1 steht: «Die deutsche Staatsangehörigkeit darf nicht entzogen werden.» Das ist vollkommen glatt; sie darf also überhaupt nicht entzogen werden. In Satz 2 steht: «Der Verlust der Staatsangehörigkeit darf durch Gesetz nur für den Fall vorgesehen werden usw.» Also darf der Verlust der Staatsangehörigkeit vorgesehen werden; sie darf demnach doch entzogen werden. Das ist ein Widerspruch. Deshalb muß es in Satz 1 heißen: darf nicht «willkürlich» entzogen werden. Das entspricht auch der Formulierung die wir in den Menschenrechten der Vereinten Nationen finden.

Bei Satz 2 war mehrfach entgegengehalten worden, daß er nicht klar genug sei. Um ihn noch klarer zu machen, schlagen wir folgende Fassung für Satz 2 vor

> Die Gesetze dürfen den Verlust der Staatsangehörigkeit nur für Fälle vorsehen, in denen er nicht Staatenlosigkeit zur Folge hat.

Den Ausführungen des Herrn Kollegen Zinn möchte ich entgegenhalten, daß völkerrechtliche Vereinbarungen vorsehen, daß unter allen Umständen die Fälle der Staatenlosigkeit vermindert und nach Möglichkeit überhaupt beseitigt werden sollen.

Zinn (SPD): Das ist richtig; aber Sie können es nicht gegen den Willen des Betroffenen durchsetzen.

Ich möchte nur noch sagen: Die Entziehung, von der der erste Satz spricht, ist nicht identisch mit dem Verlust, von dem der zweite Satz spricht. Der Verlust der Staatsangehörigkeit im Sinne dieses zweiten Satzes tritt nicht als Folge eines Verwaltungsaktes der Entziehung der Staatsangehörigkeit ein, sondern ist die Folge eines bestimmten, gesetzlich festgelegten Tatbestandes, zum Beispiel einer Eheschließung mit einem Ausländer. Der erste Satz denkt an ganz andere Fälle, nämlich daran, daß der Staat jemandem durch einseitigen Verwaltungsakt usw. die Staatsangehörigkeit nimmt. Die beiden Sätze regeln also völlig verschiedene Fälle.

Vorsitzender *Dr. Schmid*: Ich lasse zunächst über den Änderungsantrag abstimmen, das Wort «willkürlich» einzufügen und zu sagen: darf nicht willkürlich entzogen werden. – Der Antrag ist mit 10 gegen 5 Stimmen abgelehnt.

Dann lasse ich über den Antrag Zinn abstimmen, als zweiten Satz die Variante I des Vorschlags des Redaktionsausschusses einzusetzen. – Mit 14 gegen 3 Stimmen angenommen.

Dann lasse ich über den gesamten Artikel 16 abstimmen. – Ohne Gegenstimme angenommen.

Artikel 17

Dr. von Brentano (CDU): Zu Artikel 17 wird vom Fünferausschuß die Fassung des Hauptausschusses in zweiter Lesung vorgeschlagen.

Vorsitzender *Dr. Schmid*: Ich lasse abstimmen. – Keine Gegenstimmen. Angenommen.

Adressen einiger Organisationen, die in der Flüchtlingsarbeit tätig sind:

amnesty international
Heerstraße 178, 5300 Bonn

Arbeiterwohlfahrt Bundesverband e. V.
Ollenhauerstraße 3, 5300 Bonn 1

Deutsche Stiftung
UNO-Flüchtlingshilfe e. V.
Simrockstraße 23
5300 Bonn 1

Deutscher Caritasverband e. V.
Postfach 420, 7800 Freiburg i. Br.

Deutscher Paritätischer Wohlfahrtsverband
Gesamtverband e. V.
Heinrich-Hoffmann-Straße 3, 6000 Frankfurt 71

Deutsches Rotes Kreuz, Generalsekretariat
Friedrich-Ebert-Allee 71, 5300 Bonn 1

Diakonisches Werk der EKD
Postfach 476, 7000 Stuttgart 1

Flüchtlingsrat Berlin
Handjerystraße 19/20, 1000 Berlin 41

Gesellschaft für bedrohte Völker
Postfach 159, 3400 Göttingen

Interessengemeinschaft der mit Ausländern
verheirateten Frauen e. V. (IAF)
Mainzer Landstraße 147, 6000 Frankfurt 1

Internationale Liga für Menschenrechte
Sektion Berlin e. V.
Mommsenstraße 27, 1000 Berlin 12

terre des hommes, Hilfe für Kinder
Postfach 4126, 4500 Osnabrück

UNHCR – Hoher Flüchtlingskommissar der UN
Rheinallee 51a, 5300 Bonn 2

ZDWF - Zentrale Dokumentationsstelle der
Freien Wohlfahrtspflege für Flüchtlinge e. V.
Postfach 301069, 5300 Bonn 3

Autoren

Vijoy Batra, 72 Jahre alt, gebürtiger Inder, lebt seit dreißig Jahren in Deutschland, seit 15 Jahren deutscher Staatsangehöriger; betreut und berät Asylbewerber und Asylberechtigte für die Arbeiterwohlfahrt in Hamburg; seit zehn Jahren Abgeordneter der Bezirksversammlung Altona, zuständig für die Ausländerund Asylpolitik.

Helmut Frenz war lutherischer Bischof in Chile und wurde 1975 von Pinochet des Landes verwiesen. Danach war er Generalsekretär von amnesty international in der Bundesrepublik Deutschland.

Vera Gaserow, geb. 1950, ist Redakteurin der «tageszeitung».

Wolfgang Grenz, geb. 1947, Jurist, hauptamtlicher Mitarbeiter bei amnesty international für politische Flüchtlinge und Asylrecht.

Ariane Gottberg, geb. 1953, ist Redakteurin der «Hamburger Rundschau»

Werner Hill Dr. phil., geb. 1930, Sonderkorrespondent des NDR für Recht und Justiz.

Heiko Kauffmann, geb. 1948, Diplom-Pädagoge, Inlandsreferent der Kinderhilfsorganisation Terre des Hommes in Osnabrück, Veröffentlichungen zu auslandspolitischen und friedenspädagogischen Fragen; sozialwissenschaftliche Studien in der Kinder- und Jugendmedienforschung.

Jürgen Link, geb. 1940, lehrt an der Ruhruniversität Bochum neuere deutsche Literaturwissenschaft. Publikationen u. a.: Zur Symbolik der politischen, publizistischen und literarischen Rede. Mitherausgeber von «Kulturrevolution – Zeitschrift für angewandte Diskurstheorie». Mitbegründer des Hochschullehrerkreises «Arbeitskreis zur Lösung der Integrationsprobleme und gegen den Mißbrauch der Wissenschaft für rassistische Zwecke».

Bahman Nirumand geboren 1936 in Teheran, Studium der Germanistik, Philosophie, Iranistik in München, Tübingen und Berlin.

1960 Promotion über Brecht, im gleichen Jahr Rückkehr in den Iran. Dozent für Vergleichende Literaturwissenschaft an der Universität Teheran. Politische Arbeit im Untergrund, vom SAVAK verfolgt, Flucht in die Bundesrepublik.

Von 1965 bis Januar 1979 im Exil. Tätigkeit als Schrifsteller und Journalist. Einige Wochen vor dem Sturz des Schah-Regimes Rückkehr in den Iran und dort Mitbegründer der Nationaldemokratischen Front. Nach der Verschärfung der Mullah-Diktatur abermals Leben im Untergrund, Flucht im November 1981. Seither zweites Exil in Paris und Berlin.

Wolfgang Schuth, Jahrgang 1955, von 1976 bis 1980 Studium an der Gesamthochschule Siegen mit Abschluß als Diplom-Sozialarbeiter, seit 1980 beim Bundesverband der Arbeiterwohlfahrt in Bonn, dort Referent für ausländische Flüchtlinge

Ali M. Sadrazeh, Journalist und Übersetzer in Frankfurt/M.

Ulrike Tremel, geb. 1955, Rechtsreferendarin, veröffentlichte 1985 eine Dissertation über koreanische Bergleute im Ruhrgebiet, lebt in Frankfurt/M.